天津社会科学院后期出版资助项目（2014 年度）

天津社会科学院学者文库

西方主流经济学
实证方法批判

THE CRITIQUE OF
THE EMPIRICAL METHODOLOGY OF

WESTERN
MAINSTREAM
ECONOMICS

梁建洪 著

社会科学文献出版社
SOCIAL SCIENCES ACADEMIC PRESS (CHINA)

内容摘要

西方主流经济学之所以能够成为经济学主流，在很大程度上得益于它的实证方法。随着社会主义市场经济的深入发展，西方主流经济学实证方法越来越成为我国经济研究的重要工具，对它的研究也越来越具有重要的理论和现实意义。主流经济学实证方法是经济学研究在科学形式上取得的重要成果，具有重要的方法论意义，同时它也存在着自身的不足和缺陷。本书旨在对该方法不足的揭示方面做出一点尝试性探索，以期对它有一个更为全面的认识。

本书共分为三个部分。第一部分首先对西方主流经济学实证方法的基础和外围领域做出分析和梳理。以马克思主义经济学方法论实践原则为参照，从基本逻辑、对待现实的态度等几个方面对西方主流经济学方法论实证原则进行分析，从两种经济学方法论原则差异入手，对西方主流经济学实证方法论原则的特征做出比较研究。西方主流经济学实证方法与实证主义哲学和自然科学方法之间有着深厚的渊源，本书就此做出专门探讨，对它们之间的关系进行梳理，理出经济学实证方法的嬗变过程，从中对其研究方法上的随附性问题做出探讨。

第二部分是本书的核心内容之一。笔者认为，西方主流经济学实证方法的根本缺陷在于它的拜物教性质。实证方法本身就是一个研究工具，无所谓缺陷与否，而这一方法一旦置于西方经济学的研究之下，就具有拜物教性质，成为西方经济学本身拜物教性质的外在表现形式。这一思维形式从根本上服从于资产阶级以追求剩余价值为目的的日常经济活动需要。对于西方主流经济学实证方法拜物教性质的揭示，应当深入它的基础领域，即资本家的日常经济活动经验。在这一基本思路下，本书就从资本家孤立化的日常经济活动经验出发，对西方主流经济学孤立化实证方法的拜物教性质做出研究；从资本家数量化的日常经济活动经验出发，对西方主流经济学数量化实证方法的拜物教性质做出探讨。

　　第三部分同样是本书的核心部分。当代西方主流经济学对其实证方法进行了反思，通过数理经济学和计量经济学的多因素分析来弥补孤立化研究的不足；通过博弈论对人与人关系的研究，来弥补人与人关系方面研究的不足；通过对经济学实证方法功能的重新定位，尽可能弥补这一方法拜物教性质的缺陷。虽然这些反思丰富了研究方法的形式和内容，但从技术上看，西方主流经济学通过偏微分的锁定方法以及博弈论的转换方法，完成上述研究内容与其已有方法的对接，实质上依然是用老办法研究新问题。经济学实证方法功能的重新定位，也没有从根本上改变其拜物教性质。西方主流经济学实证方法的重构，可以从马克思经济学方法论实践原则那里得到启示。

　　本书最后把西方主流经济学实证方法的拜物教性质，放在以中国为核心的广阔的历史背景中加以考察。诺斯对中国经济走向的暗示与罗素对中国发展方向的期待，使我们可以更加清楚地认识到拜物教前途的局限，更加坚定中国特色发展方向的信念。

　　本书的创新点是从经验的角度证明西方主流经济学实证方法的拜物教性质；对马克思经济学与西方经济学不同的方法论原则进行了对比分析；论述了西方经济学实证方法对于自然科学方法的依附性及其困境；揭示了西方经济学人与人关系研究的物性转变方法；揭示了计量经济学利用偏导数进行孤立化研究的实质。

Abstract

The reason why the Western mainstream economics is prevailing lies to a large extent in its positive methodology. With the in-depth development of the socialist market economy, the positive methodology has increasingly become an important tool for economic research in China, and the research of it is also becoming more and more significant, theoretically and practically. As the important scientific result of economics, it is of great methodological significance. However, it has its own flaws. Thus, this book aims to make a tentative exploration into the imperfect aspects in order to have a more comprehensive understanding of this methodology.

This dissertation is composed of three parts. The first chapter is an introduction. The second one analyses the basis and related fields of the positive methodology of the Western mainstream economics. The third chapter takes the positive principle of the Marxist economics as a reference, analyses the positive methodology of Western mainstream economics in respect of the basic logic, realistic attitude, etc. , and compare the two schools of economics in terms of methodology. There are deep roots between positive methodology of the Western mainstream economics, positive philosophy, and natural sciences. This part specifically explores the relationship between them, analyses their changes and discusses the contingent issues in its research methodology.

The second part is the central part containing two chapters. We argue that the fundamental flaw of the positive methodology of Western mainstream economics is fetishism. Positive methodology itself is a research tool—to say nothing of shortcomings. Once applied in Western economics, it is fetishistic and has become an external manifestation of Western economic fetishism. It is basically submitted to the daily economic activities of the bourgeois in pursuit of surplus value. To reveal the fetishistic nature of the Western mainstream economics, we should examine its fundamental fields, that is, the usual economic activities of the capitalists. The fourth chapter starts with the isolated daily economic experiences of capitalists to study the fetishistic nature of isolated positive methodology of Western mainstream economics. The fifth chapter starts from the quantitative daily economics experiences of the capitalists to discuss the fetishistic nature of quantitative positive methodology of Western mainstream economics.

The third part contains the sixth and seventh chapters and is still the central part of this book. Contemporary Western mainstream economics reflected its positive methodology and tried to correct the shortcomings in its isolated research by the multi-factor analysis of mathematical economics and econometrics; overcome its flaws in the study of human relations by game theory; and make up its fetishistic weaknesses by redefining the function of the positive methodology. Although these reflections enriched the form and content of the research methodology, and technically connected the new content with its old method by way of partial differential locking and the conversion method of game theory, in essence, it is still a case of using old methods to study new problems. Such redefinition did not bring a fundamental change to its fetishistic nature. Reconstruction of the positive methodology of Western mainstream economics can find inspiration in the methodological practice principle of Marxist economics.

The last chapter examines the fetishistic nature of positive methodology of Western mainstream economics in the broad background of Chinese history. According to North's suggestion of China's economic trends and Russell's expectation for China's development direction we can recognize more clearly the limitation of the fetishistic nature of the economic methodology and unwaveringly strengthen our conviction for the development direction with Chinese characteristics.

The major innovative points of the paper are listed as following: (1) Reveal the fetishistic nature of the Western mainstream economics from the perspective of experience. (2) Make a comparative analysis of the methodology between the

Marxist economics and the Western mainstream economics. (3) Analyze the contingent issues between the positive methodology of Western mainstream economics and natural sciences; explore the dilemma of the positive methodology of Western mainstream. (4) Present the physical transformation method of Western mainstream economics in the study of human relations. (5) Reveal the essence of econometrics which is actually an isolated research using partial derivative.

目　录

第一章　导论 …………………………………………………………… 001

　第一节　选题背景及研究意义 …………………………………… 001

　第二节　文献综述 ………………………………………………… 009

　第三节　西方主流经济学实证方法的经验基础问题 …………… 025

　第四节　实证方法的拜物教性质 ………………………………… 030

　第五节　研究的主题和基本思路 ………………………………… 033

第一篇　经济学方法论原则及西方经济学
实证方法的随附性

第二章　经济学方法论实证与实践原则差异及其经验基础 ……… 043

　第一节　经济学方法论实证与规范原则探源 …………………… 044

　第二节　经济学方法论实践原则与实证原则的基本分野 ……… 057

　第三节　经济学方法论实证与实践原则的经验差异 …………… 073

第三章　经济学实证方法的嬗变及其随附性困境 ………………… 080

　第一节　经济学实证方法的嬗变 ………………………………… 080

　第二节　经济学实证方法的自然科学方法随附性 ……………… 088

　第三节　经济学实证方法的随附性困境 ………………………… 094

　本章小结 …………………………………………………………… 098

第二篇　西方主流经济学实证方法的经验
基础及其拜物教性质

第四章　经济学孤立化研究的拜物教性质及其经验基础 ………… 103

　第一节　经济学孤立化研究的内涵 ……………………………… 103

　　第二节　西方经济学孤立化研究的经验基础 …………………… 110
　　第三节　西方经济学孤立化研究方法的拜物教性质 …………… 118
　　本章小结 ………………………………………………………… 126

第五章　经济学数学化研究的经验基础及其拜物教性质 ………… 127
　　第一节　经济学数学化研究的历史演进 ……………………… 128
　　第二节　经济学数学化研究的内在依据 ……………………… 133
　　第三节　经济学数学化研究的经验基础及其拜物教性质 …… 138
　　本章小结 ………………………………………………………… 151

第三篇　西方主流经济学实证方法的反思与变革

第六章　当代西方主流经济学实证方法的反思与局限 …………… 155
　　第一节　计量经济学对孤立化研究的反思与局限 …………… 155
　　第二节　西方经济学中人与人关系研究的转换方法 ………… 161
　　第三节　当代西方主流经济学实证方法的功能转向及其局限 … 168
　　本章小结 ………………………………………………………… 173

第七章　变革西方主流经济学实证方法的思考 …………………… 175
　　第一节　经济学实证方法变革的原则和方向 ………………… 175
　　第二节　经济学实证方法预测功能的基础 …………………… 185
　　本章小结 ………………………………………………………… 193

第八章　诺斯的暗示和罗素的期待：中国经济走向启示录 ……… 194
　　第一节　诺斯的暗示及其理论实质 …………………………… 194
　　第二节　罗素的期待及其启示 ………………………………… 200

参考文献 …………………………………………………………… 203

第一章 导论

第一节 选题背景及研究意义

一 选题背景

(一) 西方主流经济学在当代中国的影响力具有持续扩大的趋势

综观马克思主义经济学和西方主流经济学对当代中国的影响，可以以改革开放为分水岭。改革开放前，马克思主义经济学在我国理论界处于绝对优势地位；改革开放，尤其是社会主义市场经济的探索，为西方主流经济学在中国的生存和发展提供了条件。自 20 世纪 80 年代以来，西方经济学在学界的影响力越来越大，到目前为止的短短三十多年时间里，西方主流经济学在我国发展迅速，在大学讲堂和经济研究机构、《经济研究》等国内主要经济学学术刊物及各省级主要学刊的经济学研究栏目、主流媒体和政府经济政策方面都产生了重大影响。

说西方主流经济学在当代中国的影响力有持续扩大的趋势，是与马克思主义经济学相比较的结果。这种对比是难以避免的，因为"自从马克思主义政治经济学产生以来，始终存在着两种对立的经济理论体系：一是代表无产阶级和广大劳动人民利益的政治经济学或经济学，二是代表资本主义社会统治阶级利益的政治经济学或经济学。马克思主义政治经济学或经济学和西方政治经济学或经济学这两大阶级理论体系具有不同的阶级性、不同的意识形态和不同的价值判断、不同的历史观，还具有不同的研究范围、不同的观点和理论体系"。[①] 我国学界的一个传统领域就是对两种对立

---

① 吴易风：《马克思主义经济学和新自由主义经济学》，中国经济出版社，2006，第 9 页。

的经济学做出比较研究。① 改革开放之后，根据中国特色社会主义经济建设的需要，马克思主义经济学在经济学界占绝对优势的局面有所改变，两种对立的经济学在我国一并存在，发挥着各自的作用，还有人不断尝试着把二者很好地结合起来。在这一过程中，有一个不可否认的事实是，西方主流经济学的影响力持续扩大，到目前为止，其影响力似乎已经超过马克思主义经济学。相比之下，马克思主义经济学的影响力则相对萎缩。比如，在许多大学马克思主义经济学已经被挤出经济学院，与思想政治课划归为一类，这虽然有教育方面的考虑，但它足以证明马克思主义经济学在经济学领域的萎缩趋势。

两种基本对立的经济学呈现出各自扩张与萎缩的鲜明对比，本身就是一个值得研究的课题。任何一门学科，无论是马克思主义经济学还是西方主流经济学，都有其既定的适用范围及其自身的局限。其中，西方主流经济学理论层面影响力的扩大，会带来或者可能带来怎样的现实后果，是本书特别关注的问题。西方主流经济学对当代中国理论和现实具有正反两方面的影响。本书将从后者入手，从方法论角度致力于研究西方主流经济学自身的不足及其对我国理论和现实的负面影响，以冀对它有一个更加全面的认识。

（二）实证方法是西方主流经济学逐步走向兴盛的有力支撑因素

西方主流经济学影响力扩张是多种因素综合作用的结果，实证方法就是其中的一个有力支撑因素。西方主流经济学的许多理论并不深奥，观点也并不新鲜，有的就是一些常识性的东西，在马克思的眼中，无非都是一些"儿童读物"。② 然而，自从西尼尔之后，西方经济学开始从方法上向孔德的实证主义靠拢，在斯图亚特·约翰·穆勒和凯尔恩斯等人的持续推动下，开辟了所谓的西方经济学"西尼尔—穆勒—凯尔恩斯科学传统"，形成一套所谓的科学实证方法。自此，西方主流经济学被逐步用科学的方法和程序武装起来，常识扮成了科学。在所有的社会科学中，得力于实证方法的西方主流经济学显得最像科学。

---

① 有的经济类学术刊物，如《经济纵横》，就设有对两类经济学比较研究的专门栏目。
② 马克思：《资本论》（第1卷），人民出版社，1975，第782页。

资产阶级经济学在西方社会获得主流地位，根本的原因在于这些经济学家是资产阶级"豢养的文丐"，充当着资产阶级"辩护士"的角色。①而从方法论来看，获得主流地位的经济学主要是得益于实证方法。且不说主流经济学实证方法是否真的科学，但毫无疑问的是，它从形式上显示出一种追求科学的精神。近代以来，科学的巨大发展是在资本主义生产方式下进行的，从实践中产生的科学给资本家带来了实惠，"科学不费资本家'分文'，但这丝毫不妨碍他们去利用科学"②。通过科学获得利益是资产阶级的现实经验，对科学方法的重视也成为资产阶级经济学研究过程的一个重要体现。可以说，西方主流经济学本身就是方法学，它是尽可能地运用科学方法武装起来的科学，它追求科学形式，也得益于科学形式，在众多的经济学中脱颖而出成为主流。

科学研究形式稳固了主流经济学在西方经济学界的主流地位，也推动了它在中国的迅速扩张。主流经济学的实证方法，诸如数量分析方法在我国经济研究中发挥了作用，博弈分析也曾经成为经济研究的流行方法。按照西方主流经济学实证方法的步骤进行研究越来越成为学界的一个公认的套路。与马克思主义经济学相比，西方主流经济学在中国理论界的扩张从某种程度上讲就是方法上的扩张，其实证方法甚至被认为是经济学研究的唯一科学方法。

（三）经济学实证方法与 GDP 至上观有着密切的内在联系

凡事有一利必有一弊。不可否认，西方主流经济学实证方法在我国市场经济问题研究方面发挥了应有的作用，然而这一方法与我国特殊的社会历史条件相结合，导致了一些新的问题。其中最为突出的就是它推动了整个社会经济弥漫着日益浓厚的 GDP 至上观念，表现为 GDP 增长成为经济发展的最高现实原则，追求 GDP 高速增长成为一切经济活动的指针，推动 GDP 增长成为首要任务，GDP 成为社会经济事务中的头等大事，对 GDP 的痴迷几近达到拜物教的程度。

GDP 至上观实质上是一种与以人为本、科学发展观相背离的发展观，是一种只见物不见人的发展观，其基本逻辑是：把经济发展等同于经济增

---

① 马克思：《资本论》（第 1 卷），人民出版社，1975，第 17 页。
② 马克思：《资本论》（第 1 卷），人民出版社，1975，第 424 页。

长，再把经济增长简化为 GDP 增长。GDP 至上观导致的社会经济恶果正在逐渐暴露出来。GDP 的高速增长往往是大量资源投入的结果，造成自然资源的破坏性和过度开发利用，环境遭到不同程度的破坏；对 GDP 高速增长的追求，使得新中国成立以来的高积累政策获得新的依据而得以延续，劳动者工资待遇被人为压低，购买力得不到提升，内需长期不振；由于对 GDP 增长的过度关注而忽视了生产关系领域的问题，重视效率而忽视公平，社会分配问题日益突出，导致贫富悬殊、社会矛盾加剧等。总的来说，GDP 至上的一个最严重的后果是，在过度关注物质财富增长的背景下，人的发展问题长期被忽视，经济发展过程中以人为本畸变为以物为本，人没有在经济生活中获得应有的地位而旁落为无足轻重的因素。GDP 至上观日益发展成为一个肿瘤，具有导致中国经济机体器质性病变的潜在威胁。

单是西方主流经济学的实证方法，难以造成这种结果，而它一旦和中国特殊的社会历史条件相结合，就能导致 GDP 至上观念的形成。中国特殊的社会历史条件是 GDP 至上观念的原始动力，经济学实证方法为这种原始动力提供了恰当的技术手段，二者相结合导致上述问题的产生。

1. GDP 至上的社会历史条件

导致 GDP 至上观念形成的因素，除了改革开放以来引进的西方主流经济学实证方法之外，还有两个特殊的社会历史因素，就是近代以来形成的社会达尔文主义和新中国成立以来对生产力的片面理解。

社会达尔文主义是 GDP 至上观较早的思想源头。从春秋时期到新中国成立，社会主流思想历经几多变迁，大致经历了东周的百家争鸣、汉代的儒学独尊、两晋的援释入儒、唐代的援道入儒、宋明的理学和清代的实学。[①] 1840 年鸦片战争打开了中国大门，自此中国主流社会思潮由清代实学转向西学东渐，中国人开始关注西方社会，开启了向西方列强学习的进程。由达尔文进化论演绎出来的社会达尔文主义，最早由英国的斯宾塞提出，他认为达尔文的生物进化论对人类社会的演进具有同样的解释力，社会像生物界一样也有一个由低级到高级的演化过程，在这个过程中，竞争、淘汰便成为社会的基本法则。在西学东渐的大形势下，社会达尔文主义在 19 世纪末开始影响中国，1897 年严复翻译了英国学者赫胥黎的《天

---

① 黄济：《教育哲学》，北京师范大学出版社，2003，第 3 页。

演论》，其中"物竞天择，适者生存"的社会进化思想在中国得到广泛传播。胡适曾评价了这一思想对中国的巨大影响，认为《天演论》出版之后，很快就风行全国，以至于被当作中学生的读物，它的"优胜劣汰，适者生存"之意义，在中国的确给了无数人一种巨大的刺激，"天演"、"物竞"、"淘汰"、"天择"等术语，都渐渐成为报纸文章的常用语和爱国志士的口头禅。而事实上，在社会达尔文主义方面对中国的真正影响者是斯宾塞，19世纪末到20世纪初的短短十多年时间里，清末各种报刊上先后出现了16种翻译和介绍斯宾塞及其学术观点的作品。斯宾塞的社会达尔文主义在当时深刻影响了一大批中国的知名学者，其中就包括严复、梁启超和章太炎等学界泰斗。社会一度兴起了一股社会达尔文主义热潮，从主张温和改革的官员到激进的知识分子，都被深深地打上了斯宾塞主义的烙印。①

　　社会达尔文主义对中国的影响是持久的，它与中国特殊的历史命运相结合，一方面寄宿在中国某些特有的一般性历史观念当中，如落后就要挨打；另一方面也在不同的历史时期表现出不同的具体形态。它在历史上曾经对中国的救亡图存斗争起到过积极的作用，到了和平时期，又对经济建设产生过重大影响。当代GDP至上观念的形成及泛滥，社会达尔文主义发挥了基础性作用。这从两个方面表现出来，第一，社会达尔文主义是追求GDP高速增长的原动力之一。在世界范围内，社会达尔文主义注重国家之间的竞争，信奉优胜劣汰，力主追赶和超越，这从思想意识形态上推动了GDP尽可能快地增长。第二，GDP成为社会达尔文主义的新宿主。在一个长时间相对和平的国际大环境中，相较于政治和军事竞争，国与国之间的经济竞争显得更加突出，而最直观的经济竞争就是看谁的GDP增长得更快，于是，GDP增长约等于经济的增长，经济增长约等于经济发展，经济发展约等于整个国力的增强。在GDP至上观的形成过程中，社会达尔文主义起到了有力的推动作用。

　　GDP至上观念的另一个源头是对生产力的片面理解。GDP至上观的基本逻辑是，把经济发展看成经济增长，再把经济增长简化为GDP增长，这一逻辑具有一定的现实条件和理论基础。新中国成立后，社会的主要矛盾发生了变化，被界定为广大人民群众日益增长的物质文化生活需要与相对

① 张世欢、王宏斌：《究竟是赫胥黎还是斯宾塞——论斯宾塞竞争进化论在中国的影响》，《河北师范大学学报》（哲学社会科学版）2007年第1期。

落后的生产力之间的矛盾，增加物质财富，提高物质文化生活水平对国民经济的发展提出了现实需要。理论方面，生产力和生产关系的矛盾是社会的基本矛盾，在这一矛盾中，生产力处于主要方面，发挥着主导作用，生产关系对生产力具有反作用，这是马克思主义的基本原理之一。从理论上讲，紧紧把握社会基本矛盾的主要方面，积极推动生产力发展是社会主义国家的题中应有之义。在现实需要和理论引导下，大力发展生产力被置于社会主义建设的重要位置。

然而，对于如何大力发展生产力的问题，我们则始终采取了一种简化的做法，即把发展生产力简化为经济发展，把经济发展简化为经济增长，把经济增长简化为产量的增长，生产力最终被简化到生产产量这个简化点上。新中国成立后我们许多经济思想和政策都有这种简化的性质，比如"以粮为纲，全面发展"的简化点就是粮食产量，大炼钢铁的简化点就是钢铁产量等。改革开放之后，生产力的简化点就集中在一个点，即 GDP 上。综观新中国成立后的经济政策，无论改革开放之前还是改革开放之后，把生产力简化于某个点的思路并没有实质性的变化。

把生产力简化到某个点上的做法，实际上反映了对生产力的片面理解。什么是生产力，生产力的本质是人改造自然、征服自然的能力，它集中体现在改造自然和征服自然的主体——劳动者的劳动生产素质上。生产力的提高本质上就是劳动者素质的提高，大力发展生产力就是大力提高劳动者的素质。而劳动者的素质必须在劳动过程中借助劳动工具和劳动对象进而生产出劳动产品才能体现出来，所以劳动工具和劳动产品便成为劳动者素质的物质体现。然而，在整个劳动过程中，劳动者是最核心的因素，是根本的生产力，而劳动工具先进与否、劳动对象精细与否和劳动产品价值高低，仅仅是与劳动力相适应的物质体现。把生产力简化到某个劳动产品的物质点上，实质上就是把生产力片面地理解成劳动工具或劳动产品，偏离了生产力的核心因素——劳动者。这种对生产力片面理解的直接后果是，在整个经济活动中，物得到重视，而人的发展则被遮蔽、被忽视。

片面理解生产力同样是中国特定历史条件下的产物。新中国成立初期国家一穷二白，之后又长期处于经济困难时期，社会对物质财富渴求强烈，人民群众对物质生活的要求与劳动者素质提高相比，前者显得更加迫切，生产力的发展向物质财富的增加方面倾斜是合乎情理的。改革开放以来，中国社会物质财富增长迅速，居民生活水平获得很大提高，经济短缺时代结束。但是对生产力的片面理解却依然没有得到根本的改变，这是因为在新的历史条件下，这一片面理解又获得新的生存土壤。经济体制改革的方向是由计划经济向商品经济过渡，最终建立起社会主义市场经济体制。市场经济的实质是商品经济，劳动产品要以商品的形式表现出来。马克思在分析资本主义商品拜物教时指出：商品形式在人们面前把人们劳动本身的社会性质反映成劳动产品本身的物的性质，反映成这些物的天然属性，从而把生产者同总劳动的社会关系反映成存在于生产者之外的物与物之间的社会关系。由于这种转换，劳动产品成为商品，成为可感觉而又超感觉的物。马克思深刻分析了商品形式的一个直接后果，那就是人的关系颠倒地表现为物的关系。虽然物是人的创造物，然而在商品形式之下，也就是一件劳动产品必须通过与其他劳动产品相交换，其价值才能够被确认，即人的价值必须通过物的价值来体现。那么人的创造物商品就从形式上超越了创造者本身，绽放出比其创造者还要夺目的光彩。由此不难发现，尽管我国建立的是社会主义的市场经济，但只要市场在资源的配置中起基础作用，在一定程度上经济的性质就是商品经济，只要是商品经济，就难以避免物比人显得更重要的后果，就很容易把生产力仅仅理解为物的东西，从而忽视了人的因素。这是GDP至上观生长的现代土壤。

2. 西方主流经济学及其实证方法为 GDP 至上观念提供了新的动力和技术条件

第一，西方主流经济学从理论上为 GDP 至上观念提供了新的动力。西方主流经济学是崇尚竞争的理论，崇尚竞争的价值理念，直接推动了对 GDP 增长的追求。第二，西方主流经济学为 GDP 至上观提供了技术条件。一方面，从概念上提供了方便，作为国内生产总值的 GDP，为生产力发展、经济发展、经济增长提供了一个终极简化点；另一方面，作为主要的技术手段——经济学实证方法，从方法上提供了方便。西方经济学堪称方法学，自新古典经济学以来，西方经济学找到了一整套所谓的实证方法，就是首先通过孤立化，把社会经济进行分解、细化和物化，然后再通过数量化的方法，把物的东西通过货币中介加以量化，最后集中浓缩在几个抽象的数据上。这种方法能够把复杂的经济问题大大简化，为把经济发展最终简化为 GDP 单一数据提供了方法上的便利性与可行性。所以，自西方主流经济学被引进中国之后，尤其是在经济学实证方法的技术支持下，GDP 增长引领了中国整个社会经济发展的方向，在经济意识形态领域最终发展成为 GDP 至上的观念。

二　对西方主流经济学及其实证方法的理论反思

GDP 至上观的形成和泛滥，除了中国特有的社会历史因素外，与西方主流经济学及其实证方法在我国经济研究中大行其道有着密切的关系，而这一方法有着内在的缺陷，正是这种方法的内在缺陷才最终导致 GDP 至上观念的形成。实证方法是西方主流经济学思维方式的集中体现，西方主流经济学的最根本缺陷在于它的拜物教性质，它是资本主义商品拜物教、货币拜物教和资本拜物教在意识形态领域的集中反映，这种"见物不见人"的经济学适用于解释物与物的关系，其研究方法实质上是资本运动的逻辑展开，实证方法本身就具有拜物教性质。

本书致力于探讨和证明这种方法的拜物教性质。为此具体从以下几个方面展开分析：第一，以马克思主义经济学方法论原则为参照，说明西方主流经济学实证方法的原则局限。第二，从客观上对这种方法与自然科学方法的关系进行梳理，并把这种梳理放在资产阶级经济学生存的整体社会环境中加以考量，在此基础上对西方主流经济学实证方法所谓的科学性做出解读。第三，对西方主流经济学实证方法的当代反思进行探讨，从偏微分的技术应用、博弈论、人与人关系研究的技术转换以及当代西方主流经济学实证方法功能的重新定位等几个方面，逐步认识西方主流经济学实证方法的当代反思及其局限，在马克思主义经济学方法论基础上，提出完善西方主流经济学实证方法的建议。

实证方法是西方主流经济学思维方式的技术表现，它擅长研究人与物的关系以及物与物的关系。在我国社会主义市场经济建设中，不仅要重视生产关系领域的研究，即人与人关系的研究，同样要重视人与物以及物与物关系的研究，西方主流经济学实证方法有其发挥优势的空间。然而，更应该注意的是，这种研究方法虽然丰富了经济研究的手段，但它还与 GDP 至上观念等经济发展的负面因素紧密联系在一起，对这种方法的优点和缺陷，尤其是缺陷的研究就具有了重要的理论意义和现实价值。

三 研究意义

其一，理论意义。对西方主流经济学实证方法及其拜物教性质的研究，有助于对西方主流经济学及其方法有一个客观、全面的认识；有助于对西方主流经济学固有缺陷的探索提供新的视角；有助于在社会主义市场经济建设过程中正确处理人与物的关系，在经济意识形态领域稳定人的地位和维护人的尊严。

其二，现实价值。对 GDP 至上观念的主要源头进行分析，有助于破除GDP 至上的迷信；对西方主流经济学实证方法的客观认识，有助于减少对它的盲从；推动经济学领域人的复归，是科学发展观的必然要求，有助于现有劳动者素质的提高，给生产力的发展注入真正的动力。

第二节 文献综述

一 国外主要研究综述

有关经济学实证方法的相关文献相当丰富，本书对此简要梳理，主要基于两条基本线索：一条线索是从孔德对实证精神的基本界定出发对相关重要文献进行把握；另一条线索是在尊重经济学实证方法发展史的基础上，从实证与规范基本划分的角度对主要文献进行综述。

经济学方法论问题的研究要比经济学本身晚得多，早期的经济学研究主要是问题导向的，重商主义时期这方面研究的特征最为明显，它们一般是采取一种就事论事的研究，[①] 方法与问题本身结合得很紧密。重商主义之后的经济学研究，在很长的一段时间内保留了重商主义的问题导向的特点，依然没有特别明显的方法论意识，"对经济和社会现象的研究，从 18世纪到 19 世纪初的缓慢发展过程中，当它选择自己的方法时，主要是受它面临的问题性质引导。它逐渐发展出一种适合于这些问题的技能，并未过多地思考这些方法的特点，或它们跟其他知识学科的关系"。[②] 只是到了 19世纪二三十年代，经济学方法论问题才逐步被学界关注。

---

① 刘永佶：《政治经济学方法论纲要》，河北人民出版社，2000，第 85 页。
② 〔英〕弗里德里希·A. 哈耶克：《科学的反革命》，冯克利译，译林出版社，2003，第 1 页。

　　西方主流经济学的实证方法，是由近代以来的自然科学方法不断发展演化而来的。罗素说，"通常谓之'近代'的这段历史时期，人的思想见解和中古时期的思想见解有许多不同。其中两点最重要，即教会的威信衰落下去，科学的威信逐步上升。旁的分歧和这两点全有连带关系"。① 西方主流经济学实证方法的形成和发展，与这两点同样有着连带关系。科学哲学的研究，尤其是孔德的实证主义哲学为经济学研究方法指出了方向。孔德把实证界定为"真实"、"有用"、"肯定"和"精确"四个含义。② 自西尼尔之后，西方经济学研究方法逐步以实证为原则，向"真实"、"有用"、"肯定"和"精确"方向靠拢，逐步形成研究"是什么"而不是研究"应该是什么"的一整套实证方法。

　　经济学实证方法的早期研究，主要是围绕着经济学方法的实证性方面展开，具体地讲，就是经济学家带着实证主义的倾向去研究经济问题，在方法上努力向实证方法靠拢，表现在，一方面强调经济学实证性研究的重要意义，另一方面对经济学研究方法如何转向实证方法做出切实探索。

　　威廉·配第就是早期对经济学实证方法做出研究的经济学家之一。他在《政治算术》中，专门讨论了经济学的研究方法。威廉·配第力争使自己的研究方法具有实证性。他在研究方法的真实和精确方面给予了特别的强调，他认为，经济学研究必须是精确的，为此，他注重用精确的算术方法来研究经济问题。他说自己的研究方法是不常见的，这和那些常使用比较级和最高级的简单模糊思维方式不同，而是"用数字、重量和尺度的词汇来表达我自己想说的问题，只进行能诉诸人们的感官的论证和考察性质上有可见的根据的原因"。③ 威廉·配第除了强调方法的精确之外，还特别强调方法的真实。他说，"用数字、重量和尺度（它们构成我们下面立论的基础）来表示的展望和论旨，都是真实的，即使不真实，也不会有明显的错误"。④ 威廉·配第的方法，实质上就是早期的实证方法，他对方法基本上也是按照实证原则来要求的。

　　亚当·斯密的研究方法是二重的，即归纳法和演绎法在他的研究中同

① 〔英〕罗素：《西方哲学史》（下卷），马元德译，商务印书馆，1996，第3页。
② 〔法〕奥古斯特·孔德：《论实证精神》，黄建华译，商务印书馆，2011，第33页。
③ 〔英〕威廉·配第：《政治算术》，陈冬野译，商务印书馆，1978，第8页。
④ 〔英〕威廉·配第：《政治算术》，陈冬野译，商务印书馆，1978，第8~9页。

时存在。归纳法和演绎法本来是两种相互对立的科学研究方法，亚当·斯密把它们都拿来加以运用，在方法论上看，他的研究方法显然具有一定的矛盾性。然而正是这种矛盾性，恰恰证明了斯密的研究方法具有鲜明的实证特征，因为它表明了经济学研究的真实、有用、肯定和精确的基本精神。亚当·斯密经济学研究的有用性自不必说，它始终是有利于财富增长的，而在真实、肯定和精确方面，斯密在方法的运用上明显地表现为尽可能地去追求这些科学实证精神。这与早期的科学方法有关。

由培根主张的归纳法和由笛卡尔主张的演绎法，在近代自然科学发展的早期，都是非常重要的科学研究方法。虽然两种方法所强调的研究路径不同，但它们的共同点都是在不同的路径上追求着科学的精神，这种科学的精神就体现在真实、肯定和精确上。斯密的二重方法，虽然在方法论上存在着矛盾，但在追求科学精神方面，两种矛盾的方法在斯密那里得到统一。斯密在对这两种科学研究方法优劣的鉴别方面有所忽略，但把它们都拿来加以运用，则可以说明斯密在追求科学精神方面那种不容置疑的研究出发点。所以，在斯密那里，经济学实证方法就表现为对自然科学方法的直接借鉴：归纳法和演绎法同时被派上用场。

在经济学说史上，最早践行方法论实证原则的是拿索·威廉·西尼尔，他的《政治经济学大纲》堪称西方经济学运用实证方法的早期经典。西尼尔在这部著作中，开篇谈的就是经济学的方法问题。他认为，经济学研究应当摒弃思想家和立法者的套路，尽可能排除以人类福祉为出发点的主观干扰，使之成为纯粹的"一门研究财富的性质、生产和分配的科学"。① 西尼尔之后，约翰·穆勒和凯尔恩斯做了进一步的充实，形成所谓的西尼尔—穆勒—凯尔恩斯科学传统。

穆勒对政治经济学研究常用的归纳法和演绎法两大方法及其关系进行了论述，认为经济学研究要想真正做到科学准确，就应当以演绎法为主要方法。穆勒认为，归纳法是完全建立在经验基础之上的，穆勒把它称为"后验方法"，也就是在经验之后进行归纳的方法。另一种是演绎法，穆勒把它称为"先验方法"。在经济学研究中，穆勒推崇的是先验方法，即演绎的和综合的方法，"在我们试图构建政治经济学定义当中，我们将它的

① 〔英〕拿索·威廉·西尼尔：《政治经济学大纲》，彭逸林、商金艳、王威辉编译，人民日报出版社，2010，第3页。

本质刻画成一门抽象科学，其方法是先验方法"。① 穆勒是从经济学研究的起点——研究假设开始对研究方法进行论述的，他坚持认为经济学研究必须从人的某个前提假设出发，这种假定不是对人全部内容进行假定，而是从人的某一个特定的方面进行假定，也就是从人们"嗜好财利、为达目的而精心选择手段的那一面"进行假定。② 在这个假定的基础上，经济学才能建构起来。穆勒认为，这种研究方法不仅是所有政治经济学杰出导师一直沿用的方法，而且也是任何科学都必须具备的方法。为说明这一点，穆勒还专门运用几何学的知识，把对线段的定义作为研究的基本抽象假定的实例，来说明抽象演绎方法的科学性。所以他认为，"先验方法恰恰是各门科学当中最有可能获得真理的唯一方法"，③ 经济学要想走向科学，走向真实、有用、精确，就必须运用抽象演绎方法。

尽管穆勒一再强调演绎法在经济学研究中的重要地位，但并没有否认归纳法的作用。归纳法也是经济学研究必不可少的方法，"但我们承认后验方法可以作为先验方法的有益辅助，甚至可以构成对先验方法的不可或缺的补充"。④ 穆勒解释了经济学要成为科学就必须以演绎法而不是以归纳法为基础的原因。因为政治经济学是"道德科学"，而不是自然科学，在方法上，它们最大的不同在于，自然科学可以进行培根提出的"判决性实验"，即一种可以完全控制的实验，这是归纳法的基础，而所有的包括政治经济学在内的"道德科学"，都无法进行这样的实验。"在道德科学中，我们很少能这样做，因为能产生影响的条件很多，而我们能改变实验的方法却很少"。⑤ 政治经济学进行可控实验的有限性降低了归纳法的价值，相

---

① 〔英〕约翰·斯图亚特·穆勒：《论政治经济学之定义及其恰当的研究方法》，转自〔美〕丹尼尔·豪斯曼《经济学的哲学》，丁建峰译，世纪出版集团、上海人民出版社，2007，第 42 页。
② 〔英〕约翰·斯图亚特·穆勒：《论政治经济学之定义及其恰当的研究方法》，转自〔美〕丹尼尔·豪斯曼《经济学的哲学》，丁建峰译，世纪出版集团、上海人民出版社，2007，第 39 页。
③ 〔英〕约翰·斯图亚特·穆勒：《论政治经济学之定义及其恰当的研究方法》，转自〔美〕丹尼尔·豪斯曼《经济学的哲学》，丁建峰译，世纪出版集团、上海人民出版社，2007，第 42 页。
④ 〔英〕约翰·斯图亚特·穆勒：《论政治经济学之定义及其恰当的研究方法》，转自〔美〕丹尼尔·豪斯曼《经济学的哲学》，丁建峰译，世纪出版集团、上海人民出版社，2007，第 43 页。
⑤ 〔英〕约翰·斯图亚特·穆勒：《论政治经济学之定义及其恰当的研究方法》，转自〔美〕丹尼尔·豪斯曼《经济学的哲学》，丁建峰译，世纪出版集团、上海人民出版社，2007，第 43 页。

应地，抽象演绎法则成为政治经济学唯一可靠的方法。

在古典经济学时期，经济学方法论研究造诣最深的当属凯尔恩斯。[①]凯尔恩斯是继西尼尔、约翰·穆勒之后，又一位强调经济学演绎方法的经济学家。也就是到了凯尔恩斯这里，西方经济学方法论科学传统，即"西尼尔—穆勒—凯尔恩斯"传统得以形成。

凯尔恩斯研究经济学实证方法，是从"实证的"和"假说的"两个术语的含义开始的。他认为，应当从两个层面理解这两个术语，一是从假设前提进行理解，二是从结论进行理解。从假设前提进行理解，数学就是一门最为典型的假说的科学，因为数学的大量概念，在现实中没有和它相对应的东西存在。在这一点上，数学与实证的自然科学存在着明显的区别。如果从结果上去理解，那些已经脱离初级阶段而达到演绎推理的自然科学，是"假说的"。通过上述角度去观察，凯尔恩斯认为，现在的政治经济学应当属于和那种已经发展到演绎阶段的自然科学一样的科学。因而，凯尔恩斯主张经济学的实证方法，就是抽象演绎的方法。

英国经济学家沿着亚当·斯密的二重研究方法中的演绎法发展下去，李嘉图的抽象法达到相当的高度。英国的演绎抽象传统继续发展，到了数理学派这里，抽象演绎方法找到了数学形式，终于和实证主义殊途同归。他们为实证中的"精确"部分探索到了一种严密的科学形式，即数学形式。英国数理学派创立者斯坦利·杰文斯的代表作《政治经济学理论》就是一部把经济研究数量化和精确化的著作。杰文斯在这部著作的导论中，就经济学精确化的问题做出专门论述。

研究主流经济学的实证方法，不能不提及德国的历史学派。就整个德国历史学派而言，他们的历史方法就是历史归纳法，重视经验的归纳，强调历史事实的实证作用，总体上具有实证主义的鲜明特征。下文就以罗雪尔为代表来说明。德国历史学派创始人威廉·罗雪尔，推崇历史方法。他的历史方法与实证方法具有很大的相容性。罗雪尔在他的《历史方法的国民经济学讲义大纲》中，开篇就讨论研究方法。他对国家科学的方法进行了分类，有历史的方法和哲学的方法。他认为，哲学的方法就是在脱离实际的抽象中去寻找概念或者去寻求概念体系，这种研究方法的根据和结果都不统一。哲学方法实质上无非是政治党派意见或愿望的抽象而已，无非

---

① 李和平：《弗里德曼论点及其争论研究》，中国经济出版社，2005，第46页。

是给予科学的表现和科学的依据。与脱离实际的哲学抽象方法不同，历史方法则是"尽量忠实地描绘现实生活，寻求人类的发展及其关系的记述"。① 罗雪尔认为，由于历史方法客观忠实地描述现实生活，所以这种方法在"任何时候都具有客观的真理性"。② 罗雪尔的历史方法其实就是实证方法，忠于历史和经验是这一方法最大的特点，他强调真实和精确，这完全符合实证主义精神，在方法上具有了实证的鲜明特征。

客观上讲，归纳法和演绎法都是经济学研究重要的实证方法，并且在亚当·斯密那里同时得到运用，然而两种方法毕竟在研究路径上有所不同，究竟哪种方法是最为科学的，从一开始就存在争议。这种争议在经济学方法论发展中，有时候会非常鲜明地表现出来。自斯密之后，经济学实证方法的文献就与两种方法之争联系在一起。

马尔萨斯观点鲜明地认为，归纳法是经济学研究最可靠的方法，而李嘉图则充分利用和发展了经济学的演绎法。在这两位经济学家之间，产生了经济学实证方法最早的鲜明分歧和对立。之后，这种实证方法论对立演变为逻辑抽象法和历史描述法之争。1883 年，门格尔在其新出版的《对社会科学特别是政治经济学方法的研究》一书中表明观点，认为经济学是在行为假设基础上的纯理论科学，基本方法是逻辑抽象法。施穆勒则相反，认为经济学理论的基础是历史的经验数据，基本方法应当是历史归纳法。这样，在两派经济学之间爆发了有关经济学基本方法的激烈争论。到 19 世纪末，两种方法又开始走向融合，其中马歇尔和内维尔·凯恩斯在这次方法论融合中发挥了重要作用，他们都主张把二者结合起来。

约翰·内维尔·凯恩斯的《政治经济学的范围与方法》，是一部经济学实证方法论方面的重要文献。在这部著作中，内维尔·凯恩斯对政治经济学的范围、方法、科学性等根本性问题做出了深入论述。他首先总结了持续多年的、在英国和德国经济学家之间展开的方法论之争，分别对它们进行了评述，认为经济学的实证研究方法应该兼具归纳和演绎，只是在实证研究的不同阶段，二者发挥的作用不同。凯恩斯在经济学实证方法方面

---

① 〔德〕罗雪尔：《历史方法的国民经济学讲义大纲》，朱绍文译，商务印书馆，1981，第 11 页。

② 〔德〕罗雪尔：《历史方法的国民经济学讲义大纲》，朱绍文译，商务印书馆，1981，第 12 页。

做了一些基础性的工作，他非常重视政治经济学定义的界定，因为基本概念的清楚界定，可以避免大量的争论。然而他认为，"要搞出一个意义完全确定的定义最终将是无望的"，因为经济学中的大量定义都是相对的。凯恩斯详细梳理了政治经济学和伦理学、普通社会性、经济史以及统计学的关系，仔细区分了经济学和这些学科的基本差异。他还专门对经济学作为实证科学的特点和定义做出研究。虽然经济学作为实证科学研究"是什么"的问题，但凯恩斯认为，与实证的物理学和心理学相比，还是有区别的。经济学是把物理学的基本规则作为研究的前提或先决条件，但不会把它们作为研究的结论；同样，也是把心理学作为条件，而并不是伦理的或者是心理的科学。

奥地利学派弟子路德维希·冯·米塞斯在经济学实证方法研究方面具有鲜明的观点。米塞斯对经济学研究运用自然科学方法的实证主义是持怀疑或者否定态度的。他认为，经济学并不是自然科学，而是属于人类的行动科学，它"是先验的，而不是经验的。正如逻辑性和数学一样，它不是得自经验，它先于经验"[①]。经济学研究不是从经验开始的，而是从个人的内省开始的，是从内省而得到的先验的公理出发而演绎的。米塞斯认为，经济学是人类理性的结果，在研究过程中排斥价值判断方面，这和实证主义者持有相同的看法。不过米塞斯对经济学采用自然科学和数学方法持鲜明的批评态度，他坚决反对把自然科学方法和数学方法套用到经济学研究中来。这些都是基于他把经济学定位于行动科学的结果，他对人类行动能否精确测量持坚定的怀疑态度。

索尔斯坦·凡勃伦 1898 年在美国《经济学季刊》上发表的一篇重要文章《经济学为什么不是一门演化（进化）经济学?》，其从生物演化的角度对古典经济学和新古典经济学的根本缺陷做深入解读。凡勃伦认为，由于受到自然科学的影响，古典经济学在方法上不能摆脱因果关系的解释以及分类科学的桎梏，没有让经济学走上真正科学之路。而新古典经济学的失败在于对人性的错误理解——对人的讨论都是以享乐主义为出发点的。在新古典经济学那里，这是一种呆滞的、被动的、永远不变的人性，它有关个体的概念就是把人当作"闪电般地计算快乐与痛苦的计算器"。凡勃

---

① 〔奥〕路德维希·冯·米塞斯：《经济学的认识论问题》，梁小民译，经济科学出版社，2001，第 12 页。

伦认为，这种对人的理解是极端片面的。他进一步指出，个人的经济生活并非如此，并不是简单地由环境力量的路径所灌充的欲望集合，而是在一个逐渐展开的活动中寻求实现和表达嗜好和习惯的相关结构。个人的生活史是一个手段与目的相适应的积累过程，当这个过程进行时，目的本身也在改变着，行为者和他的环境在任何一点上都是既往活动的结果。对个人的经济分析应当从个人行动、过程及其历史发展路径中着手。新古典经济学抽象、片面地理解人性，意味着它的研究方法的出发点出现了错误，整个研究是建立在错误假设基础之上的。

马克斯·韦伯认为，"价值无涉"是社会科学研究的基本态度，同样为经济学研究的基本态度。韦伯对社会科学的方法论进行了全面的研究，认为"社会科学在整个研究上与自然科学也有着密切的关系"。然而，社会科学毕竟与自然科学有着显著的不同，其根本差异在于社会科学具有自身的价值和意义，在社会科学研究中具有一定的"价值关联"。"几乎在现实的人所表明的每一种态度里，都有各种价值领域的互相交错和渗透"。[1]韦伯认为，社会科学具有主观性，同时也具有客观性。为了保持社会科学研究的严肃性，韦伯提出"价值无涉"观点，以此"反对研究者进行价值说教，价值灌输"[2]。

韦伯的价值无涉观点，与经济学研究的实证原则是相吻合的。也就是强调研究者在社会科学的研究过程中，必须摒弃自己的价值立场，排除"应该是什么"的价值倾向，做到客观公允地去研究"是什么"的问题。

熊彼特对经济方法的基本观点是，经济学研究方法是一个逐步丰富的过程，后者是在前人研究成果的基础上不断积累形成的，一部经济分析史，就是一部经济研究方法的积累史。他说："历史的发展永远是连续不断的，决不能将其割成片断，而不流于武断，并蒙受损失。"熊彼特的三卷本《经济分析史》也很好地践行了他对经济学研究方法的观点，对方法之间的有机联系及其相互传承性给予了高度的关注，在他那里，经济学的分析方法，从头到尾都好像变成一条源源不断流淌的小河。

特伦斯·W. 哈奇森是一位在经济学实证方法论史上产生过重大影响

[1] 〔德〕马克斯·韦伯：《社会科学方法论》，中央编译出版社，2002，第152~153页。
[2] 张志庆：《论韦伯的"价值无涉"》，《文史哲》2005年第5期。

的经济学家。他的著名的经济学方法论著作是《经济理论的重要性及其基本预设》。这部方法论著作首次尝试性地把逻辑实证主义引入经济学研究中来。由此，逻辑实证主义在经济学中的影响力日益扩大。当代经济学实证研究方法，仍然保留着许多逻辑实证主义的因素。哈奇森认为，"很多科学分支（包括经济学）给出的最终命题往往不是纯粹的逻辑和数学命题的附属物，反之，他们包含着若干经验内容……于是，这些命题必然可以被想象为能够进行经验检验的，或者可以被归结为从经验命题出发，经过逻辑或数学推理得到的推论"。① 哈奇森对于经济学的研究，注入了两个重要因素，一个是经验，即经济学理论的建构是从经验出发的；另一个是逻辑，即从经验出发的命题应该在严密逻辑推理的保证之下才是正确可靠的。

在经济学实证方法论史上，弗里德曼是一个里程碑式的人物，他在1953年发表的《实证经济学方法论》是现代经济学实证方法的经典文献。弗里德曼在区分经济学方法的实证—规范标准上，沿用了约翰·内维尔·凯恩斯的基本观点，认为实证经济学是研究"是什么"的问题，而不是研究"应该是什么"的问题。然而，弗里德曼在功能上对经济学实证方法做出重新定位，即把预测问题当作经济学实证方法唯一要关注的问题。至于经济学建构的理论假说的逻辑起点究竟在哪里，弗里德曼认为，可以与事实不相干。也就是说，理论假说完全可以不从事实出发，而且与事实越远，就越能保证理论假说的科学性。这是著名的弗里德曼"假设不相干"理论，这一观点引起了学界的巨大争论，萨缪尔森把它称为"F扭曲"。弗里德曼的实证经济学方法论对经济学研究的影响是深远的，本书在许多章节都会对他的方法论进行深入讨论。

丹尼尔·豪斯曼和迈克尔·麦克佛森对经济学、理性和伦理学的关系进行了深入研究，认为虽然经济学被看成实证的科学，然而"经济学和伦理学与理性理论二者都有联系"。② 豪斯曼认为，多数人会用实证—规范的"事实—价值"区分来看待经济学，而实际上这种区分是一件十分困难的事情。这种划分标准虽然也有一些合理成分，实际上却是言过其实的。这是因为"'实证'经济学的范围实际上和规范问题是交叉的"，③ 纯粹的实

① 特伦斯·W.哈奇森，转自〔美〕丹尼尔·豪斯曼《经济学的哲学》，丁建峰译，上海人民出版社，2007，第93页。
② 〔美〕丹尼尔·豪斯曼：《经济学的哲学》，丁建峰译，上海人民出版社，2007，第160页。
③ 〔美〕丹尼尔·豪斯曼：《经济学的哲学》，丁建峰译，上海人民出版社，2007，第162页。

证是不存在的。豪斯曼的研究证明了这样的事实，即实证经济学中的价值成分是客观的。他们进一步对经济学中的价值成分进行研究，得出的结论是，价值成分始终在实证经济学的研究过程中发挥着作用，具有一定的不可否认的意义。

萨缪尔森对经济学研究方法的精确性和主观性的关系进行了论述，认为针对不同的事实，由于所依据的理论不一样，那么解释也是不一样的，不用说是在经济学领域，"即使在所谓的精确的自然科学中，我们如何领悟观察到的事实也取决于我们所戴的理论眼镜"。① 萨缪尔森将经济学实证方法的探索引向了深入，他意识到针对同一事实有不同理论解释之间的差异，对实证方法的精确性问题做了进一步探索。当然，萨缪尔森的方法研究是有目的性的，他不仅在于说明新旧经济学之间由于不同的主观性会导致经济研究结果的不同，还在于说明资产阶级经济学和社会主义经济学之间的根本差异。他说："上述的话对于新经济学和旧经济学的差别，对于西方世界经济学和共产主义经济学的差别，也是完全适用的。让我们事先对这一点有所警惕。"②

约翰·内维尔·凯恩斯之后，经济学实证方法开始走向模型化，就此罗宾逊给予了解释。罗宾逊说："构成经济学教义传统的学说、解释和理论是由这门学科特有的分析方法予以发挥和阐明的。"③ 这个方法的基本操作是，从历史和现实中挑选一些诸如商品、货币、生产、雇主、工人等实体，在详细说明这些实体所处经济环境的基础上，"把它们制成一个模型；在整个模型中，它们的相互作用是通过一种准教学的逻辑推敲出来的"。④ 罗宾逊认为，虽然经济学模型类似于自然科学的模型，但二者还是有显著差异的，因为经济学没有自然科学那样的理性纪律。自然科学的各种假设可以通过用经验获得的证据加以证明。而经济学就做不到这一点，经济学很难像自然科学一样对实验进行精确的控制。这使得一些由传统教导而来的研究上的"坏习惯"，就有可能被带到经济学研究上来。比如，对个人

---

① 〔美〕萨缪尔森：《经济学》（上册），高鸿业译，商务印书馆，1991，第16页。
② 〔美〕萨缪尔森：《经济学》（上册），高鸿业译，商务印书馆，1991，第18页。
③ 〔英〕琼·罗宾逊、约翰·伊特维尔：《现代经济学导论》，陈彪如译，商务印书馆，1982，第69页。
④ 〔英〕琼·罗宾逊、约翰·伊特维尔：《现代经济学导论》，陈彪如译，商务印书馆，1982，第69页。

做出能够无限正确的假设，就是一个与现实不符的假设；还比如，新古典学派的完全竞争的私人企业经济模型，假定市场机制自由活动不受干预，就是一个与现实不符合的经济模型。这些都是建立模型所需要避免的"坏习惯"。虽然通过模型研究经济问题的方法有很多不足，但是罗宾逊还是充分肯定了这种方法，最重要的一点在于，这种方法可以通过简化的手段，把大量与研究无关或关系不大的干扰因素排除出去，也就是"建立模型的艺术是把一切同争论点无关紧要的复杂情况统统删去，而保留可靠的推论所必需的一些特征"。[①] 罗宾逊有关研究方法的观点代表了凯恩斯之后的一个普遍的流行观点，它既是对经济学实证方法越来越模型化的总结，又是对为什么会越来越模型化的经典解释。

库恩对于科学研究中的实证原则提出了不同的观点，他认为，科学理论的发展不是像教科书上说的那样，后者是在前人研究成果的基础上发展起来的，科学的进步好像是一个从某个始点出发的一步步进步的过程。而实际的情况是，科学理论的进步是在不同的研究"范式"之间不断进行转换的。范式是特定的学术共同体从事科学活动所遵循的一种公认的模式，它源自一些公认的科学成就和科学著作。这些科学成就和著作之所以能够成为科学共同体的基础，在于它们具有两个基本特征：其一，能够吸引一批对此学术深信不疑的坚定的拥护者；其二，这些成就为后继者在实践中留下有待解决的问题的空间，"凡是共有这两个特征的成就，我此后便称之为'范式'，这是一个与'常规科学'密切有关的术语。我选择这个术语，意欲提出某些实际科学实践的公认范例——它们包括定律、理论、应用和仪器在一起——为特定的连贯的科学研究的传统提供模型"。[②]

各种范式具有根本的差异性，不同范式的理论，在假设条件、研究理路、基本结论和研究者的主观价值倾向方面都有着根本性的不同。科学理论的建构，并不像实证主义者所说的那样，是排除了价值判断的研究结果，而是相反，每种科学理论的建构都是建立在一定的价值观基础之上的，价值是科学建构的基础，"不同创造性学科的特点，首先在于不同的

---

① 〔英〕琼·罗宾逊、约翰·伊特维尔：《现代经济学导论》，陈彪如译，商务印书馆，1982，第69页。

② 〔美〕托马斯·库恩：《科学革命的结构》，金吾伦、胡新和译，北京大学出版社，2003，第9页。

共有价值集合"①。具体到每个研究者，库恩认为他们对于科学理论的基本态度中，不可避免地渗入了主观价值因素，"每个人在相互竞争的理论之间进行选择，都取决于客观因素和主观因素的混合"②。所以，库恩的结论是，社会科学研究要想摆脱主观价值，本身就是不可能的。库恩的观点，实际上是从科学理论建构的角度对经济学研究追求实证精神的一贯立场提出了质疑。

美国学者保罗·斯威齐在他的《资本主义发展论》中，对资产阶级经济学的研究方法做出了考察，认为资本主义时代的一个显著特点是，应用自然科学的方法研究社会问题。这不仅仅是一个方法论问题，而且是资本主义商品生产达到成熟程度的结果。在经济学领域，这种特征早在重农主义时代的"自然法则"上和亚当·斯密的自由放任的"看不见的手"上就已经显现出来。突出表现为"对经济秩序的非人格化和自动性深信不疑"。保罗·斯威齐认为，这产生了另一种经济学偏见，就是"不主张在经济事务中采取有意识社会行动"，这种偏见"在商品生产的特点中所特有的根源，以及它同自然规律和社会自动论等出自一辙学说的联系，被马克思的拜物教理论明白地揭露了出来"。③ 保罗·斯威齐的观点表明，这种承认自然规律、自然法则的态度，自由放任、看不见的手的信仰，其结果是，以经济学为典型的社会科学逐步亲近自然科学，在方法上向自然科学靠拢，亦步亦趋地跟着自然科学走下去，这些都是商品拜物教在政治经济学上的反映。

二　国内相关研究

对于新古典经济学的研究，陶大镛在方法论方面的分析独树一帜。陶大镛认为新古典经济学方法论上的致命缺陷是孤立化，这是对自亚当·斯密以来孤立地研究问题的沿袭。被马克思斥为科学幻觉的孤立个人，是新古典经济学研究的出发点，在庞巴维克、门格尔、杰文斯等人的作品里，

① 〔美〕托马斯·库恩：《必要的张力：科学的传统和变革论文选》，范岱年、纪树立等译，北京大学出版社，2004，第328页。
② 〔美〕托马斯·库恩：《必要的张力：科学的传统和变革论文选》，范岱年、纪树立等译，北京大学出版社，2004，第322页。
③ 〔美〕保罗·斯威齐：《资本主义发展论》，陈观烈、秦亚男译，商务印书馆，2000，第61页。

研究的起点多数为荒岛上的鲁滨逊、荒野中的孤独者。在方法论上，以这些虚构的孤立个人为起点进行研究本身就是错误的，它严重忽视了人与人既定的社会关系。这种不是建立在现实而是建立在虚构之上的经济学，必定要破产。①

程恩富、胡乐明对经济学的实证方法进行了研究，认为马克思经济学不仅有丰富的规范分析，也有丰富的实证分析，而且马克思还是实证分析的典范。② 程恩富认为，马克思经济学的实证分析是从数量分析、统计分析和案例分析等几个方面体现出来的，这些都在马克思的经济研究中发挥了巨大作用。由此认定，马克思的经济学方法在实证方面也是毫不逊色的。

程恩富、胡乐明对西方经济学的实证主义传统做了系统的梳理。他们认为受到自古希腊以来占统治地位的理性主义的影响，孔德等人的实证主义使人们更加确信，在人类理性的指导下，人类可以从经验事实出发，借助数学等逻辑工具，建立起有关自然和社会的科学知识体系。在这种信念之下，19 世纪以来西方主流经济学全面展开把经济学打造成纯正科学的追求，经济学家摒弃规范研究、坚持实证分析，按照实证主义的要求力争把经济学建立在经验现实之上。程恩富、胡乐明认为，这显然是"一种机械的或技术的理性主义"，③ 虽然这种追求能够使经济学逻辑结构日趋紧致，实际上却是远离了经济学对于人类行为的研究，而对于人类行为的研究才是经济学作为真正科学所必需的。

林金忠对西方经济学的实证方法做了总体考察，认为虽然西方经济学家长期致力于将经济学打造成一门"纯洁的"经验科学，但是到目前为止仍然没有一个可靠的方法论来达到这个目的。虽然他们对实证经济学和规范经济学做了区分，认为实证经济学就是他们理想中的经济学，但是罗宾斯对经济学性质和范围的界定过于狭窄，新古典经济学的理性经济人假设、弗里德曼方法论的假设不相关性以及经济学研究方法的数学化等方面，都是一些似是而非的东西，迄今为止，所谓的实证经济学仍然没有一

---

① 陶大镛：《十九世纪末二十世纪初庸俗经济学在方法论上的破产》，《北京师范大学学报》1962 年第 4 期。
② 程恩富、胡乐明：《经济学方法论》，上海财经大学出版社，2002，第 77~97 页。
③ 程恩富、胡乐明：《经济学方法论》，上海财经大学出版社，2002，第 243 页。

个可靠的方法论基础。①

苏振华、邹方斌对实证经济学方法论的意义与限度做出了研究,认为实证经济学方法在一些方面还是有意义的,它的假设条件、程序和步骤,对经济社会现象的具体解释和认识有一定的合理性。但是,经济学属于社会科学,毕竟不是自然科学,经济学研究的对象是人而不是物,因而,把一些自然科学的方法不加选择地运用到经济学的研究中,实际上就是实证经济学方法的滥用。②

青年学者朱富强对经济学方法论有着广泛的研究,他认为西方经济学实证分析的合理性、可信性和有用性都是值得怀疑的。在解释、预测和改造社会的三个基本目标中,主流经济学的实证分析几乎一个也达不到。从解释层次上看,经济学的实证分析是功能主义的,它孤立化地研究经济问题,这种方式并不能保证研究的合理性;在不能保证合理性解释的基础上对未来进行预测,预测本身就有逻辑问题;至于在对社会的改造上,由于实证分析的工具主义性质,都是在具体条件下展开的研究,把这种特定条件下的方式运用到其他场合,就不可避免地处于严重的工具主义悖论之中。③

曹均伟、李凌对西方经济学方法论的三大哲学论战——归纳主义与演绎主义、实证主义与规范主义、个体主义与整体主义之争进行了梳理,认为论战的总体趋向是由冲突走向融合。其中对实证主义和规范主义之争做出了研究,认为持续了一个多世纪的这一争论到现在还没结束。总的来讲,主流经济学注重实证分析,而非主流经济学重视规范分析。虽然如此,主张实证分析的主流经济学无论如何也摆脱不了价值判断,很难做到价值无涉。纯粹的实证经济学是不存在的,更多的是实证与规范的结合,体现了自然科学与社会科学相融合的特性。④

叶险明在马克思超越实证经济学与规范经济学对立的基本逻辑的研究中,对两种经济学的关系进行了梳理,认为在西尼尔和穆勒以前,政治经济学没有所谓"实证经济学"和"规范经济学"之分,但实证方法和规范

① 林金忠:《实证经济学似是而非的方法论》,《学术研究》2008 年第 2 期。
② 苏振华、邹方斌:《实证经济学方法论的意义与限度》,《经济学家》2007 年第 4 期。
③ 朱富强:《实证经济学 致命的自负——实证分析的合理性、可信性及有用性质疑》,《社会科学战线》2008 年第 7 期。
④ 曹均伟、李凌:《经济学方法论的三大哲学论战》,《上海财经大学学报》2007 年第 3 期。

方法之分是有的。不过，在李嘉图及其以前的古典经济学中，这两种研究方法是紧密联系在一起的，只是从西尼尔之后，其原则对立性才逐步显现出来。①

王晓升在论述马克思的物化批判问题时，论及西方经济学的实证方法的拜物教性质，这倒是一个崭新的角度。他认为，马克思对资本主义的物化现象展开的批判，是一个方法论原则问题。以此为原则，马克思批判了资本主义人的物化、社会的物化和相应的物化意识。他认为资本主义的"商品拜物教"在方法上的表现是，无论是人还是社会，都被当作客体来观察和研究，这就是一种实证主义的态度，当然也是一种实证主义的方法。②

三 以往研究简评

以往对经济学实证方法的研究大致可以分为如下两类：一类以认可或推崇经济学实证方法为主，这些主要是西方资产阶级经济学家的态度，认为经济学的研究方法就应该是实证的方法，他们在实际研究中对实证方法做出了各种探索。虽然他们之中的一些经济学家对实证方法进行了一定程度的反思，而反思的目的还是丰富和发展这一方法。从这一类研究中很难发现有对经济学实证方法缺陷进行揭示的内容。

另一类文献是以反思和批判经济学实证方法为主。此类研究虽然对这一方法的不足展开多方面的分析，但仍然没有彻底揭示出资产阶级经济学实证方法的根本缺陷。归纳起来，反思和批判类研究的不足主要有两点：第一，一般是从经济学实证方法的功能性展开研究，少有从该方法的生成本身去探索。第二，对实证方法的研究往往局限于方法论领域，就方法而谈方法，较少从方法产生的根源和基础进行深入研究。

西方主流经济学实证方法的反思和批判性文献，除了保罗·斯威齐、王晓升等少数人从商品的性质以及马克思的拜物教理论进行深入研究之外，多数是从目的性和功能性展开研究的，认为西方主流经济学是服务于资产阶级统治的，它的最基本功能在于为资产阶级经济利益服务。局限于

---

① 叶险明：《马克思超越规范经济学与实证经济学对立的逻辑及其启示》，《哲学研究》2010年第9期。
② 王晓升：《物化批判：马克思历史观中一个不应被忽视的方法论原则》，《苏州大学学报》2011年第1期。

这种目的性和服务性，它表现出来的是突出的庸俗性，研究的科学性受到庸俗性的严重压抑。反映在方法上，致使整个研究方法呈现出似是而非的伪科学性和研究的肤浅性。这是基于经济学实证方法的主观性及其现实结果的研究。虽然这种研究对于揭示经济学实证方法的缺陷方面做出了贡献，但仍然没有从最根本的方面证明资产阶级经济学研究方法的致命缺陷。

为此，必须透过西方经济学实证方法的目的性和功能性，去探索背后根本的决定因素，从它的"基因"去探寻决定这一方法根本缺陷的核心因素。马克思的唯物史观，为这一问题的研究指明了方向。马克思说，这种历史观是与唯心主义历史观有着根本的区别的，"它不是在每个时代中寻找某种范畴，而是始终站在现实历史的基础上，不是从观念出发来解释实践，而是从物质实践出发来解释观念的形成"①。西方主流经济学是资产阶级的经济学，资产阶级经济学实证方法是资产阶级经济思维方式的集中体现。西方主流经济学及其实证方法之所以能够服务于资产阶级经济利益，是因为它本身就是资产阶级经济利益在意识形态领域的反映，资产阶级经济学方法的缺陷，实质上就是资产阶级思维方式的缺陷，证明和探索资产阶级经济学实证方法的缺陷，就必须从它的决定因素——资产阶级思维方式入手，进而深入产生这一思维方式的实践中。

以往研究的另一个不足是，一般就方法而论方法，很少从方法产生的基础进行论述。从思想和形式的关系角度看，思想是通过一定的形式表现出来的，而形式本身也是思想的一部分。西方主流经济学实证方法不仅仅是资产阶级的经济思维方式，它本身也是资产阶级思想的一部分。马克思和恩格斯在《德意志意识形态》中深刻地指出，在研究统治阶级思想的时候，不应该把统治阶级的思想和统治阶级本身割裂开来，假如就思想论思想，不顾这些思想产生的基础——个人和历史环境，那么就"必然会碰到这样一种现象：占统治地位的将是越来越抽象的思想，即越来越具有普遍性形式的思想。因为每一个企图取代旧统治阶级的新阶级，为了达到自己的目的不得不把自己的利益说成是社会全体成员的共同利益，就是说，这在观念上的表达就是：赋予自己的思想以普遍性

---

① 马克思和恩格斯：《德意志意识形态》，《马克思恩格斯选集》（第1卷），人民出版社，1995，第92页。

的形式，把它们描绘成唯一合乎理性的、有普遍意义的思想"。① 西方主流经济学实证方法恰恰就符合上述特征，即把它的这种研究方法赋予一种貌似普遍性的科学形式，把自己的方法描绘成一种合乎理性的具有普遍意义的研究形式。

鉴于此，对西方主流经济学实证方法的研究不能就方法而论方法，而是应当深入这些思想的基础——个人和历史环境中，从资产阶级经济学的基础——资本家经验中去认识和理解它。因而从经验的角度去研究资产阶级经济学的方法就成为主流经济学方法论研究的题中应有之义。本书将在此努力做出探索。

经验是实践的基础。资产阶级的经济实践活动决定了他们的思维方式，而资产阶级的经济实践集中在他们的日常经验上。西方主流经济学是经验之学，它是资产阶级日常生产经验的理论总结，对其方法的研究就应当深入资产阶级的经验领域，否则就难以全面而又深刻地揭示经济学实证方法的拜物教性质。

第三节　西方主流经济学实证方法的经验基础问题

一　在经验基础上研究西方主流经济学实证方法的必要性

对西方主流经济学实证方法的研究，应当深入经验领域，在这一点上，马克思做出了表率。马克思对经济学实证方法的研究和批判就是从经验开始的，他把自己的研究建立在经验基础之上。"在他开始研究政治经济学时，他（指马克思）反复强调自己是一个'实证的批判'者"② 并指出："我的结论是通过完全经验的以对国民经济学进行认真的批判研究为基础的分析得出的。"③ 虽然马克思在立足经验研究方面与资产阶级经济学有着本质的不同，但他对经验的重视却是事实。马克思恩格斯在《德意志

---

① 马克思和恩格斯：《德意志意识形态》，《马克思恩格斯选集》（第 1 卷），人民出版社，1995，第 100 页。

② 刘永佶：《资本论逻辑论纲》，河北大学出版社，1999，第 128 页。

③ 马克思：《1844 年经济学哲学手稿》，《马克思恩格斯全集》（第 42 卷），第 45 页；转自刘永佶：《资本论逻辑论纲》，河北大学出版社，1999，第 128 页。

意识形态》中，曾对经验的重要性给予了充分的重视，说"只要这样按照事物的真实面目及其生产情况来理解事物，任何深奥的哲学问题——后面将对这一点作更清楚的说明——都可以十分简单地归结为某种经验事实"。① 任何深奥的哲学问题，当然也包括方法论这个哲学问题，都应该归结为某种经验现实。把经济学实证方法的研究建立在经验之上，是基于以下几个因素考虑的。

第一，西方主流经济学本身就是经验科学。说资产阶级经济学是经验科学，是因为它本身就是从经验中产生的。马克思说："资本主义制度下的人类生产剩余价值已经有几百年了，他们渐渐想到剩余价值起源的问题。最早的见解是从商人的直接的实践中产生的。"② 说西方主流经济学是经验科学，还因为在资产阶级经济学家看来，"现实的经济现象所展示出来的发展，一方面呈现出个体的发展现象，另一方面呈现出经验形态的发展"。③ 资产阶级经济学是经验科学，或许有它追求、模仿建立在经验基础上的自然科学的因素，但有一点是明确的，就是经验作为感性认识处于认识的初级阶段，往往停留在事物的现象层面，这是与资产阶级经济学的肤浅性相适应的。就研究方法而言，经验现象的东西往往能够弥补理论的不足，这也是资产阶级经济学建立在经验基础上的原因之一。马克思在对西尼尔荒谬绝伦的"最后一小时"滥调进行无情批判的同时，也尖锐地指出了这一点，"这个事实最能说明所谓经济'科学'的现状。他们只是诉诸实际经验"。④ 资产阶级经济学始终是经验科学，对它的研究应当"入乡随俗"，因而对它的方法的研究，是绕不开经验这一重要领域的。从经验出发研究主流经济学实证方法，就能够从更为广阔的背景去理解和认识它。

第二，西方主流经济学实证方法本身与经验有着密切的联系。首先，无论是什么方法，最初都是从经验中获得启发，或者直接由经验得来，正如洛克所说："人们的原则通常是怎样得来的——这个情形看来陌生，可

---

① 马克思和恩格斯：《德意志意识形态》，《马克思恩格斯选集》（第 1 卷），人民出版社，1995，第 76 页。
② 恩格斯：《资本论》《第 2 卷·导言》，马克思：《资本论》（第 2 卷），人民出版社，1975，第 13 页。
③ 〔奥〕卡尔·门格尔：《经济学方法论探究》，姚中秋译，新星出版社，2007，第 93 页。
④ 马克思：《资本论》（第 1 卷），人民出版社，1975，第 255 页。

它在每天的经验中都得到确认；如果我们考察这种情形被遗弃的方式和步骤，我们将会看到它并不奇特。"① 其次，无论什么样的方法，最终都要通过实际的经验进行验证，马克思说："理论的方案需要通过实际经验的大量积累才臻于完善。"② 结论正确与否本身就是对研究过程正确性与否的一个回应，具有检验、矫正的功能。

具体到经济学实证方法，归纳法和演绎法是它的两个基础方法。归纳法是不折不扣的经验方法。就经济学的归纳法而言，几乎是建立在经验之上的方法，而经济学演绎法同样是建立在经验基础上的。数理学派的方法是演绎法发展的新阶段，其创始人杰文斯就充分肯定了经验在数理演绎中的基础作用，他说："演绎的经济学，要得到确证，要成为有用的，不能不依赖纯粹经验的统计科学"。③ 所以门格尔就把实证方法看成经验方法，他说："这个研究方法，一般用于自然科学，并取得了巨大的成果，所以人们就错误地称它为自然科学方法。实则这个方法可通用于一切经验科学，因而应该较正确地称之为'经验方法'。"④

第三，揭示西方主流经济学实证方法的拜物教性质，有必要从经验角度对它加以研究。这是基于以下思路考虑的：一方面，资产阶级经济学研究方法是资产阶级经济思维方式的集中体现，而资产阶级经济思维方式决定于资产阶级现实的实践活动。"思想、观念、意识的生产最初是直接与人们的物质活动，与人们的物质交往，与现实生活的语言交织在一起的。人们的想象、思维、精神交往在这里还是人们物质行动的直接产物"。⑤ 资产阶级经济思维方式就是资产阶级经济活动的直接产物。由于实践的基础是经验，以及资产阶级经济学始终是经验科学，因而以经验为起点对实证方法进行研究，就是从根源上进行研究，这种研究的目的是尽可能地避免就方法而论方法的局限，把研究植根于坚实的现实土壤。另一方面，资产阶级经济学研究方法的缺陷，实质上就是资产阶级经济思维方式的缺陷。商品拜物教、货币拜物教和资本拜物教是资本主义生产方式的必然结果，

① 〔英〕洛克：《人类理解论》，谭善明、徐文秀编译，陕西人民出版社，2007，第35页。
② 马克思：《资本论》（第1卷），人民出版社，1975，第417页。
③ 〔英〕斯坦利·杰文斯：《政治经济学理论》，郭大力译，商务印书馆，1984，第41页。
④ 〔奥〕卡尔·门格尔：《国民经济学原理》，刘絜敖译，上海人民出版社，2001，第2页。
⑤ 马克思和恩格斯：《德意志意识形态》，《马克思恩格斯选集》（第1卷），人民出版社，1995，第72页。

它具体蕴含在资产阶级的现实生产经验中，由此产生的这种根本缺陷势必会反映在资产阶级经济学的研究方法上，对其研究方法缺陷的揭示就应当深入资产阶级现实的经验领域。

二 重视经验不等于经验主义

作为人类实践活动的基础，经验在理论研究中占有重要的地位，马克思主义经典作家始终对经验予以充分的重视。马克思认为，理论并不是像唯心主义和形而上学所理解的那样，来自什么宇宙精神、自我意识或者某种形而上学的抽象形式，而是来自能够通过现实经验证明的人类的生产、生活活动，"历史向世界史的转变，不是'自我意识'、宇宙精神或某个形而上学怪影的某种纯粹的抽象行动，而是完全物质的、可以通过经验证明的行动，每一个过着实际生活的、需要吃、喝、穿的个人都可以证明的行动"。① 在理论研究中，马克思把经验放了非常重要的地位。毛泽东在《实践论》中也充分强调了经验在认识中的重要作用，认为"一切真知都是从经验发源的"。毛泽东还深刻论述了经验与实践的关系，强调了经验在实践中的重要地位，认为"感觉经验是第一的东西，我们强调社会实践在认识过程中的意义，就在于只有社会实践才能使人的认识开始发生，开始从客观外界得到感觉经验"。而在实践活动中充分重视经验的当属邓小平了，他的理论有的就是对经验的直接阐述，他的"摸着石头过河"的方法就是源自经验的研究方法。

同样重视经验的，还有经验主义或经验论者。

经验论或经验主义是起源于古希腊的一种认识论学说，认为人类的知识源自人的感觉。与经验主义相对的另一种认识论学说是理性主义，后者持相反的观点，认为人的经验并不可靠，知识的真正来源是人的理性，理性推理要比经验观察可靠得多。经验论就是在和理性主义的争论中不断得到发展的。

近代以来的经验主义始于英国唯物主义哲学家培根和洛克。培根在对实验科学观察和总结的基础上，提出经验论观点，认为人的知识来源于经验观察，在认识论中强调感性认识的重要作用。继培根之后，经验主义在

---

① 马克思和恩格斯：《德意志意识形态》，《马克思恩格斯选集》（第1卷），人民出版社，1995，第89页。

洛克这里真正形成一个认识论体系。用罗素的话说，就是"洛克可以看作是经验主义的始祖，所谓经验主义即这样一种学说：我们的全部知识（逻辑或数学或许除外）都是由经验得来的"。① 和理性主义一样，经验主义在科学哲学观念中始终占有重要地位，经验论后来发展为逻辑实证主义，成为 20 世纪上半期影响科学思想的重要认识论学说。

虽然经验论强调经验在认识论中居于重要地位的观点值得肯定，然而它却有着明显的不足。在培根和洛克那里，强调经验重要作用的同时，在认识论上仍然为理性留下一定的空间，然而它在后来的发展中走向了极端。就是在认识上只承认经验的作用，对理性持完全否认的态度，把认识局限在感性认识阶段。这种极端观点其实早在洛克那里就已经初露端倪，他认为"我们的一切知识都在经验里扎着根基，知识归根结底由经验而来"。②

然而，重视经验不等于就是经验主义。马克思主义认为，人的认识分为感性认识和理性认识两个阶段，感性认识就是处于经验层面的认识。感性认识虽然重要，但要达到真知，就必须进入理性认识阶段。感性认识阶段一般是对现象的认识，往往表现为由经验得到现象材料。局限于经验材料的认识有可能达到对事物的真实理解，也有可能被假象所迷惑而误入歧途。马克思在对剩余价值率和剩余价值量的研究中就特别指出，真实的规律与可观察的现象有时是不一致的。一个客观的规律是，假设在劳动力的价值是既定的，同时劳动力的受剥削程度是相同的情况下，不同资本所产生的剩余价值量与这一资本中可变资本的量是呈正相关的。然而现实中可以观察到的经验是，总资本相同的不同部门资本的可变资本部分差异巨大，然而他们所得的利润或者剩余价值却都差不多。"这一规律同一切以表面现象为根据的经验显然是矛盾的"，③ 马克思通过利润平均化趋势解答了上述规律与现象看似矛盾的问题。然而，假如停留在经验认识层面，这种观察到的经验现象似乎就否认了前面的规律。所以，在认识事物的过程中，应该重视经验，但不能流于经验主义把认识局限在经验观察的感性认识阶段。

---

① 〔英〕罗素：《西方哲学史》（下），马元德译，商务印书馆，1996，第 139 页。

② 〔英〕约翰·洛克：《人类理智论》，转自罗素《西方哲学史》（下），马元德译，商务印书馆，1996，第 140 页。

③ 马克思：《资本论》（第 1 卷），人民出版社，1975，第 340 页。

本书恪守马克思主义方法论和认识论原则，对重视经验与经验主义的界限将保持高度的清醒，把马克思主义上述原则贯彻于研究的始终。

第四节　实证方法的拜物教性质

一　拜物教的含义

拜物教是一种原始的宗教，是人们把某种物当作神来崇拜的一种宗教。资本主义依然存在拜物教观念，从商品拜物教发展到货币拜物教和资本拜物教。资本主义商品拜物教是指在这个社会中，商品具有了某种神秘性质，具有了某种支配人的力量，产生了让人崇拜的魔力。商品早就存在，本来是用来交换的劳动产品，并不神秘，而到了资本主义社会，商品成为主要的财富形式，商品生产成为主要的生产方式，商品就有了不受任何人控制的神一般的力量。

拜物教是马克思经济学理论当中的一个非常重要的概念，在早期和中晚期的马克思经济理论当中，拜物教的含义并不完全一样。早在《1844 年经济学哲学手稿》中，马克思的拜物教（Fetischismus）具有对物顶礼膜拜的意义，也就是人们把商品、货币和资本当成神一样的东西来崇拜。而在《1857－1858 年经济学手稿》和《资本论》中马克思更多地把拜物教界定为一种理论上的"错认"：一方面把物所获得的社会关系规律性看作物的自然属性；另一方面指的是一种社会存在，即商品、货币、资本作为人们自己一定的社会关系，在人们面前采取了物与物关系的虚幻形式。①

商品拜物教是资本主义拜物教的原始形式，而商品交换本身的形式是商品拜物教产生的根源。这是因为，首先，商品拜物教源自"人类劳动的等同性，取得了劳动产品的等同的价值对象性这种物的形式"。② 马克思的劳动二重性是理解政治经济学的枢纽，也是理解资本主义商品拜物教的枢纽。劳动二重性是指生产商品的劳动所具有的具体劳动和抽象劳动二重属性，它们是同一劳动的两个方面。任何商品都是用于交换的劳动产品，它

---

① 刘召峰：《马克思的拜物教概念考辨》，《南京大学学报》（哲学·人文科学·社会科学版）2012 年第 1 期。
② 马克思：《资本论》（第 1 卷），人民出版社，1975，第 88 页。

具有使用价值和价值两种因素，使用价值是由具体劳动创造的，它表明了商品能够满足人们某种消费需要的物的属性；价值是由抽象劳动创造的，它表明人们无论生产何种商品，在一般意义上的无差异的脑力和体力的耗费。从抽象劳动看，任何商品都是无差异的，都是人类劳动的耗费，本来没有任何神秘感可言，然而在商品社会中，这种同质性的抽象劳动，必须对象化为各种不同的商品，五光十色的商品成为这种无差异的劳动的外在形式。这样，人类无差异的等同的劳动就取得各种各样的物的形式，这种物的形式从直观上掩盖了劳动的同一性，同一性变成直观的差异性。同时，人的劳动变成物的形式，从直观上看人的同一性被物的差异性所取代，这是拜物教产生的基础。

其次，"用劳动的持续时间来计量人类劳动力的耗费，取得了劳动产品的价值量的形式"。① 从抽象劳动看各种商品是无差异的，各种劳动产品的社会必要劳动时间，即在平均劳动强度条件下生产该产品所耗费的时间就成为衡量每单位商品的尺度。然而，劳动产品是以商品的形式出现的，商品的价值量衡量就采取一种迂回的方式进行，即一种商品的价值量需要用其他商品的使用价值量加以衡量，后者作为某种物的量成为前者的价值尺度。例如，在 1 件上衣和 20 码麻布的交换中，两者的功能不同。前者上衣处于相对价值形式，它的价值要相对地表现出来；后者处于价值形式，它要表现麻布的价值，上衣的价值是靠麻布来表现的，麻布成为表现上衣价值的材料；另外，麻布的 20 码——作为使用价值的量，成为衡量上衣价值量的标准。某些金属的天然属性决定其更适合担任价值形式的角色，随着交换次数的增多，价值形式上的商品最终会固定在贵重金属——金银上。在抽象劳动上，劳动产品的价值量本来是按劳动时间来衡量的，而到了商品世界，则变成以金银贵重金属或者金属符号来衡量。这种迂回呈现出来的是，某种物的形式成为所有商品的价值形式，这种物本身就好像具有某种魔力一样，这是拜物教产生的重要原因。

再次，商品拜物教产生的根源还在于，"劳动的那些社会规定借以实现的生产者的关系，取得了劳动产品的社会关系的形式"。② 人与人的关系是经济社会的基本关系，最根本的是生产关系。资本主义社会的生产是

---

① 马克思：《资本论》（第 1 卷），人民出版社，1975，第 88 页。
② 马克思：《资本论》（第 1 卷），人民出版社，1975，第 88 页。

社会化的生产，每个生产者都处于社会化生产的各种关系之中。然而，劳动产品一旦采取了商品的形式，这个形式本身就会出现谜一样的性质，因为"使用物品成为商品，只是因为它们是彼此独立进行的私人劳动的产品。这种私人劳动的总和形成社会总劳动"。① 作为私人劳动，生产属于个人的私事，而作为社会劳动，个人的劳动产品必须满足社会的需要，对于别人来说必须有使用的价值，这样产品才能进入交换环节，以换得自己需要的产品。在资本主义商品社会，商品生产者的劳动互换关系就表现为物与物之间的交换关系，商品生产者之间不再直接考虑相互关系，而是必然要通过商品与商品即物与物的关系来产生联系，这一物与物的关系似乎就独立于人与人的关系而具有某种不以人的意志为转移的客观实在了。

通过以上商品形式的三个方面，商品拜物教最终形成，马克思总结说："商品形式在人们面前把人们本身劳动的社会性质反映成劳动产品本身的物的性质，反映成这些物的天然的社会属性，从而把生产者同总劳动的社会关系反映成存在于生产者之外的物与物之间的社会关系。由于这种转换，劳动产品成了商品，成了可感觉而又超感觉的物或社会的物。"② 随着资本主义生产方式的深入发展，商品拜物教也发展成为货币拜物教和资本拜物教，③ 对资产阶级的经济意识产生着重大影响。

不同的经济学对于资本主义社会的拜物教的反映是不同的，马克思主义经济学给予了资本主义拜物教以深刻的揭露和批判，从它产生的条件、实质等方面进行了深刻的揭示。"凡是资产阶级经济学家看到物与物之间的关系的地方（商品交换商品），马克思都揭示了人与人之间的关系"。④ 资产阶级经济学则完全不同，它们不去揭示事实的真相，反而去迎合拜物教，按照拜物教的思维方式去理解现象，"而庸俗经济学却只是在表面的联系内兜圈子，它为了对可以说是最粗浅的现象作出似是而非的解释，为了适应资产阶级的日常需要，反复咀嚼科学的经济学早就提供的材料。在其他方面，庸俗经济学则只限于把资产阶级生产当事人关于他们自己的最美好世界的陈腐而自负的看法加以系统化，赋以学究气味，并且宣布为永

---

① 马克思：《资本论》（第1卷）人民出版社，1975，第89页。
② 马克思：《资本论》（第1卷）人民出版社，1975，第88~89页。
③ 许涤新：《政治经济学词典》（上），人民出版社，1980，第373页。
④ 列宁：《列宁选集》（第2卷），人民出版社，1995，第312页。

恒的真理"。① 资产阶级经济学不但不揭露拜物教的实质，而且认为，"这种拜物教把物在社会生产过程中获得的社会的经济性质，变为一种自然的、由这种物的物质本性产生的性质"。②

二 实证方法的拜物教性质

实证方法作为一种研究的手段或工具，本身无所谓好坏。然而，这种来源于自然科学的实证方法，一旦置于西方经济学的研究之下，势必会染上某种拜物教色彩。资本主义特定的生产方式，决定了资本主义社会必然存在着商品拜物教、货币拜物教和资本拜物教。拜物教是与资本主义物化经济形态相适应的物化经济意识，资产阶级日常经济活动的观念是这种物化意识的现实形态，资产阶级经济学就是这种物化意识的理论形态。西方经济学研究方法实质上就是资产阶级物化意识的具体思维形式。实证方法本身就是一个研究的手段或工具，并不具有拜物教性质，而它一旦变成资产阶级经济学研究的工具，它的性质也就变成资产阶级经济学拜物教在思维方式上的延伸部分了，势必具有了拜物教的性质。因而，这里的实证方法，不仅仅指的是单纯的经济学研究手段，而是与资本主义拜物教深深结合在一起的实证方法，西方主流经济学实证方法，也就不再是单纯地作为研究手段或工具的实证方法，而是作为资本主义拜物教思维方式的延伸的实证方法，也就是带有拜物教性质的实证方法。

第五节 研究的主题和基本思路

一 本书主题

依据马克思主义方法论和认识论原则，对西方主流经济学实证方法的内在缺陷进行研究和探索，对以下问题进行论证：西方主流经济学实证方法的内在缺陷表现在它的拜物教性质上。这一方法本质上是资产阶级经济思维方式的集中体现，它的缺陷是由资产阶级经济思维方式的缺陷决定的。西方主流经济学是经验科学，其实证方法是建立在资产阶级经济活动

---

① 马克思：《资本论》（第 1 卷），人民出版社，1975，第 98 页注。
② 马克思：《资本论》（第 2 卷），人民出版社，1975，第 252 页。

的现实经验之上的。与工人阶级的生成性经验相比，资产阶级的阶级活动经验是既成性的。资产阶级经济思维方式源自该阶级的既成性总体经验，它决定了资产阶级经济学方法必然按照实证原则进行孤立化和数量化的研究，也决定了这一方法的拜物教性质。当代西方主流经济学在方法上对其拜物教性质进行了反思，然而没有走出实证方法孤立化和数量化的局限，没有摆脱实证方法的拜物教性质。

二 基本概念界定

（一）基本概念

——西方主流经济学。西方主流经济学并不是一个十分严格的概念，它是西方经济学的一个子系统，指的是西方经济学中影响力大、认可度高的那部分经济学，具体指以新古典经济学和凯恩斯经济学两部分为主的经济学。在本书中，经济学"主流"的含义还包括主流经济学的历史延伸部分，就是自亚当·斯密之后某个历史时期曾经在众多的经济学派中最能代表当时资产阶级利益，且被学界公认的经济学说，如以约翰·斯图亚特·穆勒为代表的、被马克思称为庸俗经济学的经济学。所以在本书中，西方主流经济学不仅包括"主流"的历史延伸，还常把这些主体脉络部分的经济学称为资产阶级经济学或西方经济学。笔者认为，判断一个经济学说是否主流，不仅要看它在理论界是否具有相对较大的影响力和在学界是否具有较高的认可度，还要看它是否对政府经济政策具有相对较大的影响力。

——实证方法。这里的实证方法专门指的是西方主流经济学研究的基本方法。本书对实证方法的把握是从两个方面进行的：第一，实证与规范相对，规范研究"应该是什么"，实证研究"是什么"。在经济学研究中，那些排除了或者力争排除以价值判断为基础回答"应该是什么"而研究"是什么"的方法，都是实证方法，这是西方主流经济学家基本认定的解释。第二，实证方法源自孔德的实证主义，本书即从孔德对实证的四个含义，即真实、有用、肯定、精确的界定来把握，认为凡是对经济学进行真实、有用、肯定、精确方面的研究，或者进行上述某些方面的研究的方法，就是实证方法。

通过上述两个方面的观察，经济学实证方法始终沿着两条线索发展下去，一个是经验归纳法，另一个是抽象演绎法。从亚当·斯密开始，这两条线索时而分开时而融合，在斯密那里两条线索并行不悖，后来在德国历史学派和英国学派之间展开的方法论大战中，两条线索又相互对立起来。到了马歇尔和内维尔·凯恩斯那里，两条线索又重新融合在一起。尤其是经济学方法论发展到逻辑实证主义阶段后，两条线索紧密地交融在一起。而到了证伪主义这里，尤其是在弗里德曼的经济学实证方法中，经验归纳法受到抑制，抽象演绎法则得到进一步的发展。尽管经济学实证方法存在两种完全不同的方法，然而无论是经验归纳法还是抽象演绎法，它们都始终恪守着实证原则，即都在追求着"是什么"的问题，都在践行着真实、有用、肯定和精确的实证主义精神，都能充分地体现出经济学研究的实证原则，因而都是经济学实证方法的重要组成部分。

如本章第四节所述，本书所指的经济学实证方法，并不是单纯地作为研究手段或工具的实证方法，而是置于资产阶级经济学研究之下的实证方法，这种方法本身具有了拜物教性质，所以本书所研究的实证方法，就是专门指这种带有拜物教性质的实证方法。

——经验。从一般意义上讲，经验就是经济活动的现实体验，它不仅仅指社会个体经济活动的现实体验，也包括社会群体共同经济活动的现实体验。由于资本主义社会的经济活动是有阶级差异的，不同的阶级从事经济活动的现实经验有着巨大的差异，工人阶级的经验是生成性的，即工人从生产劳动的创造性活动中得到现实体验，而资产阶级的经验是既成性的。不同的经验为不同的阶级提供了不同的认识论和方法论。由于本书研究的重点是作为经济学实证方法基础的经验，所以这里的经验还包括作为西方主流经济学的经验数据等的基础性研究资料。

——拜物教。拜物教原本是人们把某种物当成神灵来崇拜的一种原始宗教。本书研究的是西方主流经济学实证方法的拜物教问题，所以本书的拜物教指的是资本主义私有制条件下的商品拜物教、货币拜物教和资本拜物教，即在资本主义社会把商品、货币和资本当成神来崇拜的思想和意识。在以私有制为基础的商品经济中，商品本质上是一种人与人之间社会关系的体现，这种人与人的关系则表现为物与物的关系。这些物以及物与物的关系似乎具备某种神秘力量，能控制着商品生产者，支配着商品生产者的命运，因而被商品生产者崇拜和迷信。在资本主义社会，货币和资本都和商品一样具有了这种神秘力量，马克思把它们称为商品拜物教、货币拜物教和资本拜物教。商品拜物教、货币拜物教和资本拜物教，实质上都是把物在社会生产过程中获得的社会经济的性质，错误地当作一种自然的、由这些物的物质本性产生的性质，以物与物之间的关系掩盖了人与人之间的关系。

（二）理论依据

马克思历史唯物主义。这是本书的理论根基，是全书都要恪守的基本原则，也是本书展开研究的指导纲领。

马克思劳动价值理论。在第二部分，笔者将在这一理论基础上对经济学方法论原则的根本差异做出比较分析。

拜物教理论。在本书的主体部分，将以该理论为基础，展开对西方主流经济学实证方法根本缺陷的研究。

物化意识理论。作为商品拜物教理论的深化和补充。

三　主要方法

本书以辩证唯物主义和历史唯物主义为指导原则，从马克思主义方法论原则出发，同时吸收借鉴历史哲学、经济哲学和高等数学等多学科的研究成果和观点，力求做到历史与逻辑、理论与现实、观点与内容的结合与统一，对西方主流经济学实证方法的内在缺陷做出分析和论证。本书运用了多种研究方法，而主要以分析方法为主，具体有以下几种。

——历史分析方法。对西方主流经济学实证方法的研究，首先应当对这一方法的产生和发展过程有一个全面的了解，在其发展的过程中进行把握。其次，对西方主流经济学实证方法的研究，还应该把它放在一定的历史大背景中，从其发展变化的历史环境来认识。历史分析方法在本书中占有非常重要的地位。第三章对经济学实证方法嬗变的论述，第五章对经济学数量方法的演进，都集中运用了历史分析方法。

——对比分析方法。比较分析在本书中占有重要的地位。本书是在马克思主义经济学方法的比照之下，对西方主流经济学方法论问题加以研究的。首先，本书始终恪守马克思主义的立场、原则和方法，对西方主流经济学实证方法的研究立足于马克思主义的基本原理，或者从马克思主义方法论原则出发进行研究。其次，有比较才有鉴别。通过与马克思主义经济学方法论实践原则比较，西方主流经济学方法论实证原则的不足和缺陷才能更加清楚地显现出来；通过将经济学方法实证性与道德学规范性比较，才能鉴别实证与规范的对立以解释经济学之间方法对立的荒谬性；通过对工人阶级生成性经验与资产阶级既成性经验的比较，才能在丰富的马克思主义经济学方法论背景下，凸显资产阶级经济学方法的单一和不足。

——技术分析方法。对方法的研究离不开技术领域的探讨。对西方主流经济学实证方法的研究，必须重视技术层面的研究。这是因为这一方法把各种各样的社会经济现象，一步步转化为单一的数量，把纷繁复杂的社会经济关系一步步转化为单一的数量关系，而最关键的步骤是通过一定的巧妙而又隐蔽的技术处理完成的。比如经济学数学化是如何通过技术中介来完成的，又比如实证方法的孤立化是如何通过微积分中的偏导数来实现的，再比如博弈论是如何通过囚徒困境的技术处理来完成人与人关系向物与物关系转换的，这些不容易被发现的技术环节，恰恰是经济学实证方法最容易存在问题、最容易把它最脆弱的地方或者它的缺陷掩盖过去的环节。本书非常重视这些隐蔽环节的技术问题，对这些地方的技术分析，是本书的一个十分重要的研究方法。

四 基本思路

第一部分：导论。介绍本书的研究背景、研究意义以及国内外研究现状；阐述重视经验研究与经验主义的差异；对西方主流经济学、实证方法、经验、拜物教、物化意识、物化经济形态等基本概念进行介绍和界定；对把主流经济学实证方法具体分为孤立化方法和数量化方法的原因进行了说明；对本书的基本观点、基本结构和逻辑框架做出描述。

第二部分，也就是第一篇，包括第二章和第三章，是对西方主流经济学实证方法的外围展开的研究。第二章是先从经济学研究方法的根本原则入手，通过与以人为核心、始于现实和改变现实的马克思主义经济学方法论实践原则的对比，对西方主流经济学以物为核心、止于现实和安于现实的方法论实证原则展开分析，从而凸显西方主流经济学方法论实证原则的局限性。接下来本书继续深入探讨，从两大阶级的不同经验，即工人阶级经济活动经验的生成性和资产阶级经济活动经验的既成性上，对方法论实践和实证原则的差异做出原因解释，从而找到西方主流经济学实证方法局限性的根源。

自西尼尔、穆勒以来，经济学实证方法始终追随在自然科学方法之后，并声称是和自然科学方法一样的方法。对经济学实证方法的深入研究，有必要首先厘清它与自然科学方法的关系。就此，第三章进行了经济学实证方法的自然科学随附性研究，从这一方法形成和发展的过程中，梳理它与自然科学方法之间的随附关系。由于长期随附于自然科学方法，经济学实证方法越来越陷入某种困境当中，其中就包括陷入物的研究范围，使得西方经济学越来越成为"见物不见人"的经济学了。

第三部分：第二篇，包括第四章和第五章，是本书的核心部分。西方主流经济学实证方法可以分为孤立化方法和数量化方法。第四章以鲁宾逊的经济学方法论含义为着眼点，对自亚当·斯密以来的孤立化方法进行研究，对这一方法所体现的哲学思想进行解读，对这一方法的拜物教缺陷进行揭示，从马克思劳动二重性的角度对这一方法的根源——资产阶级孤立化的私人劳动经验进行分析，从根本上对孤立化方法的拜物教缺陷做出研究。经济学实证方法数量化的研究在第五章展开。这一章首先对经济学数学化的演进历史进行了梳理，对数量化演进的内在依据进行了挖掘，从主观上解释了经济学数学化的内在动因。接下来的是客观研究，找出经济学数学化的关键性技术因素，即经济学数学化的技术中介，从技术上解读经济学数学化的内在机理，揭示这一机理的根本缺陷，即它的拜物教性质。从资产阶级经济活动经验的角度解读造成这一缺陷的根本原因。

第四部分：第三篇，包括第六章和第七章，也是本书的核心部分。当代西方主流经济学对其实证方法进行了反思，并在技术上做了一些旨在摆脱拜物教缺陷的努力。然而，这种努力仍然具有明显的局限性。第六章对经济数学中偏导数方法论含义的技术分析，以及对博弈论关系研究转换方法的技术分析，旨在证明这种局限性。

第五部分：第七章。对全书进行一次回归中国现实的总结。在对诺斯的暗示和罗素的期待的比较中指出，警惕和避免资本主义拜物教是中国经济发展的题中应有之义。

上述基本思路，用简图表示如下。

五　研究的重点、难点和创新点

(一) 研究的重点

本书重点对西方主流经济学实证方法的经验基础进行发掘，在孤立化

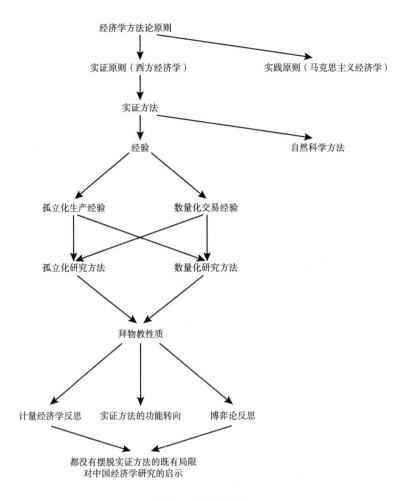

图 1 本书的思路

和数量化两个方面探寻经济学研究方法的现实基础；并在其现实的经验基础上证明西方主流经济学实证方法的拜物教性质。

（二）难点

对经济学实证方法与自然科学关系的把握，对实证方法与经验关系的论证，对当代主流经济学方法拜物教性质反思与缺陷的证明。

（三）创新点

本书意欲在以下几个方面做出创新性探索：第一，从经验的角度证明西方主流经济学实证方法的拜物教性质。以往对主流经济学实证方法不足的研究,鲜有对其拜物教性质的证明,更少有从其现实经验基础出发的证明,本书将从经验基础的角度对经济学实证方法的拜物教性质做出尝试性探索。

第二,从马克思价值理论角度论证马克思主义经济学与西方经济学不同的方法论原则。以往对西方主流经济学方法的认识,一般难以摆脱实证——规范划分的窠臼,本书将从实证与实践的基本标准来重新认识两大经济学研究体系的原则差异,并通过比较研究,证明西方主流经济学实证方法的原则性局限。

第三,对西方经济学实证方法对于自然科学方法的随附性及其困境做出论述。以往研究中,鲜有对西方经济学研究方法与自然科学方法及科学哲学的关系进行梳理的内容,本书将对此做出系统梳理,并着重论述西方经济学实证方法随附于自然科学方法的实质,以及由其随附性产生的方法论困境。

第四,揭示西方经济学人与人关系研究的物性转变方法。到目前为止,很少有人对博弈论在研究人与人关系方面的根本缺陷做出研究。本书将对此做出深入分析,揭示其用物与物研究的工具勉强去研究人与人关系的实质。

第五,从技术层面论述经济学数学化的原因,并运用马克思主义加以解读;从技术层面揭示计量经济学利用偏导数进行孤立化研究的实质。西方主流经济学的多因素研究似乎给人一种并非孤立化研究的印象。而实际上它无非是在技术上做了一下伪装,通过偏微分技术巧妙地掩盖了其孤立化研究的实质。对此,本书将予以尝试性揭露。

第一篇
经济学方法论原则及西方经济学
实证方法的随附性

本书研究西方主流经济学实证方法的拜物教性质，是沿着从外围到核心的总体思路展开的。无论什么样的经济学，主流抑或非主流，总是依据一定的方法论原则进行研究的。通过与马克思主义经济学方法论原则的比较，本书不仅把认识和评价西方主流经济学实证方法建立在一个可靠的参照系之上，而且通过比较还能够凸显西方主流经济学实证方法在原则上的不足，即从原则上就已经暴露出了它的拜物教性质。

　　对经济学实证方法拜物教性质的研究，就是对它的缺陷进行的研究。西方主流经济学实证方法一向以科学自居，科学的形式掩盖或影响了对它缺陷的认识。在对它的缺陷展开研究之前，有必要厘清它与自然科学的关系，从它亦步亦趋依附于自然科学的过程中，揭开它所谓科学的欺骗性和自慰性以及由依附于自然科学而导致的方法论困境。尽量排除西方主流经济学实证方法科学神话的影响，有利于对其缺陷的研究。

第二章　经济学方法论实证与实践原则
差异及其经验基础

实证方法是西方经济学的基本方法，对这一方法的研究，本书将从经济学方法论的基本原则入手，通过对西方经济学和马克思主义经济学不同方法论原则的比较分析，从源头上梳理经济学实证原则与实践原则的根本差异，在方法论经验基础之上阐述经济学实证方法的总体特征。

实践和实证是经济学方法论的两大基本原则，也是马克思主义经济学和西方经济学方法论的根本分野。虽然两大方法论原则都立足于现实，却有着根本性的差异，表现在：第一，是否以人为核心展开研究，这是方法论实践原则和实证原则的根本差异。第二，始于现实和止于现实的差异。马克思主义经济学的实践原则是始于现实的，从现实出发研究经济问题，从现象着手去分析问题的实质。而西方经济学的实证原则是止于现实的，现实成为衡量一切的最高尺度。第三，改变现实与安于现实的差异。马克思主义经济学的实践原则，在方法上不仅意味着尊重现实和立足现实，还意味着通过人的实践活动对现实的改造和改变。西方经济学的实证原则，在方法上则意味着对现实的承认和顺应，人被局限在仅仅能够对世界进行认识的范围之内，并没有给人改造世界留下应有的空间。

追本溯源，经济学方法论实践与实证原则的分野，与工人和资本家不同的经济活动经验有关。作为生产阶级的工人，改变和创造是其经验的核心内容，他们主导和参与了从生产资料到制成商品的整个创造过程，其经验活动具有生成性特点；而作为"不生产阶级"的资本家，游离于生产活动这个"黑箱"之外，其主要经验集中在交易活动领域，其经验活动具有既成性特点。经济学方法论的实践原则和实证原则，是与两大阶级经济活动的生成性经验和既成性经验相对应的。

本书是研究西方主流经济学实证方法的，而本章则侧重于对马克思主义经济学方法论原则的分析，旨在通过与马克思经济学方法论实践原则相比较，以凸显西方主流经济学实证原则止于现实、安于现实的根本特点。西方主流经济学方法论实证原则不是从以人为核心的实践角度去认识和对待经济问题，缺乏对现实的应有反思，没有给改造现实留下基本的余地。相反，从止于现实、安于现实到顺应现实，是经济学实证方法最终走向资本主义拜物教的前提条件。

第一节　经济学方法论实证与规范原则探源

一　经济学方法论的原则问题

从认识论角度看，原则指的是认识和对待事物的基本准则。"方法论原则是哲学世界观对具体研究方法发挥指导作用的中介环节，是方法论的基础、主线与标志，它制约、支配研究过程的各个阶段和各个环节，影响和决定研究方法、手段、工具的选择和运用，制约研究态度、步骤和研究成果"。① 经济学方法论原则，是指经济学研究方法的基本准则，它为经济学研究方法的选择和运用以及经济学研究活动的展开提供总体规范，也为经济学研究方法的应用范围设定可能性边界。

经济学研究是严格遵循某些原则展开的。有些根本原则，比如经济学方法论的现实性原则，就是所有经济学要遵循的基本准则。在这点上，无论是马克思主义经济学还是西方经济学，都是没有差异的。马克思在《1844 年经济学哲学手稿》中强调，经济学研究必须遵循现实性原则，"我们且从当前的经济事实出发"。② 事实上，马克思主义经济学始终是遵循着一切从实际出发、理论联系实际的现实性原则发展演进的。西方经济学也同样遵循着方法论的现实性原则，罗宾斯就强调，"经济学家的工作是解释事实。从事发现工作，不仅是要说明已知的前提，而且还要发觉这些前提所依据的事实"。③ 与马克思主义经济学一样按照现实性原则展开研究，是西方经济学研究的一项基本工作，"我们曾一度有机会看到，对于

---

① 王伟光：《简论社会科学方法论及其基本原则》，《北京社会科学》1995 年第 2 期，第 26 页。
② 马克思：《1844 年经济学哲学手稿》，《马克思恩格斯选集》（第 1 卷），人民出版社，1995，第 40 页。
③ 〔英〕莱昂内尔·罗宾斯：《经济科学的性质和意义》，朱泱译，商务印书馆，2000，第 88 页。

所有类型的经济学家，特别是顾问政府官员，调查事实是主要的工作，它吸引了大部分可供使用的人力，并较之当时所谓的'理论'取得了更令人满意的进步"。① 现实性原则成为所有经济学遵循的方法论原则之一。

经济学方法论的原则是有层次的，总体的经济学按照根本的原则展开研究，而各分支经济学则又有自己的方法论原则。在各自方法论原则下，每个分支经济学内部的方法论原则也有着自己的层次体系，如马克思主义经济学方法论原则体系由以下不同层次的原则构成：一般的方法论或基本原理，构成了马克思主义经济学方法论的基础；特殊的方法论或特殊原理，是研究资本主义市场经济运动规律的方法和规则；个别的方法论或个别原理，是研究资本主义经济生活中某些局部现象运动规律的方法和规则。② 就马克思主义经济学和西方经济学而言，二者属于两种完全不同的研究范式，有着许多根本性的不同，其中就包括两种经济学在方法论原则上的根本差异。马克思主义经济学遵循的是实践原则，西方经济学遵循的是实证原则，实践和实证的原则差异，成为两种经济学方法论体系的基本分野。

二　实证与规范都无法涵盖马克思主义经济学方法论原则

学界对于经济学方法的认识，有一个相对顽固的原则区分，就是实证与规范的区分。有人以此为依据，对所有的经济学方法进行梳理和归类，其中就包括带着这种眼光对马克思主义经济学方法进行解读。我们认为，马克思主义经济学研究方法既不是简单的规范问题，也不是简单的实证问题，用这种划分标准去给马克思经济学方法进行认识和归类，本身就是错误的。

(一) 马克思对待实证哲学和实证方法的基本态度

有一种观点认为，从技术分析角度看，马克思主义经济学方法论属于实证分析，"马克思经济学不仅有丰富的规范分析，而且也有丰富的实证

---

① 〔美〕约瑟夫·熊彼特：《经济分析史》（第1卷），朱泱等译，商务印书馆，2010，第325页。
② 张宇、孟捷、芦获：《高级政治经济学》（第二版），中国人民大学出版社，2006，第26～28页。

分析方法。马克思不仅是制度分析的先驱，而且是实证分析的典范"。① 之所以得出这样的结论，是因为马克思的经济学研究运用了大量的数理分析方法、统计分析方法和案例分析方法。这种观点是有根据的，从尊重现实的角度来看，马克思主义经济学的确具有某些实证的特征。马克思、恩格斯还在《德意志意识形态》中，对实证科学做出过直接的表述，"在思辨终止的地方，在现实生活面前，正是描述人们实践活动和实际发展过程的真正的实证科学开始的地方"。② 这些都能够证明，马克思主义经济学是重视实证研究的。

尽管马克思重视实证研究，在经济学分析过程中也用了大量的实证方法，但他从来不承认自己的方法属于实证性质的，反而认为自己的研究方法和西方经济学的实证方法是完全不同的。西方经济学的实证方法源自孔德的实证哲学，在其影响下，形成西方经济学方法的西尼尔—穆勒—凯尔恩斯方法传统。而马克思对实证哲学的基本评价是，"在我看来，实证哲学就意味着对一切实证的东西的无知"。③ 除了批判实证哲学外，马克思对实证主义的鼻祖孔德也没有好感。马克思曾这样评价孔德："我现在顺便研究孔德，因为对于这个家伙，英国人和法国人都叫喊得很厉害。使他们受到迷惑的是他的著作简直像百科全书，包罗万象。"④ 马克思对孔德没有好感，对孔德的实证主义信徒也相当蔑视，"达金斯也是孔德主义或实证主义者的死敌，他同意我的看法，他们除了自高自大以外，没有任何实证的东西"。⑤ 从以上评论中可以看到马克思对实证主义的态度。

马克思不仅时常对实证哲学进行批评，对从实证哲学发展而来的资产阶级经济学实证方法的态度也是不屑一顾。在《资本论》出版后不久，人

---

① 程恩富、胡乐明：《经济学方法论》，上海财经大学出版社，2002，第77页。

② 马克思和恩格斯：《德意志意识形态》，《马克思恩格斯选集》（第1卷），人民出版社，1995，第13页。

③ 马克思：《致恩格斯》，《马克思恩格斯全集》（第32卷），第265页；转自〔德〕格·伊茨、狄·吕布克《马克思恩格斯论哲学史》，陈世夫等译，陕西人民出版社，1988，第683页。

④ 马克思：《致恩格斯》，《马克思恩格斯全集》（第32卷），第265页；转自〔德〕格·伊茨、狄·吕布克《马克思恩格斯论哲学史》，陈世夫等译，陕西人民出版社，1988，第683页。

⑤ 马克思：《致燕妮·马克思（女儿）》，《马克思恩格斯全集》（第32卷），第602页；转引自〔德〕格·伊茨、狄·吕布克《马克思恩格斯论哲学史》，陈世夫等译，陕西人民出版社，1988，第683页。

们对马克思这部鸿篇巨制产生了极大兴趣，纷纷猜测他采用的到底是什么样的方法，其中就有人说马克思的方法是实证方法，马克思对此给予了不客气的讽刺，"例如，巴黎的《实证论者评论》一方面责备我形而上学地研究经济学，另一方面责备我——你们猜猜看！——只限于批判地分析既成的事实，而没有为未来的食堂开出调味单（孔德主义的吗?）。"① 无论是实证主义哲学还是资产阶级经济学的实证方法，在马克思那里都是一些不值得一提的东西。事实上，马克思主义经济学的研究方法与西方经济学的实证方法相去甚远，二者在方法论原则上就有着根本的差异。

（二）马克思主义经济学的方法论原则不是规范原则

经济学方法中实证与规范的基本对立，似乎成为一个被普遍接受的模式。尤其是西方经济学家在解读什么是实证经济学时，总是把所谓的规范经济学拿来，在二者对比的基础上让人们更清楚地理解什么是实证经济学。随便翻开一本西方经济学教科书，都会发现它们在导论部分谈方法，在方法中谈实证与规范的问题，几乎千篇一律地解释说实证与规范的根本差异在于有没有价值判断，以价值判断为基础的方法是规范的方法，不以价值判断而以事实为基础的方法就是实证方法。具体地讲，所谓实证就是研究"是什么"的问题，与它相对的是规范，研究"应该是什么"的问题。从上述二者的对比中，人们很容易理解什么是实证方法，也很容易得出结论：实证经济学要比规范经济学更科学更可靠，因为个人的价值判断千差万别，以此为尺度的规范方法不是一种科学可靠的方法。

如上所述，马克思主义经济学显然不是实证经济学，那么就是规范经济学吗？同样也不是。既然西方经济学家已经设定经济学方法的基本对立，即实证与规范的对立，按照这种逻辑推演下去，马克思主义经济学方法如果不是实证的，那就是规范的了，"在一部分学过微观与宏观经济学的青年学者中，还存在一种判断，认为马克思主义的经济学在方法论上强调的只是规范分析"。② 事实上，马克思主义经济学方法既不是实证的，也不是规范的。因为无论是实证的还是规范的，都远远不能体现马克思主义

① 马克思：《资本论》（第 1 卷），人民出版社，1975，第 19 页。
② 李建德：《论马克思主义的研究纲领》，转自张宇、孟捷、芦获《高级政治经济学》，经济科学出版社，2002，第 103 页。

经济学方法论原则的丰富内涵。认识马克思主义经济学的方法论根本原则，就必须超越"实证—规范"对立的局限。

三 以实证—规范模式对经济学方法论进行归类的不合理性

毋宁说用实证—规范的眼光去看待马克思主义经济学的研究方法，即使是对整个经济学而言，也是不合适的。面对这一不合理性的认识，必须重新回溯这一方法论划分标准的形成历史。

自西方主流经济学西尼尔—穆勒—凯尔恩斯科学传统形成以来，经济学在方法论上一向有实证经济学和规范经济学的划分：研究"是什么"的经济学是实证经济学，它摆脱了价值判断的影响，符合科学的实证精神；研究"应该是什么"的经济学是规范经济学，它以价值判断为基础。实证与规范的对立长期作为经济学方法论原则的对立而存在。在这一原则对立下，西方经济学坚定地站在实证的一边，并把实证原则当作经济学展开研究的一个基本准则。与此同时，西方经济学认为，那些以价值判断为基础的经济学是规范经济学，相比于实证经济学，规范经济学的科学性将会受到质疑。

西方经济学坚持实证原则，在追求科学的主观诉求方面是值得肯定的。从现实来看，西方经济学通过实证与规范对比的方式解释自己的实证方法，也能够收到良好的效果。它能够巧妙地通过规范原则中价值判断的主观、不可靠性的缺陷来衬托实证原则客观性的优点，以达到证明自身科学性的目的。值得注意的是，西方经济学通过实证与规范对立以自证优越的方式极具迷惑性，即使是马克思主义政治经济学家，也不自觉地沿着上述路子走下去，在经济学方法论的认识上走不出实证—规范对立的圈子，按照这一思维定式去思考问题，集中表现为：在方法论上以实证与规范对立的眼光去看待马克思主义经济学的方法，在认可实证优于规范的前提下，尽可能把马克思主义经济学的方法从所谓的规范方法中"抢救"出来，力求划清二者的界限，并断定马克思主义经济学也是实证的经济学；或者在马克思主义经济学中尽可能把一些数量方法、统计方法、案例方法等类似西方经济学实证方法的东西总结提炼出来，以证明马克思的方法在实证方面丝毫不逊色于西方经济学；或者干脆要求马克思主义经济学研究必须做好实证与规范的结合等。

实证—规范对立的角度，实质上是西方经济学自身的认识角度，以此去理解马克思主义经济学的方法，继而再以此去衡量马克思主义经济学方法的科学性和合理性，本身就有问题，是方法论原则问题。经济学方法论的原则问题，并不是出在坚持实证方法上，而是从根本上出在实证—规范原则对立的划分上。

（一）实证—规范事实上是对科学与道德学方法论原则差异的描述，并非对不同经济学之间方法论原则差异的描述

所谓经济学方法的实证与规范原则的对立，实际上是一种不恰当的对立。实证与规范并不是不同经济学之间方法论原则的根本差异，而是科学与道德之间方法论原则的根本差异。为了澄清这一点，有必要重新回到休谟和孔德那里。

休谟是明确区别方法论实证与规范原则的鼻祖，在他那里，这种区分并不是用来说明不同经济学之间方法论原则差异的，而是专门针对理性准则和道德准则的差异提出来的。他的最有影响力的著作《人性论》共分三卷，第一卷论知性，第二卷论情感，第三卷就是道德学，是专门论述道德问题的。在第三卷道德学中，休谟最早在方法论上论述了实证与规范原则的根本差异，也就是"是什么"和"应该是什么"的差异。

休谟生活的时代，自然科学获得很大的发展，科学在社会中的地位显著提高，而中世纪以来与宗教紧密结合在一起的道德哲学对社会仍然具有很大的影响力。科学的基础——理性准则和道德准则对社会发挥着作用。在这种社会背景下产生了一种社会科学方法论上的思潮，就是试图把理性和道德结合起来，或者不自觉地把二者结合起来，其表现就是把道德属性和科学理性的自然属性结合起来，在道德论述中往往掺入理性的成分。休谟注意到了这一点，他在《人性论》的道德学部分，着重论述了二者的根本区别。

休谟发现，人们经常把"是什么"（what is）和"应该是什么"（what ought to be）混为一谈，把前者当作后者的论述基础。休谟说："在我所遇到的每一个道德学体系中，我一向注意到，作者在一个时期中是照平常的推理方式进行的，确定了上帝的存在，或是对人事作了一番议论；可是突然之间，我却大吃一惊地发现，我所遇到的不再是命题中通常的'是'与'不是'等联系词，而是没有一个命题不是由一个'应该'或'不应该'

联系起来的。"① 休谟认为，"是"与"不是"的问题是描述性的，是对客观事物的真实再现，而"应该"与"不应该"的问题则是规定性的，它反映着人们的主观愿望，二者完全不是一回事。而"是什么"和"应该是什么"的差异，反映的正是科学理性和道德哲学两种完全不同的方法论原则差异。

休谟认为，科学的研究依据于理性的准则，这是因为"理性的作用在于发现真或伪。真或伪在于观念的实在关系或与实际存在和事实符合或不符合。因此，凡不能有这种符合或不符合关系的东西，都不能成为真的或伪的，并且永远不能成为我们理性的对象。但是显而易见，我们的情感、意志和行为是不能有那种符合或不符合关系的"。② 而人的情感、意志和行为问题，是一个道德问题而不是一个理性问题，因为"道德准则既然对行为和感情有一种影响，所以当然的结果就是，这些准则不能由理性得来"。③ "应该是什么"不会从"是什么"中衍生出来，也就是说，道德准则与理性准则完全是两回事，"因此道德上的善恶区别并不是理性的产物"。④

然而，人们的现实活动不仅受到科学理性准则的影响，作为社会人，同样受到道德准则的影响，在道德准则和理性准则的共同影响下，人们就容易把二者混淆在一起，休谟研究的目的就在于澄清它们之间的差异，在一定程度上，还在于厘清道德与科学的关系，"道德并不成立于作为科学的对象的任何关系，而且在经过仔细观察以后还将同样确实地证明，道德也不在于知性所能发现的任何事实"。⑤ 在休谟那里，"是什么"与"应该是什么"的差异，是不折不扣的理性与道德之间方法论原则的差异，反映了科学与道德学之间方法论原则的对立。

孔德有关实证的论述，与休谟的科学—道德学方法论原则区分是一致的。孔德把休谟的"是什么"的问题规定为实证问题，成为实证主义的真正创始人。孔德的"实证"包括四层含义，"首先，考虑到在其最古老、最通常的词义里，实证一词指的是真实，与虚幻相对"；"在第二个含义

---

① 〔英〕休谟：《人性论》，关文运译，商务印书馆，1996，第509页。
② 〔英〕休谟：《人性论》，关文运译，商务印书馆，1996，第498页。
③ 〔英〕休谟：《人性论》，关文运译，商务印书馆，1996，第509页。
④ 〔英〕休谟：《人性论》，关文运译，商务印书馆，1996，第509页。
⑤ 〔英〕休谟：《人性论》，关文运译，商务印书馆，1996，第508页。

上，与前面的含义相近，但并不相同，它表示有用与无用的对比"；"按照第三个常用的含义，这个巧妙的词常用于表示肯定与犹疑的对立"；"第四个通常的含义主要在于以精确对照模糊"。① 简要地说，孔德的"实证"包含了真实、有用、肯定和精确四个含义，与休谟那里"是什么"的含义是基本一致的。

孔德是在人类精神的整个发展进程中对实证精神做出考察的，为此他把人类思辨的发展分为三个阶段：神学阶段、形而上学阶段和实证主义阶段。与神学阶段相对应的是拜物教阶段，在这一阶段，人类思维的总体特征不是真实和精确的，更多的是凭着直觉进行虚幻的想象，其基本倾向是"拿我们自己所制造的现象与任何现象相比拟，从而将人类的模式到处移置。这样一来，我们凭借着对各种现象的即时直觉，便开始以为对这些现象有了相当的认识"。② 这是一种从人类自身直觉出发含有不少想象成分的方法论原则。人类思辨发展到第二阶段，即形而上学阶段，是一个多神教阶段。这一阶段是神学精神的发展阶段，其认识论特征是"神学精神明显地代表想象力的自由空灵的思辨"。③ 然而这一阶段仍然不是一种真实、有用、肯定、精确的阶段，从整个人类思辨的发展过程来看，这一阶段是神学阶段向实证阶段过渡的一个中间阶段。到了第三阶段，也就是实证阶段，人类思辨才真正到了唯一完全正常的最后阶段，"人类理性的定型体制的各个方面均寓于此阶段之中"。④

所谓实证精神，就是按照实证的四个基本含义对自然与社会进行审慎缜密考察的精神。孔德认为，实证精神就是科学精神，这一精神将成为今后人类精神的主导，"我们精神发展的整体，尤其是西欧自笛卡儿和培根以来所完成的伟大运动，今后只能经过许多必要的酝酿，最后形成人类理性的真正正常状态，此外别无其他出路。"⑤

孔德认为，实证精神对社会秩序的影响，无论在科学方面还是在逻辑方面，都已经超越神学精神的影响。然而，尽管实证精神有许多优点，但是由于神学余威犹存，它仍没有得到充分的发展。由于自中世纪以来，宗

---

① 〔法〕奥古斯特·孔德：《论实证精神》，黄建华译，商务印书馆，2011，第33页。
② 〔法〕奥古斯特·孔德：《论实证精神》，黄建华译，商务印书馆，2011，第2页。
③ 〔法〕奥古斯特·孔德：《论实证精神》，黄建华译，商务印书馆，2011，第3页。
④ 〔法〕奥古斯特·孔德：《论实证精神》，黄建华译，商务印书馆，2011，第2页。
⑤ 〔法〕奥古斯特·孔德：《论实证精神》，黄建华译，商务印书馆，2011，第46页。

教与道德始终紧密地纠合在一起,孔德的神学问题,实质上也是个道德问题。孔德说,"实证精神的确表明:今天主要的社会困难本质上不是政治性的,而主要是道德性的,因而解决困难的可能办法实际上更多地取决于舆论和风尚而不是制度,这样一来,就趋向于平息骚乱活动,同时将政治运动转化为哲学运动"。① 实证精神与非实证精神的关系问题,正如孔德所言,实质上就是一个科学与道德的关系问题。

孔德实证的含义,与休谟"是什么"的含义没有本质的差异,都是对理性精神的描述,都是科学的方法论原则。虽然孔德把研究集中在实证上,而与实证的真实、有用、肯定、精确相对的虚幻、无用、犹疑、模糊,自然是神学阶段和形而上学阶段的特征。显然,孔德与休谟以"是什么"和"应该是什么"的对立来区别科学和道德学方法论原则差异是完全一致的。由此不难得出结论:规范的问题,即"应该是什么"的问题,属于道德学的问题,而实证的问题,即"是什么"的问题是科学问题,是人们摆脱宗教、道德的影响对物质世界进行客观认识的基本态度。随着自然科学的发展,这种基本态度演变成科学研究的方法论原则。

(二) 西方经济学对实证—规范对立的简单套用及其问题

1. 西方经济学套用实证—规范原则划分的历史背景

实证—规范的对立原本是对科学和道德学方法论原则差异的描述,后来被西方经济学套用过来,用以描述主流经济学和非主流经济学之间的方法论原则差异。这种套用是在一定的历史背景中发生的,只有在历史的真实叙事中,才能呈现经济学方法论实证—规范原则对立的真实面目。

近代以来,科学与宗教的对立构成人文与社会科学的总体背景,结果是"教会的威信衰落下去,科学的威信逐步上升",② 以至于大有科学取代宗教成为新的"上帝"之势。宗教是与道德纠合在一起的,科学地位的上升以及道德、宗教地位的下降,反映在方法论上,就是实证原则比规范原则显得更加光彩照人。在科学与宗教对立的大背景下,经济学自身构成一部独特的发展演变史。

自重商主义以来的经济学发展史,实质上就是一部经济学说斗争史,

---

① 〔法〕奥古斯特·孔德:《论实证精神》,黄建华译,商务印书馆,2011,第46页。
② 〔英〕罗素:《西方哲学史》(下),马元德译,商务印书馆,1996,第3页。

更准确地讲，是一部资产阶级经济学说与无产阶级经济学说的斗争史。这是两大阶级斗争在经济意识形态领域的必然反映。

在无产阶级经济学诞生之前，资产阶级经济学内部本来就已矛盾重重。在方法论方面，自亚当·斯密以来的归纳主义与演绎主义之争，发展到 19 世纪 80 年代前后的逻辑抽象法和历史描述法之争。现代经济学鼻祖亚当·斯密的方法是二重的，归纳法和演绎法在他那里一并存在。后来两种方法不同程度地获得发展，在马尔萨斯归纳法和李嘉图的演绎法之间产生了经济学方法论上的第一次争论。随着这两种方法的发展和深化，到 19 世纪 80 年代，又演变为逻辑抽象法和历史描述法之争。这是一场在奥地利学派门格尔等人与德国历史学派罗雪尔、施穆勒等之间展开的有关经济学方法论的激烈争论，史称经济学的"方法论之争"。双方观点涉及对经济学的性质、范围及其政策含义的不同看法，争论围绕着经济学是一门关于论述历史过程的科学，还是关于发展一套用以处理资料的分析工具的科学而展开。1883 年，门格尔在其新出版的《对社会科学特别是政治经济学方法的研究》一书中表明观点，他认为经济学是在行为假设基础上的纯理论科学，基本方法是逻辑抽象法。施穆勒当即发表了完全不同的意见，认为经济学理论的基础是历史的经验数据，基本的方法应当是历史归纳法。这样，在经济学两派之间爆发了有关经济学基本方法的激烈争论。这次争论持续到 19 世纪末，马歇尔和内维尔·凯恩斯都认为应当把二者结合起来，自此，西方经济学上的方法论之争才算告一段落。

然而这些都不是经济学方法论的真正斗争。资产阶级全面夺取政权后，资产阶级经济学由古典经济学走向庸俗，它们不再恪守科学精神，取而代之的是对资产阶级无原则的讨好和取悦。"法国和英国的资产阶级夺得了政权。从那时起，阶级斗争在实践方面和理论方面采取了日益鲜明的和带有威胁性的形式。它敲响了科学的资产阶级经济学的丧钟。现在问题不再是这个或那个原理是否正确，而是它对资本有利还是有害，方便还是不方便，违背警章还是不违背警章。不偏不倚的研究让位于豢养的文丐的争斗，公正无私的科学探讨让位于辩护士的坏心恶意"。① 资产阶级经济学不同派别之间虽有观点争论，却无原则差别，只有无产阶级经济学的崛起，才意味着经济学斗争史的真正开始。

① 马克思：《资本论》（第 1 卷），人民出版社，1975，第 17 页。

两大阶级的经济学斗争可以追溯到詹姆士·穆勒和一位名叫托马斯·霍治司金的英国海军军官的对骂，事情起因是李嘉图的著作《政治经济学原理》。李嘉图在经济学说史上是一颗耀眼的巨星，他的代表作《政治经济学原理》出版之后，人们才认识了这位伟大的经济学家，而这要归功于穆勒的鼓励和推动。起初李嘉图对自己的学说并不自信，作为好友，詹姆士·穆勒极力劝他还是尽早把这部著作公开于世，李嘉图才勉强发表了自己的著作，因此经济学说史上才有了这部光辉的著作。

然而，李嘉图著作中的某些观点似乎并不对穆勒的胃口，而作为学术观点，有不同意见似乎也很正常。一个人的突然出现，似乎把纯粹的学术问题变得复杂化了，也把由此带来的问题引向了詹姆士·穆勒越来越不可控制的方向。这个人就是托马斯·霍治司金。

托马斯·霍治司金是当时英国的一个海军军官，他无意之间翻看了李嘉图的著作，对其中劳动价值论产生了极大兴趣。兴奋之余，写了一篇名为《反对资方的要求而为劳方辩护》的文章。他认为，如果李嘉图说的是对的，也就是价值全部是由劳动创造的，那么当下的地主、资本家等人的所得都是榨取物，都是不正当收入，都应当全部还给劳动者。

恰在此时，学界有人呼应了托马斯·霍治司金的观点。作为工场主和理论家的欧文，用自己的理论学说支持托马斯·霍治司金的观点。对于维护资产阶级利益的詹姆士·穆勒而言，情况变得越来越糟，托马斯·霍治司金在伦敦有了越来越多的追随者，时局急转直下。于是，詹姆士·穆勒不得不站出来谩骂了，这也许是两大阶级经济学之间斗争的真正开始。老穆勒骂这些人丑陋的财产观——见不得别人有财产，"他们似乎认为财产不应当存在，存在财产对他们是一种祸害，毫无疑问，有恶棍在他们中间活动"。在詹姆士·穆勒眼里，首当其冲的恶棍就是霍治司金，认为无产阶级经济意识的兴起都是源自霍治司金的"疯狂的胡说"。[①]

詹姆士·穆勒的谩骂源自一种担心："这种见解假使要传播开，会使文明社会覆灭；比匈奴和鞑靼人排山倒海地泛滥还坏"。[②] 历史证明他的担心并不是多余的，随后世界范围内的工人运动确有排山倒海之势，19世纪30年代法国里昂纺织工人起义，英国和德国相继爆发了规模宏大的工人运

---

① 〔英〕罗素：《西方哲学史》（下），马元德译，商务印书馆，1996，第336页。
② 〔英〕罗素：《西方哲学史》（下），马元德译，商务印书馆，1996，第336页。

动：英国的宪章运动和德国的西里西亚纺织工人起义。随后诞生的马克思主义经济学，把工人阶级的政治斗争推进了经济学领域，自此资产阶级政治经济学遇到了真正的致命对手。

1867 年 9 月马克思的《资本论》第 1 卷德文版在德国汉堡出版发行。《资本论》的出版引起了资产阶级的巨大恐惧与仇恨，他们尽可能地把这部伟大著作扼杀在摇篮之中。最初的策略是对《资本论》保持沉默，妄图以此封杀它。马克思、恩格斯识破了资产阶级的阴谋，用反沉默的方法打破资产阶级的思想封锁。恩格斯建议："为了推动事情发展，我是否需要从资产阶级的观点对该书进行抨击？"马克思答复说："你从资产阶级观点对该书进行抨击的计划是最好的作战方法。"① 恩格斯运用反激的方法成功地打破了资产阶级的沉默封锁，自此《资本论》得到了迅速和广泛的传播，被译成各种文字版本纷纷出版。截止到恩格斯逝世以后，《资本论》有 140 多种版本。《资本论》在各国工人阶级中得到传播和理解，被誉为"工人阶级的圣经"。

马克思说："理论一经掌握群众，也会变成物质力量。"② 马克思主义经济学的诞生，科学地武装了工人阶级的头脑，资产阶级的对手变得强大起来，资产阶级对马克思主义经济学的仇恨也与日俱增。自《资本论》出版之日起，资产阶级经济学家就从来没有停止过对它的污蔑、攻击和围剿。比如奥地利学派弟子庞巴维克，似乎把攻击马克思主义经济学当成他的历史使命。一部政治经济学发展史，就是一部经济学说的斗争史。

学说的斗争是全方位的，不仅在理论观点上展开，也在方法上展开，其中就涉及资产阶级经济学在方法论领域对实证—规范原则区分的套用问题。

2. 西方主流经济学对实证—规范对立的套用及问题

在斗争和竞争中发展的各个经济学说，都想占领科学制高点，在方法上纷纷向科学靠拢。由于当时的科学成就主要在自然科学领域，自然科学领域的最高成就是物理学，所以以物理学为标杆的方法论倾向在资产阶级经济学上突出地表现出来。

在经济学说史上，最早践行方法论实证原则的是拿索·威廉·西尼

---

① 马克思和恩格斯：《〈资本论〉书信集》，第 233 页；转自洪远鹏《〈资本论〉教程简编》，复旦大学出版社，2002，第 6~7 页。

② 马克思：《〈黑格尔法哲学批判〉导言》，《马克思恩格斯选集》（第 1 卷），人民出版社，1995，第 9 页。

尔，他的《政治经济学大纲》堪称西方经济学运用实证方法的早期经典。西尼尔在这部著作中，开篇谈的就是经济学的方法问题。他认为，经济学研究应当摒弃思想家和立法者的套路，尽可能排除以人类福祉为出发点的主观干扰，使之成为纯粹的"一门研究财富的性质、生产和分配的科学"。① 西尼尔之后，约翰·穆勒和凯尔恩斯做了进一步的充实，形成所谓的西尼尔—穆勒—凯尔恩斯科学传统。到了约翰·内维尔·凯恩斯那里，以实证—规范的对立区分不同经济学的方法论原则便成为公认的形式了，"关于经济学方法争论的要旨，可以通过对两个存在广泛差异的学派的大略比较来描述。一个学派把政治经济学看成是一门实证的、抽象的和演绎的科学；另一学派则把它看成是一门伦理的、现实的（realistic）和归纳的科学"。② 自此，无论是罗宾斯还是布劳格，无论是萨缪尔森还是弗里德曼，只要一论述经济学的方法论问题，就会从实证—规范对立这一固定形式入手，来区别不同经济学之间的方法论原则差异。在休谟和孔德那里，原本作为描述科学和道德学方法论原则差异的"是什么"与"应该是什么"的标准，就这样被西方主流经济学家原封不动地搬过来，套用到经济学方法论上了。

处于竞争中的各派经济学说，要想占得上风就得向科学靠拢，在方法论上，除了攻击对方的弱点之外，还要看谁比谁显得更科学。西方主流经济学在这方面一向表现得严肃认真。从西尼尔开始就注重在形式上向科学靠拢，更确切地说，是向以物理为标杆的自然科学靠拢，恪守科学实证的原则。按照实证原则展开经济学研究就成为西方主流经济学的一个传统。尽可能地向科学靠拢，把自己说成是科学的，除了本身能在经济学说竞争中获得优势之外，还在于借用实证—规范的原则差异，把对立学说的方法归于规范原则，给对立学说蒙上一层道德宗教的主观性色彩，从客观上达到矮化对立学说的效果。以此为手段，他们有意无意地指向马克思主义经济学。

然而实证—规范的对立毕竟是用来描述科学与道德学方法论原则差异的，把这种对立借用来说明不同经济学方法论之间的原则差异，尤其是西

① 〔英〕拿索·威廉·西尼尔：《政治经济学大纲》，彭逸林、商金艳、王威辉编译，人民日报出版社，2010，第3页。
② 〔英〕约翰·内维尔·凯恩斯：《政治经济学的范围与方法》，党国英、刘惠译，华夏出版社，2001，第6页。

方主流经济学与马克思主义经济学之间的方法论原则差异，就完全不合适了。问题就出在，用实证来说明西方经济学方法论原则尚无不可，而用规范来说明马克思主义经济学方法论原则，或者把马克思主义经济学方法论原则武断地推到规范这一边，就完全错误了。规范只能是道德学的方法论原则，切不说马克思主义经济学，即便是西方的非主流经济学的方法论原则，规范也是涵盖不了的。

第二节　经济学方法论实践原则与实证原则的基本分野

一　马克思主义经济学方法论的实践原则

与西方主流经济学方法论的实证原则不同，马克思主义经济学方法论所遵循的是实践原则。马克思主义经济学方法论的实践原则是指，实践是经济学方法的基础和指导原则，经济学研究是以实践为准则展开的，实践为经济学研究指明方向，并对经济学研究方法的选择和研究过程起到支配和制约作用。

马克思在《关于费尔巴哈的提纲》中明确指出，"人的思维是否具有客观的真理性，这不是一个理论问题，而是一个实践问题。人应该在实践中证明自己思维的真理性，即自己思维的现实性和力量，自己思维的此岸性。关于思维——离开实践的思维——的现实性或非现实性争论，是一个纯粹经院哲学问题"。[①] 经济学方法是人的思维在社会经济领域认识的集中体现，本身就是一个实践问题，因为决定于它本质和性质的社会经济生活本身就是实践的，马克思认为，"全部社会生活在本质上是实践的。凡是把理论引向神秘主义的神秘东西，都能在人的实践以及对这个实践的理解中得到合理的解决"。[②]

说马克思主义经济学的方法所遵循的是实践原则，是因为实践是马克思主义认识论的基础。实践是马克思主义哲学的一个基本范畴，指人们能

---

① 马克思：《关于费尔巴哈的提纲》，《马克思恩格斯选集》（第1卷），人民出版社，1995，第55页。

② 马克思：《关于费尔巴哈的提纲》，《马克思恩格斯选集》（第1卷），人民出版社，1995，第56页。

动地改造客观世界的活动。① 这种改造活动不仅包括人类对物质世界的改造，也包括对自身的改造。"马克思主义哲学第一次把实践引入认识论，指出实践是认识的基础，是检验真理的唯一标准。认识的发生、发展和归宿，归根到底都离不开实践。因此，实践在认识过程中起决定作用，实践的观点是马克思主义认识论的首要的和基本的观点"。②

总结起来，马克思主义经济学方法论实践原则是马克思主义唯物史观的具体和深化，马克思说，"这种历史观就在于：从直接生活的物质生产出发阐述现实的生产过程，把同这种生产方式相联系的、它所产生的交往形式即各个不同阶段上的市民社会理解为整个历史的基础，从市民社会作为国家的活动描述市民社会，同时从市民社会出发阐明意识的所有各种不同理论的产物和形式，如宗教、哲学、道德等，而且追溯它们产生的过程。这样当然也能够完整地描述事物（因而也能够描述事物的这些不同方面之间的相互作用）"。③ 马克思主义经济学方法论实践原则就是这种历史观的具体体现，把整个经济学的研究全部交付予实践，按照实践的原则去探寻社会经济现象。马克思说："这种历史观和唯心主义历史观不同，它不是在每个时代中寻找某种范畴，而是始终站在现实历史的基础上，不是从观念出发来解释实践，而是从物质实践出发来解释观念的形成。"④

实践是马克思主义经济学方法论的根本原则，实证是西方主流经济学方法论的根本原则，实践与实证构成政治经济学方法论原则的基本分野。为了更加清楚地理解实践原则，也是为了更加充分地说明实证原则的局限性，下文就把二者放在一起做一个比较研究。

二 经济学方法论的实践原则与实证原则的比较研究

经济学方法论实践原则与实证原则的相同点表现在，它们对待现实的态度都是高度尊重的，对现象进行科学解释是每个方法论原则的重要目标和内容。它们的差异主要表现在以下方面。

---

① 卢志超主编《马克思主义大词典》，中国和平出版社，1993，第 746 ~ 747 页。
② 卢志超主编《马克思主义大词典》，中国和平出版社，1993，第 747 页。
③ 马克思和恩格斯：《德意志意识形态》，《马克思恩格斯选集》（第 1 卷），人民出版社，1995，第 92 页。
④ 马克思和恩格斯：《德意志意识形态》，《马克思恩格斯选集》（第 1 卷），人民出版社，1995，第 92 页。

（一）人的逻辑与物的逻辑

马克思主义经济学方法论的实践原则的逻辑是人的逻辑。马克思主义经济学方法论的实践原则的核心要素是人，经济学的研究是围绕人展开的。首先，人是马克思主义经济学方法的逻辑起点。马克思说："这种考察方法不是没有前提的，它从现实的前提出发，它一刻也离不开这种前提。它的前提是人，但不是处在某种虚幻的离群索居和固定不变状态中的人，而是处在现实的、可以通过经验观察到的、在一定条件下进行的发展过程中的人。"① 其次，马克思主义经济学的分析过程符合人的经济活动过程。马克思主义经济学研究是紧紧抓住人这个根本而展开的，"理论只要说服人，就能掌握群众，而理论只要彻底就能说服人。所谓彻底，就是抓住事物的根本。但是，人的根本就是人本身"。② 具体地讲，（1）马克思没有像资产阶级经济学家那样，把研究仅仅停留在现象层面，而是透过现象去分析背后的人这个决定因素。（2）在资本主义生产、交换、分配和消费诸环节中，马克思紧紧抓住了生产这个决定性环节，围绕资本主义生产展开研究。而生产的过程正是人的活动过程，是劳动者创造性的实践过程，马克思整个经济学研究就是以人的实践活动为中心，按照人的实践逻辑展开分析的。（3）马克思主义经济学把生产关系和交换关系作为研究对象，而不是像资产阶级经济学那样以物质财富作为研究对象，就是把研究的依据建立在人的逻辑之上。在资本主义社会的各种关系当中，生产关系是社会最根本的关系，而生产关系本身就是人的关系，是人在劳动过程中结成的基本关系。（4）作为马克思主义经济学基础的劳动价值论，是人的价值理论，与资产阶级经济学的诸如边际效用价值论、供求价值论、知识价值论、信息价值论等物的价值论有着本质的区别。（5）作为马克思经济学核心的剩余价值理论，依据的是人的逻辑。马克思从资本主义利润、利息、地租等经济现象入手，沿着它们的生成过程通过价值、使用价值等概念中介，抽丝剥茧、一步步地把现象引向深入，最终揭开所谓利润、利息、地租等收益，实质上都是工人劳动创造价值的一部分，工人的劳动才是物质

---

① 马克思和恩格斯：《德意志意识形态》，《马克思恩格斯选集》（第 1 卷），人民出版社，1995，第 73 页。

② 马克思：《〈黑格尔法哲学批判〉导言》，《马克思恩格斯选集》（第 1 卷），人民出版社，1995，第 9 页。

财富的真正源泉。剩余价值理论作为马克思政治经济学理论的核心，同样是围绕人的实践活动，即围绕工人的实践活动的逻辑展开的。

西方主流经济学一向被认为是"见物不见人"的经济学，虽然学界对这种说法有争议，但其方法论的实证原则确实是按照物的逻辑展开的。不可否认，西方经济学也是在"经济人"的基础上展开研究的，但"经济人"并不是作为理论的核心而存在的，而是作为假设条件而存在的，"经济人"仅仅是西方经济学研究的逻辑起点，"经济人"是围绕物思考问题的，正如19世纪法国经济学家古诺所言，"政治经济学家主要关心的是人类的物质需要"。① 内维尔·凯恩斯也对此做出总结，"在政治经济学的著作中，经济一词一般简单地被用作实际财富（substantive wealth）这个形容词的对应语"。② 研究经济问题就是研究实际财富问题。西方经济学真正的理论核心是财富的"增殖"，一切研究都是围绕着增殖展开的，理论中的"经济人"和现实中的经济人——资本家一样，都是在物质财富增长的支配下而存在的，资产阶级经济学的理论逻辑与资本主义的现实逻辑是完全吻合的，所以"在他们的研究对象中，物质财富是一条主线，而人则是一条辅线，并没有居于中心地位。在这里，经济学中的线条是'物主人辅'"③。从重商主义开始，资产阶级经济学就围绕着增殖——货币的增长展开研究；自亚当·斯密以来的经济学把研究从流通领域转移到生产领域，从货币转向物质财富，但是，围绕着物而不是围绕着人的基本逻辑没有变。从把经济学规定为"一门研究财富的性质、生产和分配的科学"，到把经济学规定为"资源配置和利用的科学"，西方主流经济学有一条不变的线索，就是始终是按照物的逻辑展开研究的。马克思在论述生息资本时就尖锐地指出了这一点，"在这个形态上，物表现为资本，资本又表现为单纯的物，资本主义生产过程和流通过程的总结果，也表现为物固有的属性了"。④ 西方主流经济学正是建立在这些"物的固有属性"上的理论，其方法论原则自然也就是按照物的固有逻辑展开研究的。

西方主流经济学按照物的逻辑展开研究，这是由资本主义社会拜物教

---

① 〔法〕古诺：《财富理论的数学原理的研究》，商务印书馆，1994，第26页。
② 〔英〕约翰·内维尔·凯恩斯：《政治经济学的范围与方法》，党国英、刘惠译，华夏出版社，2001，第1页。
③ 刘方健：《论政治经济学的发展方向：见物更要见人》，《经济学动态》2011年第8期。
④ 马克思：《剩余价值学说史》（第3卷），郭大力译，北京理工大学出版社，2011，第390页。

性质决定的。从商品到货币再到资本，虽然都是人的产物，但是在资本主义特殊的生产方式之下，商品、货币、资本都有某种独立存在并且支配人的魔力，具体发展为商品拜物教、货币拜物教和资本拜物教。资本主义拜物教使得人变成物的附庸，资本家变成"人格化"的资本，工人变成活的工具而被"并入了死的机构"。物化了的经济形态成为资本主义社会的统治形态，这一物化经济形态具有了不以人的意志为转移的内在运行规律。这是资本主义根本的社会存在，与之相适应的一种"物化意识"反映在经济学方法论领域，就是资产阶级经济学按照物化经济形态的内在要求展开研究，集中体现在方法论的实证原则上。这一原则的基本逻辑不是人的逻辑，而是物的逻辑，是以资本主义拜物教的方法论表现出来的。这一方法论原则的致命缺陷就是它的拜物教性质，本书后面的内容，将致力于对这一缺陷的研究。

（二）始于现实与止于现实

马克思主义政治经济学实践原则与西方主流经济学实证原则具有始于现实和止于现实的显著差异。经济学方法的实践原则是始于现实的，即从既定的现实出发研究经济问题，现实是研究的起点；而西方主流经济学的实证原则是止于现实的，即客观现实不仅是研究的终点，而且是评价研究的权威尺度。

马克思主义经济学的实践原则是从现实出发的，现实不是研究的终点而是起点。马克思早在《1844 年经济学哲学手稿》中就确立了经济学研究从现实出发的实践原则，他说："我们且从当前的经济事实出发。"① 从当前的经济现实出发，而不是从抽象的原理、原则出发研究经济乃至整个社会问题，是马克思主义经济学恪守的方法论原则。恩格斯在驳斥德国激进主义者海因岑污蔑共产主义理论是一种从原则出发的教义时，曾义正词严地指出，"共产主义不是教义，而是运动。它不是从原则出发，而是从事实出发"。②

西方主流经济学的实证原则是止于现实的，即现实是经济学研究的终

---

① 马克思：《1844 年经济学哲学手稿》，《马克思恩格斯选集》（第 1 卷），人民出版社，1995，第 40 页。
② 恩格斯：《共产主义者和卡尔·海因岑》，《马克思恩格斯选集》（第 1 卷），人民出版社，1995，第 210～211 页。

点和最终检验尺度。止于现实是实证原则确定性的具体表现，至于实证原则的确定性从孔德那里就已经做出了规定。孔德从真实、有用、肯定和精确四个方面对实证加以解释，确定性成为四个方面的共同特征。科学相比于宗教和道德，突出的特点就是它的确定性。西方主流经济学继承了科学实证的确定性，具体表现为经济研究以确定无疑的现实为最终尺度。以现实为最终尺度是西方主流经济学方法论的基本原则，古诺就此做出了总结："如果我们试图提出的财富理论所依据的抽象的财富观念或交换价值概念，和现实社会中所构成财富的实际事物，完全不相符合，这个财富理论就只能是无用的空想。"① 现实中财富的实际，是西方主流经济学研究的最权威的尺度，它意味着现实的财富问题是经济学研究的终点，止于现实是主流经济学方法论原则的根本特征。

止于现实的实证原则极易导致研究的现象化，也就是把研究停留或局限在现象层面，与马克思主义经济学相比，这是西方主流经济学研究方法的一个明显不足。比如，同样是价格理论，西方主流经济学的研究是从一种现象过渡到另一种现象，总是在现象层面兜圈子。西方主流经济学认为价格的生成与波动决定于商品的供求关系，把问题的原因归结为市场上商品的关系，这是一种现象总结；就价格生成的基础——需求而言，对于需求规律的总结，即需求量与价格呈反方向变化的规律，仍然是一种现象描述；对需求规律的进一步探讨进入边际效用领域，但依然没有走出现象的圈子，因为边际效用的研究是围绕着商品满足人的消费欲望的程度展开的，这里虽然有了人的因素，但终究是在商品的使用价值层面以人与物的关系为核心展开研究的，这仍然是现象研究。正像价格理论一样，西方主流经济学止于现实的方法论原则决定了它不自觉地把研究局限在现象的层面，从一个客观的现象去解释另一个客观的现象。

相比之下，马克思主义经济学研究没有停留在现象层面，而是透过现象去探索事物的内在本质。马克思主义经济学的方法是依据实践原则，对现实进行深入分析，在他那里，客观现象是研究的材料。马克思在收集大量材料的基础上进行研究，对现实材料的处理不局限于描述，即不局限于解释客观现象"是什么"的问题，而是透过现象去探寻事物的内在本质。这是一个对现实资料从收集变为占有的过程，"收集材料只是占有材料的

① 〔法〕古诺：《财富理论的数学原理的研究》，商务印书馆，1994，第28页。

第一步，对材料的占有或掌握，则是与明确的研究目的和思维方法分不开的……只有目的明确，并适时对材料进行消化，才能从'收集'变为'占有'"。① 为此首先要把现象放在一定的历史进程中进行动态考察，马克思在《资本论》中谈自己的研究方法时说："研究必须充分地占有材料，分析它的各种发展形式，探寻这些形式的内在联系。"②

说马克思主义经济学分析现实的方法是遵循实践原则的，根本的原因在于这一方法论原则是与工人把一定的生产资料制造成商品的实践经验相一致的，有关这一点将在后文做出详细论述。

再回过头来看，同样是价格理论，马克思主义经济学是透过现象去研究真正现实的东西，不仅研究现象，还要研究本质。在马克思那里，供求关系仅仅是价格生成的条件，价格仅仅是个现象，它的实质是商品价值的货币表现，价值才是价格背后真正的东西。对价值进一步的探讨发现，价值背后的东西是人的劳动，其实质是一定条件下无差异的人类抽象劳动，价格作为经济现象，反映的不是物质财富的关系，而是人与人之间的劳动交换的关系。正如列宁所言，凡是西方主流经济学看到物的地方，马克思都看到了人的因素，看到了人与人的关系。不局限于现象，而是透过现象去发现本质，是马克思主义经济学与西方主流经济学在方法论原则上的根本差异。

相比于马克思主义经济学的实践原则，西方主流经济学局限于现象的方法论原则的主要缺陷有：第一，研究局限于现象层面，虽然能保证忠实于现象客观性，却难以揭示和发掘事物背后的真相。止于现实，实际上变成止于现象，把眼前直观的现象作为真理的最后仲裁者，这不但不是忠于现实，而是对现实的不尊重，这样的研究难以真正说明现实问题。正如恩格斯所言："国民经济学从私有财产的事实出发。它没有给我们说明这个事实。"③ 局限于现象研究往往被人误解为研究的抽象度不高，然而这是两个不同的概念。局限于现象的问题本身是研究方法的原则问题，而抽象的问题则是具体的方法问题。这是由资产阶级经济学实证原则所决定的，即使是抽象度很高的研究也同样是局限于现象的抽象研究，比如李嘉图就是

① 刘永佶：《资本论逻辑论纲》，河北大学出版社，1999，第125～126页。
② 马克思：《资本论》（第1卷），人民出版社，1975，第23页。
③ 马克思：《1844年经济学哲学手稿》，《马克思恩格斯选集》（第1卷），人民出版社，1995，第39页。

这样。李嘉图在方法上擅长抽象和演绎，在资产阶级经济学家看来，这是严重脱离经验事实的，所以李嘉图的研究理路被熊彼特称为"李嘉图恶习"。由此可见李嘉图研究的抽象程度之高。即便如此，他的研究依然是局限于现象的研究。马克思在谈到李嘉图论述剩余价值方面的缺陷时指出，"同其他一切经济学家一样，李嘉图从不研究剩余价值本身，就是说，他不是撇开它的特殊形式如利润、地租等去进行研究。这一点在更大的程度上损害了他的分析"。① 李嘉图对剩余价值的研究相对比较深入，但是他的研究始终摆脱不了利润、地租这些经济现象形式，在逻辑上陷入了难以自圆其说的困境，这就是局限于现象研究的结果。

第二，止于现实，局限于表面现象的研究，往往静态地看问题，难以从事物发展变化的动态过程中去把握问题的实质。在这点上，西方主流经济学的研究方法与费尔巴哈的研究方法具有相同的缺陷，马克思对费尔巴哈的方法论批判也是完全适用于西方主流经济学的。"打个比方说，费尔巴哈在曼彻斯特只看见一些工厂和机器，而一百年以前在那里只能看见脚踏纺车和织布机；或者，他在罗马的坎帕尼亚之发现了一些牧场和沼泽，而在奥古斯都时代在那里只能发现罗马资本家的葡萄园和别墅"。② 由于历史是在人的创造中演进的，作为历史的组成材料，现实本身是发展变化着的现实，尊重现实就要尊重现实的历史进程的客观性，而不是把某个历史截面当成全部的历史。马克思不仅指出了这种研究方法的错误，而且还指出了这种错误的原因，"他没有看到，他周围的感性世界绝不是某种开天辟地以来就直接存在的、始终如一的东西，而是工业社会的产物，是历史的产物，是世世代代活动的结果，其中每一代都立足于前一代所达到的基础，继续发展前一代的工业和交往，并随着需要的改变而改变它的社会制度。甚至连最简单的'感性确定性'的对象也只是由于社会发展、由于工业和商业交往才提供给他的。"③ 不是把研究放在历史的进程中加以考察，而是局限于既定的现象，这是西方主流经济学方法论原则的明显局限。

---

① 马克思：《资本论》（第 1 卷），人民出版社，1975，第 572 页。
② 马克思和恩格斯：《德意志意识形态》，《马克思恩格斯选集》（第 1 卷），人民出版社，1995，第 77 页。
③ 马克思和恩格斯：《德意志意识形态》，《马克思恩格斯选集》（第 1 卷），人民出版社，1995，第 76 页。

第三，止于事实、局限于现象的方法论原则缺陷，还表现在对实证材料之外的历史事实的忽视和否认。马克思说："德国人认为，凡是在他们缺乏实证材料的地方，凡是神学、政治和文学的谬误不能立足的地方，就没有任何历史，那里只有'史前时期'；至于如何从这个荒谬的'史前时期'过渡到真正的历史，他们却没有对我们作任何解释。"① 资产阶级经济学的实证方法所立足的事实，是一堆残缺不全的事实。与资产阶级的历史经验相联系，其立足的事实是一种选择性事实，那些没有被资产阶级经验过的事实，是资产阶级实证方法的盲点；而那些对资产阶级不利的事实，又常常被实证方法回避掉了。马克思一度告诫："不要像国民经济学家那样，当他想说明什么的时候，总是置身于一种虚构的原始状态。这样的原始状态什么问题也说明不了。国民经济学家只是使问题混沌不清。他把应当加以推论的东西即两个事物之间的如分工和交换之间的必然关系，假定为事实、事件。神学家也是这样用原罪来说明恶的起源，就是说，他把他应当加以说明的东西假定为一种有历史形式的事实。"②

西方主流经济学局限于现象研究的原因在于，在方法上遵循的不是实践的原则，没有把研究对象当成实践活动去理解，而是遵循所谓的实证原则，仅仅从研究对象的客体直观形式上去理解，这是和从前的一切旧唯物主义一样具有的缺点，"对对象、现实、感性，只是从客体的或者直观的形式去理解，而不是把它们当作感性的人的活动，当作实践去理解，不是从主体方面去理解"。③

止于现实，局限于现象的经济学方法论原则，最终是由西方经济学的阶级性质决定的。西方经济学是资产阶级的经济学，是为资产阶级服务的。资产阶级的利益是其经济学的最终指针，而资产阶级的局限则决定了资产阶级经济学的局限。马克思在《剩余价值学说史》第 3 卷中深刻指出："要把资本当做一定的社会生产关系的表现来把握，方才可以说资本的生产力……经济学家不把它当做这样一种关系来把握，因为他们不敢承

① 马克思和恩格斯：《德意志意识形态》，《马克思恩格斯选集》（第 1 卷），人民出版社，1995，第 79 页。
② 马克思：《1844 年经济学哲学手稿》，《马克思恩格斯选集》（第 1 卷），人民出版社，1995，第 40 页。
③ 马克思：《关于费尔巴哈的提纲》，《马克思恩格斯选集》（第 1 卷），人民出版社，1995，第 54 页。

认它的性质，也不了解它的相对的性质；宁可说他们只在理论上代表那些实行家的表象方法，那些实行家是拘囚在资本主义生产内，为资本主义生产所支配，并关心资本主义生产的。"① 资本家的视野，决定了资产阶级经济学家的研究范围；资本家的想法，就是资产阶级经济学研究的风向标。假如像马克思一样揭示现象背后的实质，把经济学的研究深入生产关系领域，资本家剥削工人的秘密就会被揭露出来。这样的研究不仅资本家不感兴趣，就连整个资本主义生产方式存在的合法性都会受到质疑，这是资本统治的巨大威胁。因而，在资产阶级经济学家看来，经济学研究不能深入，必须停留在表面现象。

（三）安于现实与改变现实

西方主流经济学方法论实证原则与马克思主义经济学实践原则在研究趋势上有着明显的差异，也就是安于现实与改变现实的差异。

由止于现实到安于现实，是西方主流经济学方法论实证原则发展的必然趋势。安于现实的趋势从资产阶级古典政治经济学向庸俗经济学过渡的时候，就已经完全暴露出来了。马克思说，从英国、法国资产阶级夺取政权之后，资产阶级经济学的研究就转变了方向，科学的研究被抛弃，取而代之的是以资产阶级利益为准则的庸俗研究，"现在问题不再是这个或那个原理是否正确，而是它对资本有利还是有害，方便还是不方便，违背警章还是不违背警章。不偏不倚的研究让位于豢养的文丐的争斗，公正无私的科学探讨让位于辩护士的坏心恶意"。② 这是资产阶级经济学研究安于现实的初衷，在西尼尔、约翰·穆勒和凯尔恩斯等人的努力下，这种初衷找到了一种自认为科学研究形式上的依靠，就是方法论实证原则。

方法论实证原则在形式上是与资产阶级经济学的研究目的相吻合的。由上述论证可知，实证原则的一个根本特征是以现实为尺度对研究结果加以衡量，与现实吻合的，也就是精确、真实的，就是合理的，否则就是不合理的。既有的现实成为衡量一切的最终权威。这样一来，资产阶级夺取政权，资本主义生产方式成为社会上具有统治地位的生产方式，成为资本

---

① 马克思：《剩余价值学说史》（第3卷），郭大力译，北京理工大学出版社，2011，第231页。
② 马克思：《资本论》（第1卷），商务印书馆，1975，第17页。

主义社会最大的现实。这种现实是不可改变的，是必须认可的，这是经济学方法论实证原则展开研究的前提假设条件。以现实为尺度，就是以资本主义生产方式为尺度，以此为原则的研究，就是安于以资本主义现实为原则的研究。安于现实的经济学实证原则对庸俗经济学服务于资产阶级在思维方式上起到了稳定化和固定化的作用。马克思通过对费尔巴哈的研究方法的批判，尖锐地揭露了这种方法论原则的荒谬性，① 指出在这种安于现实的方法论原则之下，"任何例外在这里都被肯定地看作是不幸的偶然事件，是不能改变的反常现象。这样说来，如果千百万无产者根本不满意他们的生活条件，如果他们的'存在'同他们的'本质'完全不符合，那么，根据上述论点，这是不可避免的不幸，应当平心静气地忍受这种不幸。可是，这千百万无产者或共产主义者所想的完全不一样，而且这一点他们将在适当时候，在实践中，即通过革命使自己的'存在'同自己的'本质'协调一致的时候予以证明"。② 马克思在《哲学的贫困》第二章《政治经济学的形而上学》中，就资产阶级经济学安于现实的方法论原则做出了生动的说明："经济学家希望工人在目前已经形成、经济学家已经在自己的教科书上记载和规定的社会里停滞不前。"③

马克思发现，从孔德开始，这种安于现实的方法论实证原则就已经露出了端倪，不管现实有多么荒谬和不合理，在孔德那里都成为对科学研究进行裁决的最后尺度。在经济领域，孔德实证的逻辑是，资本家对工厂控制的权力的现实性是科学论证的终点，而这种现实性就意味着它的合理性。马克思对此深恶痛绝，"资本家之所以是资本家，并不是因为他是工业的领导人，相反，他之所以成为工业的司令官，因为他是资本家。工业上的最高权力成了资本的属性，正像在封建时代，战争中和法庭裁判中的最高权力是地产的属性一样（因此奥古斯特·孔德及其学派可以像证明资本家老爷的永恒必要性那样，去证明封建老爷的永恒必要性）"。④

---

① 虽然费尔巴哈与庸俗经济学家完全是两码事，但他们的方法论原则在这方面则是相同的。

② 马克思和恩格斯：《德意志意识形态》，《马克思恩格斯选集》（第 1 卷），人民出版社，1995，第 97 页。

③ 马克思：《哲学的贫困》，《马克思恩格斯选集》（第 1 卷），人民出版社，1995，第 192 页。

④ 马克思：《资本论》（第 1 卷），人民出版社，1975，第 396 页，括号内的内容是马克思为括号前面这句话做的注释。

　　在方法论原则上安于现实，必然会否认或忽视现实矛盾，对现实的研究难以触及事物的本质，只能停留在现象层面，只能做一些所谓"实际"的现象研究。"庸俗经济学家也谈'实际'，但是不谈矛盾，更不谈主要矛盾。他们所说的'实际'，就是对现象的描述，对矛盾的掩饰。至今依然如此，不妨找来任何一本'现代'西方资产阶级经济学教科书，里面都是谈'实际'，甚至还会指责马克思主义不讲实际"①。这是资产阶级经济学在方法论上肤浅性的表现。毫无疑问，无视现实经济矛盾或者回避现实经济矛盾，把资本主义制度看成永恒的制度，是有利于维护资本统治的。

　　相比之下，马克思主义经济学方法论实践原则不是安于现实，而是改变现实。马克思说，"哲学家只是用不同的方式解释世界，问题在于改变世界"。② 对现实的改变只能通过劳动者的实践活动来完成，实践活动不仅改变着自然环境，还改变着人类自身。"环境的改变和人的活动或自我改变的一致，只能被看作是并合理地理解为革命的实践"。③ 所以，改变现实是马克思主义全部学说的一个历史任务，马克思说："实际上，而且对实践的唯物主义者即共产主义者来说，全部问题都在于使现存世界革命化，实际地反对并改变现存的事物。"④

　　具体到经济学领域，改变现实就是方法论实践原则的根本方向。所以，马克思主义经济学在方法论上遵循实践原则，从既定的现实出发，从各种因素的矛盾关系中去发现和解决问题。"马克思认为，政治经济学研究的从实际出发，就是从实际存在的经济矛盾出发。也就是正视矛盾，敢于揭示矛盾。"⑤ 以实践为原则，发现矛盾而不是无视矛盾，解决矛盾而不是回避矛盾，是马克思主义经济学的辩证方法。马克思在《资本论》第 1 卷中对辩证法做了如下说明："辩证法，在其合理形态上，引起资产阶级及其夸夸其谈的代言人的恼怒和恐怖，因为辩证法在对现存事物的肯定的

---

① 刘永佶：《资本论逻辑论纲》，河北大学出版社，1999，第 123 页。
② 马克思：《关于费尔巴哈的提纲》，《马克思恩格斯选集》（第 1 卷），人民出版社，1995，第 57 页。
③ 马克思：《关于费尔巴哈的提纲》，《马克思恩格斯选集》（第 1 卷），人民出版社，1995，第 55 页。
④ 马克思和恩格斯：《德意志意识形态》，《马克思恩格斯选集》（第 1 卷），人民出版社，1995，第 75 页。
⑤ 刘永佶：《资本论逻辑论纲》，河北大学出版社，1999，第 122 页。

理解中同时包含对现存事物的否定的理解，即对现存事物的必然灭亡的理解；辩证法对每一种既成的形式都是从不断的运动中，因而也是从它的暂时性方面去理解；辩证法不崇拜任何东西，按其本质来说，它是批判的和革命的。"① 马克思的上述方法，本身就带有改变现实的根本属性，因为它不崇拜被所谓的资产阶级经济学实证原则奉为神明的现实尺度，因为它是从暂时性方面去理解资本主义社会制度，因为它包含着对资本主义制度必然要灭亡的理解。一句话，之所以"引起资产阶级及其夸夸其谈的代言人的恼怒和恐怖"，就是因为这种方法论原则是要改变资本统治这个现实的。辩证法是马克思主义经济学方法论的精髓，限于本章的目的——在马克思主义经济学方法论实践原则的背景中凸显西方主流经济学方法论实证原则的局限性，对于辩证法问题暂且阐述到这里。

（四）"是什么"与"可以是什么"

实证与实践的差异，是西方主流经济学与马克思主义经济学方法论原则的根本差异。按照实证原则展开的方法，研究"是什么"的问题；而按照实践原则展开的方法，研究"可以是什么"的问题。有关"是什么"的实证方法，不同版本的经济学教科书讲得很清楚了，在这里，本书就"可以是什么"的实践方法论原则进行重点论述，以此对实证方法做出反衬。

马克思主义经济学方法论实践原则研究"可以是什么"的问题，"可以是什么"涵盖三个基本内容：第一，"是什么"是实践原则的基础。在这方面与西方主流经济学一样，马克思主义经济学的方法也是建立在对现实事物全面而真实认识的基础上的。所不同的是，马克思对现实事物的认识更加符合"是什么"的内在要求。马克思不同于西方主流经济学实证方法将认识停留在现象层面，而是在事物自身的发展过程中对它进行把握和理解，把认识的逻辑和历史的逻辑统一起来。马克思认为，资产阶级经济学往往把现实看成静止不变的，甚至是和永恒的自然法则一样的东西，这在认识论上是错误的。就经济领域而言，人的经济活动本身不是固定不变的，而是发展变化的，经济学研究方法应当尊重和遵循这种变化的内在要求，所以"只要描绘出这个能动的活动过程，历史就不再像那些本身还是

---

① 马克思：《资本论》（第 1 卷），人民出版社，1975，第 24 页。

抽象的经验论者所认为的那样，是一些僵死的事实的汇集，也不再像唯心主义者所认为的那样，是想象的主体的想象的活动"。① 马克思通过实践的方法，从社会生活真实的能动过程中去研究问题，透过复杂的现象去把握事物的本质，真正做到了对"是什么"的研究。

第二，"可以是什么"的马克思主义经济学方法论实践原则，还包含"应该是什么"的规范性的分析内容。这是从空想社会主义那里继承来的。按照列宁的说法，空想社会主义是马克思主义的三大理论来源之一，"应该是什么"的规范分析在空想社会主义那里有着非常重要的方法论地位。比如，威廉·汤普逊这个"着重研究现存社会的生产关系和未来社会的生产关系的空想社会主义经济学家"② 就非常重视"应该是什么"的规范研究。其中，规范分析始终是他研究财富分配问题时的一条主线。比如汤普逊认为，当下的分配方式存在诸多不合理。假如找到这样一种兼顾各方利益的分配方式：既有利于社会财富的生产和增长，又有利于政治上的和谐，还有利于社会形成良好的道德风尚，"那么，我们就应该联合一切公正的人士来推行如此优越的分配方式"。③ 汤普逊按照"应该是什么"的规范分析方法提出了最大幸福原则，同样用规范分析的方法来对这一原则的推行寄予期待，"我们认为任何规章制度都不应该阻碍或者代替（哪怕是暂时的）我们所提出的最大幸福的原则"。④

马克思批判地继承了空想社会主义的方法论规范分析。在以剩余价值理论为核心的经济学研究中，马克思科学地揭露了资本家剥削工人的秘密。虽然马克思从来没有像空想社会主义经济学家那样，直接用"应该是什么"的价值判断去简单地分析经济现象，却在整个严格的科学分析过程和严谨的结论中透射出"应该是什么"的鲜明的"价值立场"。⑤ 这是与马克思致力于劳动解放的终生奋斗目标相一致的。马克思不仅仅是

① 马克思和恩格斯：《德意志意识形态》，《马克思恩格斯选集》（第1卷），人民出版社，1995，第73页。

② 胡启林：《威廉·汤普逊的经济评述》，载〔英〕威廉·汤普逊《最能促进人类幸福的财富分配原理的研究》，何慕李译，商务印书馆，1986，第5页。

③ 胡启林：《威廉·汤普逊的经济评述》，载〔英〕威廉·汤普逊《最能促进人类幸福的财富分配原理的研究》，何慕李译，商务印书馆，1986，第22页。

④ 〔英〕威廉·汤普逊：《最能促进人类幸福的财富分配原理的研究》，何慕李译，商务印书馆，1986，第53页。

⑤ 宫敬才：《西方主流经济学中的价值立场观》，《河北学刊》2007年第4期。

一个思想家和理论家，还"因为马克思首先是一个革命家"，① 经济学的价值立场是服从于他的革命目标的。然而，马克思的规范分析与空想社会主义经济学家的规范分析有着根本的差异，也与西方主流经济学所谓的规范分析有着实质的不同。在马克思这里，"应该是什么"价值立场已经剔除了规范分析中的空想成分，不仅是一种愿望表达，更是一种完全能够实现的现实表达，在方法上实现了主观目的性与客观规律性的结合。

第三，"可以是什么"的马克思主义经济学方法论实践原则，还包含"能够是什么"的可实现性的内容。"可以是什么"的实践分析具有目的的可实现性。"应该是什么"的规范分析，仅仅表明某种目的性，没有目的实现的保障条件，因而有可能流于愿望和空想。而马克思主义经济学方法论的实践原则弥补了这一不足，把目的性建立在可实现性基础之上，使得研究从空想走向科学。马克思在他的《〈黑格尔法哲学批判〉导言》中，在"能够是什么"的分析上做了明确的论述。马克思就德国解放的问题，首先区分了"能够是什么"的可实现性和"应该是什么"的愿望之间的差异，认为"对德国来说，彻底的革命，全人类的解放不是乌托邦式的梦想，确切地说，部分的纯政治革命，毫不触犯大厦支柱的革命，才是乌托邦式的梦想"。② 接着，马克思论述了德国解放的现实可能性问题，"那么，德国解放的实际可能性到底在哪里呢？答：就在于形成一个被戴上彻底的锁链的阶级，一个并非市民社会阶级的市民社会阶级，这个阶级就是无产阶级"。③ 马克思进一步说明，这个阶级一旦把本阶级的哲学当成精神武器，从根本上进行革命，就能完成德国的解放。马克思在论述德国解放问题时，运用的方法正是"可以是什么"的方法，也就是以实践为原则的方法。

马克思主义经济学方法论实践原则，研究"可以是什么"的问题，它涵盖了"是什么"、"应该是什么"和"能够是什么"的基本内容，真正

---

① 恩格斯：《在马克思墓前的讲话》，《马克思恩格斯选集》（第 3 卷），人民出版社，第 777 页。
② 马克思：《〈黑格尔法哲学批判〉导言》，《马克思恩格斯选集》（第 1 卷），人民出版社，1995，第 12 页。
③ 马克思：《〈黑格尔法哲学批判〉导言》，《马克思恩格斯选集》（第 1 卷），人民出版社，1995，第 14～15 页。

实现了经济学研究"合规律与合目的的统一"。① 用马克思和恩格斯在《德意志意识形态》中的一段话，可以对马克思经济学方法论实践原则做出一个全面的总结。在论述研究方法时，马克思说："这种考察方法不是没有前提的。它从现实的前提出发，它一刻也离不开这种前提。他的前提是人，但不是处在某种虚幻的离群索居和固定不变状态中的人，而是处在现实的、可以通过经验观察到的、在一定条件下进行发展过程中的人。"② 这段话基本上涵盖了马克思主义经济学方法论实践原则的各个要点，即这种方法论原则是始于现实的；以人为核心，按照人的逻辑展开；是以现实人的实践活动为研究的根本原则的。

（五）实践原则的一个例证

虽然西方经济学恪守实证原则，而现实经济生活则是实践的，就资产阶级而言，也在经济生活中不自觉地贯彻着实践原则。突出的例证就是泰罗制。被奉为科学管理鼻祖的泰罗，从开始观察工人劳动那一刻开始就不折不扣地践行着实践原则。虽然泰罗制本质上就是资产阶级剥削工人的帮凶，在资本主义血汗工厂中加深了劳动工人的灾难，但以它为例来说明资产阶级经济学实证原则的局限性倒是非常恰当的。

说泰罗制是按照实践的原则展开的，是因为第一，泰罗制反映出的是人的逻辑而非物的逻辑。从表面上看，泰罗制的目标是增加产品的产量，好像研究的是物。而事实恰恰相反，泰罗制之所以能够成为资本主义科学管理的典范，关键的一点就在于，泰罗能够透过物的内容看到人的本质——产品背后的劳动者。增加产量仅仅是一个目标，而研究方法从一开始就盯在了工人身上，所以泰罗制本身是研究人的，是研究人的活动的。人，也就是现实生产中的人在泰罗那里占有重要的地位。通过对人的仔细研究，他找到了增加产量的办法。这种办法是完全从实践的原则出发而不是从实证原则出发的。

第二，泰罗制不是止于现实而是始于现实的。假如按照西方主流经济学所恪守的实证原则，那么世界上将不会产生泰罗制。因为相对于实施泰罗制后的高生产率而言，之前没有实施泰罗制的较低生产率本身就是客观

---

① 张宇、孟捷、芦荻：《高级政治经济学》，经济科学出版社，2002，第 103 页。
② 马克思和恩格斯：《德意志意识形态》，《马克思恩格斯选集》（第 1 卷），人民出版社，1995，第 73 页。

存在的。按照主流经济学止于现实、以现实为尺度的实证原则，之前的低生产率作为一种客观存在应当是被接受的。然而泰罗并没有从实证原则出发止于现实，而是从实践原则出发始于现实。从客观现实出发，把现实的较低生产率当成进一步研究的客观材料，从人的实践角度寻找提高生产率的方法，这些表明泰罗没有以原有的较低生产率为尺度，而是以此为起点开始研究，在方法论上遵循的就是实践的原则。

第三，泰罗制不是安于现实而是改变现实。以现实为出发点，根据实践的原则寻找改变现实的方法，在可能的范围内达到目标是泰罗制最终能够取得成功的方法论保障。泰罗制所到之处，都能让相对较低的劳动生产率得到提高。泰罗制不但证实了马克思主义经济学方法的实践原则，即"问题在于改变世界"，也证明了西方主流经济学实证原则"解释世界"的局限。

第四，泰罗制遵循的是"可以是什么"的方法论实践原则。指导泰罗进行研究的不是"是什么"的问题，而始终是"可以是什么"的问题，遵循的是经济学方法论的实践原则，他没有满足于"是什么"的现状解释，而是力争改变现实。而主导他改变现实的不仅仅是"应该是什么"的主观愿望，还有"能够是什么"的现实可能性。主观愿望和现实可能性统一于工人的实践活动，泰罗制达到了"可以是什么"的目的，这正是实践原则的恰当体现，在实践中实现了"合规律与合目的的统一"。

第三节 经济学方法论实证与实践原则的经验差异

西方主流经济学与马克思主义经济学在方法论上的原则差异，源自资产阶级与劳动阶级在经济活动的经验差异。马克思说，"只要按照事物的真实面目及其生产情况来理解事物，任何深奥的哲学问题——后面将对这一点作更清楚的说明——都可以十分简单地归结为某种经验事实"。[①] 任何深奥的哲学问题，当然也包括经济学方法论这个哲学问题，都应该归结为某种经验现实。这里研究的经验不是个人经验，而是整个阶级的类经验。

---

① 马克思和恩格斯：《德意志意识形态》，《马克思恩格斯选集》（第1卷），人民出版社，1995，第76页。

虽然个人经验是整体经验的基础，但是，从人类形成开始社会经济生活就不是孤立的，而是和人的类存在一样是社会总体的生产活动。马克思说，"通过实践创造对象世界，改造无机界，人证明自己是有意识的类存在物，就是说是这样一种存在物，它把类看成自己的本质，或者说把自身看成类存在物"。① 工人阶级和资产阶级是在一定生产关系中形成的不同的类存在，他们之间的差异表现在两种类存在不同的经济活动方式上。工人阶级和资产阶级从事着完全不同的经济活动，这种不同是从各自不同的经验开始的。

一　工人阶级的生成性经验

与资产阶级相比，工人阶级经济活动的总体经验是生成性的。工人阶级经验的生成性指的是工人在生产劳动中，始终亲身参与、主导和体验着把生产资料转化为产品的创造性过程。在工人生产劳动之前，面对的是各种各样的原材料和生产工具，工人通过自己的生产劳动，把这些原材料的形态、属性、功能加以改变，按照一定的目标制成合格的产品，这是一个生成性的过程，是一个工人通过自己的生产技术进行物质改变和产品创造的经验过程。在资本主义社会，除了资产阶级和工人阶级之外，还存在着一些食利者"非生产阶级"，② 然而，除了工人阶级之外，其他的都不是进行生产的阶级，恩格斯指出："这是我们的全部当代社会的经济制度：工人阶级是生产全部价值的唯一阶级。"③ 工人阶级之外的其他阶级，其经济活动经验都不是生成性的，都是既成性的。有关经验的既成性问题，将在随后的资产阶级经验中加以详细论述。

有一类观点——资产阶级及资产阶级经济学家一向宣扬的——认为，资本家，尤其是产业资本家也始终参与到资本主义的生产过程中，他们发挥着指挥和监督职能，这也算作劳动。资本家的利润，就是其指挥和监督劳动的工资。按照这种观点，资产阶级的经济活动经验也是生成性的了。

---

① 马克思：《1844 年经济学哲学手稿》，《马克思恩格斯选集》（第 1 卷），人民出版社，1995，第 46 页。

② 恩格斯：《资本论》（第 2 卷·导言），马克思：《资本论》（第 2 卷），人民出版社，1975，第 19 页。

③ 恩格斯：《1891 年单行本导言》，《马克思恩格斯选集》（第 1 卷），人民出版社，1995，第 329 页。

而事实并非如此，在这里有必要对这一问题进行澄清。

资本家在生产过程中的指挥和监督，并不是真正的劳动，而是资本统治职能的具体活动形式。资产阶级及庸俗经济学家经常宣扬一种观点，说他们对生产过程的指挥和监督也是一种劳动。对此马克思予以了深刻的批判。马克思在《资本论》第1卷第五章"劳动过程和价值的增殖过程"中，曾提到过资本家虚假地认为自己指挥和监督生产过程也是劳动，并把此类虚假的遁词交给资产阶级经济学家去讲授。① 在《资本论》第3卷第23章论述"利息和企业主的收入"时，对有关产业资本家在生产过程中对工人生产进行指挥和监督的活动是否也算是劳动的问题进行了深入细致的分析。马克思谈到，有一类流行的观点认为，资产阶级尤其是产业资产阶级对工人生产过程的指挥和监督，也算是资本家的劳动，而资本家的利润所得就应该算是资本家的劳动工资。马克思深入分析并驳斥了这种观点。

马克思认为，资产阶级对生产过程的指挥和监督本身根本不是什么劳动，而是一种资本发挥统治职能的具体活动。在这些统治职能活动中，尤其是产业资本家的活动具有迷惑性，因为它时刻与工人的生产活动结合在一起。从表面上看起来，"同货币资本家相对来说，产业资本家是劳动者，不过是作为资本家的劳动者，即作为对别人劳动的剥削者的劳动者"。② 然而资本家的指挥和监督活动根本不是什么劳动，它是自阶级社会产生以来，统治阶级执行统治职能的具体活动，与工人创造和实现价值的生产活动有着根本的区别。马克思说，"这种由奴役直接生产者而产生的职能，经常地被人们用作替这种关系本身进行辩护的理由，而对别人的无酬劳动的剥削即占有，也同样经常地被人们说成是资本所有者应得的工资"。③

马克思认为，资本主义社会企业主对工人生产的监督与此前社会的统治阶级对劳动者的奴役在本质上是一样的。到了资本主义社会，这种奴役变成资本奴役工人的职能，而资本家无非是这种职能的执行者。由于这种职能与工人的生产劳动紧密地结合在一起，所以就容易产生资本家与工人共同劳动的错觉。马克思说："监督和指挥的劳动，只要有对立的性质，

---

① 马克思：《资本论》（第1卷），人民出版社，1975，第218～219页。
② 马克思：《资本论》（第3卷），人民出版社，1975，第，435页。
③ 马克思：《资本论》（第3卷），人民出版社，1975，第433页。

由资本对劳动的统治产生，因而为一切以阶级对立为基础的生产方式和资本主义生产方式所共有，那么，在资本主义制度下，这种劳动也是直接地和不可分离地同由一切结合的社会劳动交给单个人作为特殊劳动去完成的生产职能，结合在一起的。"①

由此不难得出结论，在资本主义社会只有工人从事了真正的生产劳动，他们的经验才真正是生成性的。产业资本家虽然参与生产的过程，但他们的经济活动是阶级统治职能的发挥，在资本主义社会表现为资本统治职能的发挥。作为资本的"人格化"的资本家，在生产过程中其实发挥的就是资本的职能，而不是劳动的职能。资本家的经济活动经验与工人的活动经验有着本质的区别。

二　资产阶级经济活动经验的即成性

资本家的经验既然不是生成性的，那么又是什么样的呢？答案是：既成性的。所谓经验的即成性，指的是资产阶级的经济体验，他们始终没有经历过从原材料到产品的创造性活动，他们主要从事的是商品形态的转化过程——从商品到货币、从货币再到商品的过程。这一过程中的任何商品都是已形成的产品。资本家出售的是在工人那里已经形成的商品，换来的是已经形成的货币商品，贵金属制成品或者这些贵金属的符号；为生产做准备，资本家购买来的同样是上游资本家卖出的产品，虽然在买进的环节是工人生产的原材料。总之，资产阶级基本的经济活动是在不同的制成品中展开的，他们经营的都是已完成的东西，是既成性的。

资产阶级经济活动经验的既成性，是由资本的性质决定的。资本是带来剩余价值的价值，资本的目的就是获取剩余价值，资本家的目的就是赚钱，"生产剩余价值或赚钱，是这个生产方式的绝对规律"②。马克斯·韦伯也说，"在一个完全资本主义式的社会秩序中，任何一个个别的资本主义企业若不利用各种机会获得利润，那就注定要完蛋"。③能否赚钱是资本家唯一关心的事情，至于用什么去赚钱，并不重要。对于他们而言，工人以及其他生产资料，都是赚钱的工具，而具体的生产则是不能引起他们太

---

① 马克思：《资本论》（第3卷），人民出版社，1975，第434页。
② 马克思：《资本论》（第1卷），人民出版社，1975，第676页。
③ 〔德〕马克斯·韦伯：《新教伦理与资本主义精神》，于晓、陈维刚译，陕西师范大学出版社，2006，第4页。

多兴趣的"黑箱"。虽然他们也非常重视先进生产技术的运用和生产技术的改进，但他们关心的不是生产技术或生产工艺本身，而是关心这些技术和工艺付诸实施之后的结果，看看能否带来经济利益，具体生产技术的使用及产品生成问题是工人的事情，在这点上是与他们无关的。

　　资产阶级经济活动经验的既成性，是由其经济活动的局限性决定的。资产阶级最基本的经济活动是交易，从交易中获得利益。马克斯·韦伯发现"企业家的活动属于纯粹的商业性质，将资本在商业活动中反复周转的做法是必不可少的"。[①] 他对资产阶级的经济活动给予了恰当的界定："我们可以给资本主义的经济行为下这样一个定义：资本主义的经济行为是依赖于利用交换机会来谋取利润的行为。"[②]

　　资产阶级经济活动的商业性质，可以从产业资本的循环过程中反映出来，马克思对其生产过程进行了总结。产业资本的总运动形式是 G—W⋯P⋯W′—G′，G 代表货币，W 代表商品，W′代表增殖了的商品，G′代表增殖了的货币。这个产业资本总运动过程共分为三个阶段：G—W 为第一阶段，是产业资本家买的过程，即把手中的货币资本转化为生产资本；进入第二阶段，即由 P 代表的生产阶段；在生产阶段，实现劳动力和生产资料的结合，即工人的生产阶段，这是一个生产资料消费和新产品产出阶段，也是一个由于劳动力的注入而产生新价值的阶段，在这一阶段中生产资本逐步转化为商品资本，即增殖了的商品资本；W′—G′是产业资本的第三个阶段，就是由新增殖的商品资本转化为新增长的货币资本阶段，这是产业资本家一个卖的过程，在这一阶段，资本家把新产品卖出，实现剩余价值。货币资本、商品资本和生产资本，是产业资本在循环过程中依次采取的三种形式，[③] 在整个不断的循环过程中，产业资本家除了在第二阶段对生产进行指挥和监督之外，所有的经济活动都是买卖活动，即不断地买进和卖出，商业领域的活动是资产阶级的主要经济活动。由资产阶级经济活动的商业性质所决定，他们的经验必定是既成性的，即把业已形成的商品买进来，其中包括已经形成的原材料商品和业已形成的劳动力商品，然后

---

① 〔德〕马克斯·韦伯：《新教伦理与资本主义精神》，于晓、陈维刚译，陕西师范大学出版社，2006，第 24 页。
② 〔德〕马克斯·韦伯：《新教伦理与资本主义精神》，于晓、陈维刚译，陕西师范大学出版社，2006，第 4~5 页。
③ 马克思：《资本论》（第 2 卷），人民出版社，1975，第 63 页。

再把业已形成的增殖的商品卖出去。他们更多的现实体验不是把相关的要素创造成产品，而是不断地把一种形成的商品换成另一种已经形成的商品；他们经验的不是事物质的形成过程，而是不同事物间的交换过程。资产阶级基本经济活动的商业性质就决定了他们的经验必定是既成性的，而非生成性的。

三 不同经验基础上的经济学方法论原则差异

经济学是经验科学，古诺说，"政治经济学是社会制度的卫生学和病理学。它以经验甚至观察结果作为指南"。[①] 之所以说经济学是经验科学，是因为经验是实践的基础活动，任何实践都是从最初的经验开始的。在资本主义社会，两大阶级有着明显的经验差异，这种差异在经济学研究过程中必然有所反映。

"任何正确的认识，科学的理论和真理，其唯一来源只能是实践。马克思主义属于革命的理论和科学的真理，其唯一来源也只能是实践"。[②] 马克思主义经济学是以工人阶级的实践活动为依据的，或者说，马克思主义经济学来源于工人阶级的经济实践活动。马克思和恩格斯在《德意志意识形态》中明确指出："这里所说的个人不是他们自己或别人想象中的那种个人，而是现实中的个人，也就是说，这些个人是从事活动的，进行物质生产的，因而是在一定物质的、不受他们任意支配界限、前提和条件下活动着的。"[③] 在资本主义社会，进行物质生产的人所指的也就是工人。由于工人阶级的经济实践活动具有生成性特点，这就决定了工人阶级的经济学方法也具有生成性特征，这就是从事实出发、按照人的逻辑去研究"可以是什么"的方法论实践原则的特征。

作为资产阶级经济学的西方主流经济学，其研究方法是立足于资产阶级经济活动经验的，这是自古典经济学以来西方主流经济学的共同特征，"古典政治经济学从工业实践方面因袭了工场主的流行的看法"。[④] 这种方

---

① 〔法〕古诺：《财富理论的数学原理的研究》，商务印书馆，1994，第28页。

② 邹东涛：《实践是马克思主义的唯一来源》，《中国社会科学院研究生院学报》2002年第4期。

③ 马克思和恩格斯：《德意志意识形态》，《马克思恩格斯选集》（第1卷），人民出版社，1995，第71~72页。

④ 马克思：《雇佣劳动与资本》，《马克思恩格斯选集》（第1卷），人民出版社，1995，第322~323页。

法是资产阶级经济思维方式的理论形式。由于资产阶级的经济活动经验是既成性的，这就使得资产阶级经济学的研究方法论原则必然是所谓的实证原则，即止于现实、安于现实、以现实为最后尺度的研究方法。与经济学方法论实践原则相比，这种方法论原则的最大缺陷，也就是源自资产阶级经济活动既成性经验的缺陷是，往往把研究停留在或局限在现象层面，难以深入认识事物的本质。

第三章　经济学实证方法的嬗变及其随附性困境[*]

从西尼尔开始，西方主流经济学实证方法就始终和自然科学纠结在一起。这种纠结实质上是经济学方法依附于自然科学方法的结果。依附于自然科学方法让经济学看起来很像科学，而实际上这是一种错觉。与真正的自然科学实证方法相比，经济学的实证方法是一种伪实证，是借助自然科学方法的形式来掩盖自身研究的不足的一种方法论手段。认识主流经济学实证方法的拜物教性质，就有必要厘清它与自然科学的真正关系。本章将从其发展嬗变的历史过程中，去认识这一方法与自然科学方法的关系，对这一方法依附于自然科学并由此给它带来的困境做出探讨，为证明这一方法的拜物教性质做出准备。

第一节　经济学实证方法的嬗变

一　主流经济学实证方法的科学错觉

自新古典经济学以来，实证方法一直被奉为主流经济学的主导研究方法。这一方法不仅为主流经济学提供了一个相对稳定的研究模式，还似乎为它赢得了较高的社会科学地位。在主流经济学那里，实证方法始终是与规范方法一并提出的，在所谓以价值判断为基础的、研究"应该是什么"的规范方法的衬托之下，研究"是什么"的实证方法显得颇具科学精神，

---

[*] 随附性，即某种学科在基本科学研究模式上具有随附于另外一个权威学科的性质，被随附的学科一般被称为"元科学"。就经济学而言，近代以来它一直把经典物理学当作元科学，在研究的基本模式上随附于物理学。相关内容可参看威廉·西格《随附性和决定性》，收录于〔英〕W. H. 牛顿 - 史密斯主编《科学哲学指南》，程素梅、殷杰译，上海科技教育出版社，2006，第 579 ~ 584 页。

对此经济学家常常在不经意间流露出难以掩饰的得意与自信。弗里德曼就十分得意地讲，"科学的经济学所得到的尊敬和认可与当前自然科学所得到的尊敬和认可相媲美"。① 萨缪尔森也得意地把经济学看作社会科学的皇后，"萨缪尔森把经济学称为'社会科学的皇后'，于是，多数经济学家也就迫不及待地向其他的社会科学同行摆出一副皇后的姿态"。② 凭借着实证方法，主流经济学还不断地向其他社会科学领域输出理论思维，表现出明显的学科自我膨胀倾向，被人称为"经济学帝国主义"。

从方法论角度考察，实证方法给予主流经济学家良好的自我感觉，源自他们认定这一方法就是科学的方法，沿着这一方法研究下去就可以达到对社会经济进行科学解释和科学预测的目的，或者向科学无限靠拢的目的。然而实践是检验真理的唯一标准，事实上，所谓的经济学实证方法在经济事实面前屡屡失手，尤其是在每一次大的经济危机之际，这一方法都凸显出十足的窘态，经济学家也往往由夸夸其谈变得三缄其口。20 世纪初，经济学实证方法备受推崇，而 1929 年的世界经济大危机，几乎断送了实证方法武装起来的新古典经济学，证明了经济学的实证方法无论是在解释方面还是在预测方面都是不可靠的方法。1953 年，弗里德曼发表了他的著名论文《实证经济学方法论》，重振经济学实证方法的雄风，"弗里德曼1953 年那篇论文的一种被稀释过的版本已经成为大多数美国经济学家智力装备的一个组成部分，其中论断已经成为他们的口头禅"。③ 与以往的经济学实证方法相比，弗里德曼的实证方法不再只关注理论假设与现实的关系问题，而是集中关注预测，把科学预测规定为实证方法的主要目标。④ 弗里德曼的实证方法同样没有摆脱历史的悖论，这个较之以前而特别突出强调预测的经济学实证方法，同样没有预测到 2007 年以来由美国次贷危机引发的世界范围内的经济大危机。西方主流经济学实证方法已经不能满足经济解释和预测的需要了，日益陷入危机和困境当中。

---

① 〔美〕米尔顿·弗里德曼：《弗里德曼文萃》（上），首都经济贸易大学出版社，2001，第159 页。
② 转引自〔美〕丹尼尔·豪斯《经济学的哲学》，丁建峰译，世纪出版集团，上海人民出版社，2007，第 266 页。
③ 〔美〕戴尔德拉·迈克洛斯基：《经济学的花言巧语》，石磊译，经济科学出版社，2000，第 179 页。
④ 〔美〕米尔顿·弗里德曼：《弗里德曼文萃》（上），首都经济贸易大学出版社，2001，第202 页。

主流经济学认定自己是科学，实质上这仅仅是一种自我感觉。它始终是依附在自然科学方法之上的模仿秀。在证明这一点之前，让我们先对它的历史有一个全面的认识。

二 经济学实证方法的嬗变

经济学实证方法是指与规范方法相对的一种研究方法，二者的根本区别在于有没有价值判断，以价值判断为基础研究"应该是什么"的方法是规范方法，排除价值判断研究"是什么"的方法就是实证方法。实证方法是西方经济学自古典经济学以来备受推崇的方法，也是以新古典经济学为核心的西方主流经济学的主要研究方法。经济学实证方法历经了一个历史的嬗变过程，大致可以分为三个阶段：孕育阶段、形成阶段和发展阶段。这三个阶段并没有明显的界限，但每个阶段都有各自不同的方法论特征。

（一）孕育阶段

经济学研究方法是在经济理论的论述过程中体现出来的，它贯穿于经济学史的始终。经济学实证方法最早是由重商主义的经验总结法、威廉·配第的归纳法和亚当·斯密的现象描述法发展而来的，其孕育期正是资本主义发展的早期阶段。现代经济学的源头是英国的重商主义，经济学实证方法最早可以追溯到这里。作为文艺复兴运动重要组成部分的重商主义，集中反映了早期商业资本家的利益，在当时封建势力的统治下，早期商业资产阶级的经济活动还不敢大张旗鼓地进行，其基本观点也不敢轻易和封建势力相左，重商主义者大多谨小慎微地进行经济学研究，"由于他们的学说是与封建主义思想，特别是基督教的圣典相违背的，重商主义者就采取'就事论事'的经验总结法"。① 这种方法从个人经验出发，注重感性认识和实际应用，在方法上，体现着早期经济学的实证倾向。

继重商主义之后，英国的古典政治经济学创始人威廉·配第把重商主义的经验总结法发展成归纳法。与经验的简单总结法相比，配第的归纳法是对"就事论事"的超越，它是把经验作为事实的根据，在此基础上研究各种具体经济现象的一般性概念和联系。在采用配第归纳法的研究领域，许多经济学的重要概念——价值、工资、地租、利息等，都有了初步的规

---

① 刘永佶：《政治经济学方法论纲要》，河北人民出版社，2000，第85页。

定，要特别指出的是，配第还在大量经验事实的基础上，提出了劳动价值论。配第的归纳法，是经验总结法的深化，也是实证方法在孕育阶段的进一步成长。

亚当·斯密的方法是典型二重方法，是在法国重农学派魁奈演绎法和配第归纳法的基础上形成的抽象法和现象描述法。斯密吸收了魁奈演绎法和配第归纳法的合理成分，尽可能避免了两种方法截然分开的缺陷。抽象法的运用使得斯密能够最早把经济学整个体系建立起来，但斯密的抽象法是不彻底的抽象法，分析有余而综合不足，由此导致的理论缺陷就得运用现象描述法来弥补。也就是说，斯密一旦在逻辑上走向困境，他就滑向现象描述。亚当·斯密被称为古典经济学的集大成者，同时也是方法的集大成者。他的抽象法经过李嘉图和西斯蒙第的发展，在马克思那里结出了硕果；而他的现象描述法则主要被后来的庸俗经济学所继承，成为经济学实证方法的雏形。斯密的现象描述法"到 19 世纪 30 年代以后，由诸多资产阶级经济学家所坚持，并逐步演化成系统。到 19 世纪末 20 世纪初，已形成强调心理原则的心理学派，强调数学方法的数理学派，强调社会其他因素对经济活动制约的历史学派和制度学派。这些派别在方法上是有诸多区别的，但其共同点又在于现象的实证性描述"。①

（二）形成阶段

从 19 世纪 30 年代庸俗经济学的兴起到 20 世纪初新古典经济学的形成，是经济学实证方法的形成阶段。这是一个资本主义发展历经重大变化的阶段，资产阶级已经全面战胜封建地主阶级而成为社会统治阶级，社会主要矛盾由资产阶级和地主阶级的矛盾转变为资产阶级与无产阶级的矛盾。以劳动价值论为基础的古典经济学已经越来越不适应资产阶级的现实需要了，从此"阶级斗争在实践方面和理论方面采取了日益鲜明的和带有威胁性的形式。它敲响了科学的资产阶级经济学的丧钟。现在问题不再是这个或那个原理是否正确，而是它对资本有利还是有害，方便还是不方便，违背警章还是不违背警章。不偏不倚的研究让位于豢养的文丐的争斗，公正无私的科学探讨让位于辩护士的坏心恶意"。② 资产

---

① 刘永佶：《政治经济学方法论纲要》，河北人民出版社，2000，第 106 页。
② 马克思：《资本论》（第 1 卷），人民出版社，1975，第 17 页。

阶级政治经济学开始全面走向庸俗化。此外，面对无产阶级的经济意识形态——马克思主义经济学日益严峻的理论挑战，资产阶级政治经济学也不得不从以劳动价值论为基础的古典经济学之外寻找新的理论体系，以对抗这种挑战。"结束古典经济学统治的，与其说是纯理论方面的弱点，倒不如说是政治气候的变化。古典学派的种种学说，甚至就它们的最自由主义的形式来说，也是强调各个社会阶级的经济作用和它们之间的利益冲突的。到19世纪后期，社会冲突的焦点从资本家和地主的对抗，转向工人和资本家的对立。1871年巴黎公社对整个欧洲的影响加深了马克思著作激起的畏惧和恐怖。暗示阶级冲突的学说不再是可取的了。而把人们的注意力从社会阶级对抗移转开来的理论马上受到了欢迎"。① 资本主义现实和经济理论的变化在方法上的反映是，与劳动价值论紧密结合的自斯密以来的系统抽象方法受到抑制和攻击，而作为斯密二重方法中的现象描述法则得到了张扬，自此，以现象描述为基础的经济学实证方法逐步发展起来。

经济学实证方法始终是与规范方法一并提出的，与此相联系，它的另一个源头可以追溯到19世纪休谟的《人性论》。休谟在论述道德和理性的关系时，发现人们总是按照平常的推理方式讨论道德学问题，"可是突然之间，我却大吃一惊地发现，我所遇到的不再是命题中通常的'是'与'不是'等联系词，而是没有一个命题不是由一个'应该'或一个'不应该'联系起来的"。② 这就是著名的"休谟的铡刀"。休谟认为，是与不是属于理性问题，而应该与不应该属于道德问题，这是经济学方法论上实证与规范的对应的最早雏形。

19世纪中叶，越来越多的经济学家开始论述经济学研究方法问题，其中西尼尔、约翰·穆勒和凯尔恩斯先后对实证方法做出了深入研究，并得出了大致相同的结论，史称西尼尔—穆勒—凯尔恩斯科学传统。这一科学传统强调了实证经济学与规范经济学的区分，是对休谟观点的具体化和深化。在所谓的以价值判断为基础的规范方法的强烈反衬下，经济学实证方法在这一传统中被赋予了一种科学主义的色彩。

19世纪70年代，以门格尔、瓦尔拉斯和杰文斯为代表的边际效用

---

① 〔英〕琼·罗宾逊、约翰·伊特维尔：《现代经济学导论》，陈彪如译，商务印书馆，1997，第45~46页。
② 〔英〕休谟：《人性论》，关文运译，商务印书馆，1996，第509页。

学派兴起，此时德国的历史学派也开始兴盛起来。从国别上讲，经济学方法大致可分为以演绎为主的英国学派和以归纳为主的德国学派。两个学派展开了历史上第一次方法论之争。德国历史学派的莱斯列、英格拉姆等人对古典经济学进行发难，认为并不存在所谓的经济规律，古典经济学家运用的是一种有害的抽象观，经济学研究应当立足于具体的历史事实，而历史归纳法才是最为可靠的方法。英国的杰文斯等经济学家回应了这种挑战，认为经济规律是广泛可用的，德国历史学派的错误在于过分拘泥于历史方法而否认其他方法。杰文斯认为经济学的未来必定是一种多元主义方法。[①] 杰文斯特别强调了数学方法在经济研究中的运用，"很明白，经济学如果是一种科学，它必须是一种数学的科学"。[②] 在杰文斯等数理学派经济学家的持续推动下，经济学实证方法中的数学成分得到逐步增加。

　　这次方法论之争的最终结果是走向了融合，使得经济学实证方法兼具了归纳和演绎两种方法，促成这次融合的主要是英国经济学家马歇尔和约翰·内维尔·凯恩斯。马歇尔强调，演绎法和归纳法在经济学研究中都必须使用。他指出，科学研究除了观察和分类之外，还要思考经济现象的相互关系与机制发现。[③] 约翰·内维尔·凯恩斯在重述实证经济学必须摆脱价值判断的同时，在他著名的《政治经济学的范围与方法》中，也表达了和马歇尔同样的主张，认为"如果纯粹的归纳是不充分的话，纯粹的演绎也同样是不充分的。令人遗憾的是往往人们错误地使这些方法相互对立，好像它们其中一种的应用排斥另一种的应用一样。事实上，只有将两种方法不带偏见地组合起来，任何经济的完全发展才是可能的"。[④] 到 19 世纪末 20 世纪初，经济学方法论的西尼尔—穆勒—凯尔恩斯科学主义传统得到继承并被赋予新的含义，自此经济学实证方法一般的研究理路基本确定下来：从理性经济人、一个以上的生产要素、消费者偏好等先验的假定出发，逻辑地演绎出理论模型以解释经济运行的一般规律，继而从经济事实中加以验证。

　　① 李和平：《弗里德曼论点及其争论研究》，中国经济出版社，2005，第 54～55 页。
　　② 〔英〕斯坦利·杰文斯：《政治经济学理论》郭大力译，商务印书馆，1984，第 30 页。
　　③ 李和平：《弗里德曼论点及其争论研究》，中国经济出版社，2005，第 58 页。
　　④ 〔英〕约翰·内维尔·凯恩斯：《政治经济学的范围与方法》，党国英、刘惠译，华夏出版社，2001，第 118 页。

（三）发展阶段

20 世纪的经济学实证方法发生了显著的变化。1932 年，罗宾斯发表了他的著作《论经济科学的性质和意义》，用现代语言对西尼尔—穆勒—凯尔恩斯的方法论科学立场重新做了表述。罗宾斯认为经济学基本规律的发现要靠演绎，而演绎需要有正确的前提和假定，这些前提或假定来自现实的经验生活。只要前提条件和假定是正确的，从这些条件和假定得出的结论也必定是正确的，经济规律就能够描述经济现象的必然性。罗宾斯强调经验的重要作用，认为"科学法则的一个特征，是它们与现实相关联。无论它们表现为假设的形式还是表现为范畴的形式，它们都不同于纯逻辑和数学的命题。从某种意义上说，它们是与现实事物或可能存在的事物相关联，而不是与纯粹的形式相关联。很显然，在这方面，经济学的命题与所有其他科学的命题完全一致。我们已经知道，经济学命题是得自一些简单假设的推论，这些假设反映的是非常基本的一些经验事实。如果前提与现实相关联，那么得自前提的推论就必然也与相同的现实相关联⋯⋯经济学家的工作是解释事实。从事发现工作，不仅是要说明已知的前提，而且还要发觉这些前提所依据的事实"。[①] 罗宾斯还强调经济分析过程中逻辑的重要性，认为"一种理论的有效性，取决于该理论能否得自根据它的一般假设所作的符合逻辑的结论"。[②]

20 世纪初新古典经济学开始步入辉煌时代，其中两个主要流派——边际效用学派和数理学派是新古典经济学的中坚力量。在方法论上，以两个学派为主导的新古典经济学具有新的特点，主要体现在逻辑化、系统化研究体系的形成上。经济学兼具逻辑分析和经验实证研究，强调命题的可观察性和可证实性，在理性"经济人"假设的前提下，运用微分方法，对个人消费行为、商品的边际效用、需求、供给、价格弹性等进行了实证研究。[③]

20 世纪最受关注的实证经济学方法论莫过于弗里德曼 1953 年发表的

---

① 〔英〕莱昂内尔·罗宾斯：《经济科学的性质和意义》，朱泱译，商务印书馆，2000，第87～88 页。

② 〔英〕莱昂内尔·罗宾斯：《经济科学的性质和意义》，朱泱译，商务印书馆，2000，第96 页。

③ 杨建飞：《科学哲学对西方经济学思想发展演化的影响》，《哲学动态》2002 年第 1 期。

《实证经济学方法论》，该文在当时引起了最为激烈的论战。在该文中，弗里德曼首先肯定了西尼尔、凯尔恩斯和内维尔·凯恩斯对实证经济学和规范经济学的区分，强调了经济学方法价值无涉的性质。之后把问题引到了经济学假设与现实的相关性问题以及经济学假说的判断标准问题上来。弗里德曼提出了一个重要的观点，认为检验一个经济学理论有效的唯一标准是其对现实预测与实际数据的比较，而理论假设的现实性则与理论的检验毫不相关。他认为一个假说的预测能力是判断其成立的唯一标准，假说是否具有现实性并不重要。在多个假说中，只有那些简洁的和有成效的假说是好的假说，"一种理论越是'简单明了'，在某一既定领域内对现象进行预测所需要的初始知识也就越少；一种理论越是'富有成效'，它对现象所作的预测也就越精确，而且该理论进行预测所依据的范围也就越大，同时，为了进一步研究的需要，它所要加以说明的东西也就越多"。① 弗里德曼认为，判断一个理论模型优秀的标准，不在于如流行的观点一样看这个理论的"假设"与现实是否相关，而在于这些"假设"对于已有的理论目标来说能否提供更好的预测，"唯有通过考察该理论是否应验，即该理论是否取得了足够的预测水平来进行"。② 弗里德曼的假设不相关性的观点，受到了以萨缪尔森为首的经济学家言辞激烈的批判和辛辣的讽刺，布劳格在追述这段争论时，引述了奥布莱恩所讲的一个笑话："一位经济学家，一位工程师和化学家一起在一座荒岛上处于困境，他们带着一大听火腿，却没有开听刀。工程师和化学家在按照应用科学进行各种打开罐头的尝试失败后，恼怒地转向脸上始终挂着傲慢微笑的经济学家，'你看该怎么办？'他们问道，'让我们假定我们有一把开听刀'，他平静地回答说。"③尽管弗里德曼假设不相关的观点是有争议的，但在他的影响下，经济学更加注重逻辑的作用，其中数理逻辑得到了进一步的加强，有力地推动了经济学数学化的进程。

从以上论述中可以发现，经济学实证方法中的实证含义经历了几番变化，尤其是到了弗里德曼这里，实证兼具证实和证伪的多重含义，并把实证的立足点从研究之前的经验转移到了研究之后未来事实与研究结果的比对上。单从经济学实证方法的自身演变中，很难找到一个清晰的发展脉

---

① 〔美〕弗里德曼：《弗里德曼文萃》，北京经济学院出版社，2001，第198页。
② 〔美〕弗里德曼：《弗里德曼文萃》，北京经济学院出版社，2001，第202页。
③ 〔英〕马克·布劳格：《经济学方法论》，马清槐译，商务印书馆，1992，第107~108页注。

络，而一旦把它的嬗变过程放在近代以来自然科学方法以及科学哲学发展史的大背景中加以考察，它依附在自然科学方法和思想之上，随着自然科学思想和方法的发展而发展的特征就立刻显现出来，其自然科学方法的依附性就会暴露无遗。

第二节　经济学实证方法的自然科学方法随附性

自然科学和社会科学是根本不同的两个领域，但也不是完全对立，两个领域的研究方法也始终在相互影响和启发着，尤其是社会科学研究，在诸多方面借鉴了自然科学的方法。在自然科学方法与社会科学方法关系方面，有一个极端的观点——方法论一元论观点，认为自然科学与社会科学在研究方法上没有区别，社会科学完全可以套用自然科学的方法进行研究，有人把它称为科学的统一性。[①] 这种观点没有得到学界的基本认可，而受到广泛的批评，早在 18 世纪早期，维科就对自然科学方法的跨界行为做出了深刻的批判。[②] 而事实上，多数社会学科也对自然科学方法的适用性问题始终保持着审慎的态度。

然而，作为社会科学的经济学却是一个例外。多数经济学家是方法论一元论的坚定践行者，对自然科学方法达到了痴迷的程度，哈耶克称之为"唯科学主义"，表现为对自然科学的"方法和语言的奴性十足的模仿"。[③] 门格尔就是方法论一元论的一位信奉者，他认为"这个研究方法，一般用于自然科学，并取得了巨大的成果，所以人们就错误地称它为自然科学方法。实则这个方法可通用于一切经验科学，因而应该较正确地称之为经验方法"。[④] 瓦尔拉斯也对自然科学充满了神往，认为"无论如何，经济学得以成为一门精密科学，或迟或早，不在我们手里，不必我们担心……那时数理经济学就可以同数理的天文学和力学并列；到那一天，我们的工作会得到公正的评价"。[⑤] 在这些经济学家的推动下，经济学的方法逐步向自然

① 〔英〕W. H. 牛顿－史密斯：《科学哲学指南》，程素梅、殷杰译，上海科技教育出版社，第 654 页。

② 宫敬才：《西方主流经济学中的价值立场观》，《河北学刊》2007 年第 4 期。

③ 〔英〕弗里德里希·A. 哈耶克：《科学的反革命》，冯克利译，译林出版社，2003，第 6 页。

④ 〔奥〕卡尔·门格尔：《国民经济学原理》，刘絜敖译，上海人民出版社，2001，第 2 页。

⑤ 〔法〕莱昂·瓦尔拉斯：《纯粹经济学要义》，蔡受百译，商务印书馆，1997，第 27 页。

科学靠拢，亦步亦趋地跟着自然科学走，最终完全依附于自然科学。对自然科学的随附性，在方法论上，应当是经济学区别于其他社会科学的最明显的特征。

经济学方法依附于自然科学方法，主要体现在两个方面，一是直接套用自然科学的方法，比如均衡、弹性等概念的直接套用，高等数学微积分等知识的直接套用；二是通过科学哲学间接依附于自然科学方法，即自然科学方法抽象到哲学的高度，以自然科学哲学——实证主义、逻辑实证主义、证伪主义等方式间接支配着经济学的研究方法。

一　经济学对自然科学方法的早期借鉴

培根的归纳法和笛卡尔、莱布尼兹的演绎法是近代自然科学的两个最基础的方法。尤其是归纳方法创造了近代物理学的辉煌成就，同时也为科学研究树立了方法的典范。"在十九世纪大部分时期，经济学家认为归纳问题已经解决，不需要做进一步的考虑。毕竟，牛顿似乎声称运用归纳方法从科学观察中找到了物理规律。在亚当·斯密时代，归纳概括是理性思考的范式；牛顿物理学是归纳的范式"。① 早期的经济学研究深受这两个基本方法的影响，威廉·配第的经济学就是以归纳法为基础的，而魁奈的经济学则是以演绎法为主。这两种方法最终汇集到亚当·斯密这里，在《国富论》中就体现了现象描述法和抽象演绎法并存的二重化研究方法。这种借鉴于物理的研究方法与现实经验相结合，形成早期经济学的主导方法，瓦尔拉斯对此予以具体描述："纯粹经济学理论也应当从经验中取得某些类型概念，如交换、供给、需求、市场、资本、收入、生产服务、产品等。然后就应当从这些现实类型的概念中抽出理想类型的概念，为之下定义，并据此进行推论。直到科学的推论完成以后，才应当回到现实，但那时也只是为了实际上的应用。"②

二　经济学方法的自然科学转向

19 世纪中期，孔德的实证主义哲学形成，这是科学技术哲学的最早形

---

① 〔加拿大〕劳伦斯·博兰德：《经济学方法论基础》，马春文、肖前进、张秋红译，长春出版社，2008，第14页。
② 〔法〕瓦尔拉斯：《纯粹经济学要义》，蔡受百译，商务印书馆，1989，第56页。

式，强调科学研究的实证性，提出真实、有用、肯定和精确的实证主义原则。[1]"孔德的实证主义原则对约翰·穆勒产生了影响"。[2] 在实证主义的影响下，经济学方法论全面转向，相应地提出了经济学实证方法论。西尼尔、穆勒和凯尔恩斯在推动经济学方法论的转向中发挥了重要作用，穆勒本身既是经济学家又是科技哲学家。这次转向最为关键的一环就是要剔除经济学中的价值判断，把经济学变成像自然科学一样的科学。这是经济学方法论的一次重大转变，它基本上为经济学研究方法定下了基调，就是紧跟自然科学方法，使经济学像物理学、数学一样进行科学研究。经济学的"这种科学方法论信条长期以来作为公认观点，在其批评者看来，可概略地称之为'实证主义'。它主张知识是以 19 世纪早期人们对于 19 世纪特别是 17 世纪的某些物理学蓝本的理解为模型的"。[3] 自此，抛弃规范而追求实证，尽可能地向自然科学靠拢，成为经济学实证方法的一个基本原则。

三　经济学对逻辑实证主义的随附

逻辑实证主义是实证主义在 20 世纪 20 年代的新发展，它产生于以维也纳大学石里克为首的维也纳学派，这一学派研究的主要是科学、逻辑和哲学问题。逻辑实证主义发展了休谟以来的实证主义传统，蔑视形而上学，主张把复杂的陈述还原为基本命题。逻辑实证主义认为，逻辑分析系统的运用，有可能把给定的"高层次的"科学陈述，拆分和转化为被"低层次的"观察和经验所证实的基本命题。"逻辑实证主义是一种方法论策略，没有论及世界的实在，而其目标在于把所有科学陈述——物理的、物质的或心理的——都与通过逻辑分析在感觉经验中获得的东西联系起来"。[4] 逻辑实证主义注重把实证、经验和逻辑结合起来，其来源主要有休谟和马赫的经验主义和孔德的实证主义，而罗素、弗雷格、维特根斯坦等数学家和逻辑学家则注入了逻辑的内容，促成实证主义向逻

---

① 〔法〕奥古斯特·孔德：《论实证精神》，黄建华译，商务印书馆，2011，第 33 页。
② 〔英〕约翰·伊特维尔、默里·米尔盖特、彼得·纽曼：《新帕尔格雷夫经济学大辞典》第 3 卷，经济科学出版社，1996，第 985 页。
③ 〔美〕黛尔德拉·迈克洛斯基：《经济学的花言巧语》，石磊译，经济科学出版社，2000，第 175 页。
④ 〔英〕克里斯托弗·雷：《逻辑实证主义》，转自〔英〕W. H. 牛顿 - 史密斯《科学哲学指南》，程素梅、殷杰译，上海科技教育出版社，2006，第 297 页。

辑实证主义的转变。① 逻辑实证主义的证实原则规定，一切说明无论是分析的还是综合的，只有至少在原则上能够得到经验的证实时，它们才是有意义的。②

经济学方法论很快对逻辑实证主义做出了反应，"新古典经济学反映了 19 世纪晚期和 20 世纪早期哲学家所关心的问题，这些哲学家逐渐认识到在实际上牛顿物理学可能并不是正确的，而且更重要的是，归纳主义可能没有前途"。③ 经济学实证方法按照逻辑实证主义的要求开始关注经济学的性质和意义问题，罗宾斯对经济学方法论的研究就是在这一背景下展开的，他要用一整套逻辑实证主义的方法和语言对经济学加以重述。在老实证主义的基础上，经济学方法更注重逻辑的作用，其中数理经济学的数量化倾向获得巨大的发展空间，数理经济学给演绎方法注入了严密的逻辑，而计量经济学则为经验的验证提供了科学方法。在逻辑实证主义的影响下，经济学方法逐步走向定型化，一整套逻辑严密的实证方法逐步成为经济学研究的公认的科学方法。

四　经济学方法对证伪主义的随附

继逻辑实证主义之后，波普尔的证伪主义成为科学方法论的新宠，经济学也紧步其后尘，在实证方法中及时掺进证伪主义成分。

波普尔的证伪主义是在对逻辑实证主义的反思中形成的。逻辑实证主义对有关科学的划界问题，即什么是"科学"和"非科学"问题，有一个被广泛认可的观点：科学是建立在经验基础上的，通过观察和实验在归纳法的帮助下形成普遍的规律。从方法论角度看，这个公认观点的一个关键点是，从特定的实例归纳出普遍规律必须有一个从现实到虚妄结论的过渡，而这个公认的观点却始终没有解释清楚归纳法是如何过渡的。这是一个自休谟时代开始就困扰哲学家的问题，即归纳问题。说明归纳问题的一个经典的例子是，"不管观察到多少只白天鹅都不允许做出所有天鹅都是白的的结论，但观察到一只黑天鹅就足以驳倒所有天鹅都

---

① 〔英〕克里斯托弗·雷：《逻辑实证主义》，转自〔英〕W. H. 牛顿－史密斯《科学哲学指南》，程素梅、殷杰译，上海科技教育出版社，2006，第 296 页。

② 〔英〕马克·布劳格：《经济学方法论》，马清槐译，商务印书馆，1992，第 14～15 页注。

③ 〔加拿大〕劳伦斯·博兰德：《经济学方法论基础》，马春文、肖前进、张秋红译，长春出版社，2008，第 15 页。

是白的的结论"。① 在对归纳问题反思的基础上，波普尔提出了自己有关科学划界的见解，认为一个理论假设是科学的，不在于它是不是从现实经验中归纳出来的，能被证实的问题并不重要，关键是能被证伪。一个理论假设有机会被证伪，那就是科学的，而那些包含有对立命题的陈述，永远不能被证伪，所以就不是科学的。波普尔在他的《科学发现的逻辑》中，依据可证伪性制定了若干方法论原则以作为科学和非科学的划界标准。波普尔认为，一个理论的预测非常重要，它为理论的证伪提供了可能。不存在永恒的真理性理论，一切理论都是具有暂时性的理论，它通过不断地接受证伪而提高自己真理的逼真度，而一切具体的真理，都包含在那些尚未被证伪的理论当中。

证伪主义的兴起可谓科学技术方法论领域的一场革命，经济学即刻做出了反应。"20 世纪有关科学方法的思想进化对经济学有显著影响。实证经济学的目标被认为是对可以被检验或被驳倒的以经验为依据的假设的系统表述。那种认为可以导出假设的前提是关于人类本性的不需验证的真理观点，已不再为人们所接受"。② 哈奇森率先把经济学方法论扭向了波普尔的证伪主义，1938 年他撰写《经济学理论的意义和基本前提》一书，攻击罗宾斯和米塞斯的正统经济学，对经济学前提源自先验和内省的观点提出批判，继而宣扬波普尔的证伪主义。哈奇森认为，科学的经济学的陈述，应该是能够被经验加以检验的陈述，要么被证实，要么被证伪。

经济学方法论开始转向证伪主义，布劳格描述了这一转向，认为过去一种公认的观点是，科学哲学"仿佛把经典物理学当作典型科学，认为其他一切学科想要证明自己有资格获得'科学'头衔，就必须遵照经典物理学的先例办理"。然而时过境迁，"这样来描述科学哲学的特征，虽然反映出两次世界大战之间逻辑实证主义在鼎盛时期的特点，现在却有点陈旧了"。因为"不提别的，光是波普尔、波拉尼、汉森、图尔明、库恩、拉卡托斯和费耶拉本德这几个重要人物的著作就已基本上摧毁了这个公认的观点"。③

① 〔英〕马克·布劳格：《经济学方法论》，马清槐译，商务印书馆，1992，第 16 页注。
② 转自〔英〕约翰·伊特维尔、默里·米尔盖特、彼得·纽曼《新帕尔格雷夫经济学大辞典》（第 3 卷），经济科学出版社，1996，第 985 页。
③ 〔英〕马克·布劳格：《经济学方法论》，马清槐译，商务印书馆，1992，第 5 页。

　　弗里德曼的《实证经济学方法论》是经济学方法论追随证伪主义的经典之作。弗里德曼的假设不相关性，是证伪主义在经济学方法论领域的翻版，这主要体现在三个方面：第一，对归纳问题的态度。弗里德曼认为："实际证据永远也不可能检验某一假说的正确性，它只能通过无法将该假说驳倒来显示该假说的正确性。当我们说到某一假说已经在实践中得到了确认时（并不十分准确），我们通常所指的就是这个意思。"① 其实这个意思非常明白，这是对证伪主义彻底回避归纳问题的明确响应，因为归纳不可靠，所以假设可以与事实不相关。第二，理论假设的证伪主义模仿。既然理论假设可以不与事实相关，那么假设从何而来，弗里德曼的观点是，假设可以猜想。这实质上是波普尔的猜想与反驳逻辑在经济学方法论领域的延伸。第三，强点预测的重要性。这与证伪主义所强调的是完全相同的，理论的预测之所以重要，是因为它是与未来的事实进行比较继而证伪理论的关键因素。弗里德曼的实证经济学方法论的合理性姑且不论，有一点是非常明确的，即经济学的方法论已经不处于逻辑实证主义时代了，而处于要以新的标准——证伪主义来衡量的时代。

　　纵观经济学实证方法的发展史，有一个清晰的特征，就是逐步靠近并最终依附于自然科学方法，或者依附于自然科学方法的抽象形态——科技哲学，亦步亦趋地跟着自然科学走。方法上的随附性，使经济学获得了不少好处，推动它在社会科学中显得最像科学，也催生了经济学家自信与傲慢的良好自我感觉。然而，经济学实证方法的随附性是建立在方法论一元论基础之上的，经济学家所信奉的这种方法论一元论观点其实并不可靠。"物理学的巨大成就有力地支持了相信只有一种正确科学方法的观点。只要存在这样一种正确的方法，即如果不折不扣地按该方法从事研究，便会为我们带来完美的理论，那么，人们都会同意在进行经济分析时遵循这种方法是明智的。然而，以为有如此完美的方法，这只是一种不切实际的幻想"。② 正如经济学家所信奉的那样，有收益就有成本，依附于自然科学方法给经济学带来了某些收益，而它的成本也逐步显现出来——经济学实证方法和经济学理论都陷入了某些困境当中。

---

　　① 〔美〕弗里德曼：《弗里德曼文萃》，北京经济学院出版社，2001，第197页。
　　② 〔加拿大〕劳伦斯·博兰：《方法论》，转自〔英〕约翰·伊特维尔、默里·米尔盖特、彼得·纽曼《新帕尔格雷夫经济学大辞典》（第3卷），经济科学出版社，1996，第489页。

第三节 经济学实证方法的随附性困境

一 见物不见人的经济学困境

当代西方主流经济学的最大困境莫过于把自己局限在了一个只见物不见人的研究范围之内，经济学变成主要研究物与物的关系以及人与物的关系的经济学，"将社会经济活动的一般物质性，当成了它的唯一属性"。[①] 这是经济学实证方法依附自然科学方法的必然结果。研究方法是与研究对象相适应的，依附于自然科学，就要按照自然科学方法的要求，把研究对象进行非人化处理，把人当作自然科学视阈中无意识的物来对待。"我们时代普遍接受的认识论学说并不承认，自然科学研究的事件领域和作为经济学与历史学研究对象的人类行动领域之间存在基本差别。人们充满了一些关于'统一科学'的混乱思想，这就是必须根据牛顿物理学研究质量与运动时所依据的方法来研究人类行为。根据这种所谓的研究人类问题的'实证'方法，他们计划建立'社会工程'，这种新技术可以使未来有计划社会的'经济沙皇'能以一种工程师利用技术处理无生命的物质的方式来处理活生生的人。这些学说完全歪曲了人类行动科学的每一个方面"。[②]

经济学实证方法是和规范方法一并提出的，拒绝规范，就是拒绝价值判断。而价值判断是人类所独有的根本特征，虽然不能说价值判断就代表了人类自身，但剥离了价值判断，就意味着经济学方法要尽可能地避开人的因素，从经济学实证方法提出的那一刻起，这一方法就决意要把人的因素剥离出去。这看似科学，实则是方法论的一个歧途，"令人可惜的是，经济学，还有像历史学、社会学等人文社会科学学科，不自重地向自然科学方法投降和靠拢，就像堂吉·诃德与大风车搏斗一样地从自己的领域中驱逐价值立场，极力表白自己是像自然科学一样的科学，起码，这是可望可及的奋斗理想"。[③] 为了剥离价值判断，经济学实证方法把与价值判断相

① 樊纲：《现代三大经济理论体系的比较研究与综合》，上海三联书店、上海人民出版社，1994，第 143 页。

② 〔奥〕路德维希·冯·米塞斯：《经济学的认识论问题》（英文版序言），梁小民译，左大培校，经济科学出版社，2001，第 1 页。

③ 宫敬才：《西方主流经济学中的价值立场观》，《河北学刊》2007 年第 4 期。

关的领域比如经济伦理学，也一并剥离出去，造成经济学人文关怀维度严重缺失的"贫困化现象"。① 经济学实证方法的自然科学随附性，导致经济学自然科学化，变成只见物不见人的经济学了。

模仿自然科学方法，西方主流经济学把自己局限在了一个只见物不见人的研究范围之内，这是经济学实证方法拜物教性质的具体表现。需要指出的是，这种方法上的自然科学形式，为西方主流经济学无视人的存在而专心致志于物的研究，又提供了方便和信心。

二　依附主体的选择困境

面对十分丰富的现代科学方法及其思想，选择哪个科学方法来依附，或者选择哪家科学哲学流派来依附，越来越令经济学家一筹莫展了。早期的经济学对依附主体的选择没有这么麻烦，大方向是自然科学，在自然科学当中，物理学成就最出众，把物理学当作方法的依附主体是一件简单明了的事情。然而，到了 20 世纪，一向被经济学奉为神明的传统物理学丧失了已有的权威地位，自然科学的思想和方法猛然间喷薄而出，与以往物理学一枝独秀相比，现在可谓群星璀璨，化学、生物学等学科成为自然科学的新宠，大大丰富了自然科学的研究方法。科学方法论也是流派纷呈，逻辑实证主义、证伪主义、范式理论、研究纲领等已经把经济学家弄得眼花缭乱。这可以从经济学家对实证方法界定的犹豫中体现出来，如哈奇森，虽然他是第一个把证伪主义引进经济学的经济学家，也是依据证伪主义的观点对传统经济学方法论进行激烈批评的经济学家，但是他的观点却是逻辑实证主义和证伪主义的混合物。他在《经济学理论的意义和基本前提》中的基本观点是，经济学的意义要么被经验证实，要么被证伪。他把基本对立的证实原则和证伪主义掺杂在了一起，反映出他既不敢轻易放弃经济学方法依附的老主体，又不敢得罪新主体的畏缩心态。

如果哈奇森是一个方法论上的骑墙派，那么弗里德曼的实证经济学方法论就是一个杂货铺了。弗里德曼的实证经济学方法论的突出特点是，具有浓厚的证伪主义色彩，但里面也有很多其他的成分，劳伦斯·博兰德就认为："弗里德曼处理'实证科学'问题的方法是将问题的领域限于只适用实际政策科学的领域。限制任何方法或技术的应用领域是相当明显的工

---

① 〔印度〕阿马蒂亚·森：《伦理学与经济学》，王宇、王文玉译，商务印书馆，第 13 页。

具主义手段。"① 其实,弗里德曼的实证经济学方法论并不仅仅局限于证伪主义和工具主义,"在'实证经济学方法论'中,我们找不出弗里德曼究竟是一个什么主义者的答案……弗里德曼 1953 年的论文并没有钟情于某个科学哲学的观点,恰恰相反,这篇文章描述了太多的方法论学说,因此不能抓住单个的学说不放。实际上的情况正如梅基所言,这篇文章缺乏一贯性而充满模棱两可"。② 到底依附于哪家哪派,选择本身成为问题,畏首畏尾的最终结果是谁也不敢得罪,明哲保身的最好办法是把它们都摆在货架上,弗里德曼的方法论杂货铺,深刻反映出经济学方法在依附主体选择上无所适从的困境。

三 论证过程的困境

依附于自然科学方法,导致经济学论证过程日益僵化、苍白与贫困。依附主体的选择性困境,使得对自然科学方法以及科技哲学进行了上百年追随和模仿的经济学实证方法放慢了脚步,已有的研究模式开始走向封闭和固化,自此经济学实证方法的研究理路和研究步骤越来越程式化和僵化了。这套僵化的研究模式是理性—个人主义—均衡的扭结,其基本的分析框架是"在给定约束条件下,研究理性经济人如何选择最优化的均衡结果"。③ 从学术研究的思想、观点、方法、数据等基本维度看,这套模式有三个维度基本上是固化的:思想是新古典经济学的思想,观点是理性经济人的观点,方法是这套僵化的方法,而只有数据可以是新数据。僵化的论证过程排斥着新思想、新观点和新方法,这套八股化的经济学实证方法越来越苍白和贫困了。

这套实证方法最明显的特征是越来越依赖于数学方法。理论的建构依赖于数理经济学的数理方法,而经验的检验依赖于计量经济学的统计方法。然而高深的数学方法除了让经济学实证方法看起像科学以外,依然难以掩饰它论证过程的贫困与苍白。"只有可计算的数据才是重要的——这种迷信在经济领域造成的实际危害的事例可能为数不多,但目前的通货膨

---

① 〔加拿大〕劳伦斯·博兰德:《经济学方法论基础》,马春文、肖前进、张秋红译,长春出版社,2008,第 194~195 页。

② 李和平:《弗里德曼论点及其争论研究》,中国经济出版社,2005,第 226 页。

③ 徐尚:《西方主流经济学的基本分析框架及其主要缺陷》,《西方经济学评论》2009 年卷第 1 辑,第 231~241 页。

胀和就业问题却是十分严重的一例。它所造成的后果是，经济学家中有着
科学头脑的大多数人，对很可能是造成广泛失业的真正原因漠不关心，因
为它的作用无法用可以直接观察到的可计量数据之间的关系加以证实，他
们把绝大部分注意力都用在可以计算的表面现象上，由此产生的政策使事
情变得更糟"。① 论证过程的困境，使得经济学越来越脱离现实而变成自说
自话的理论了。

　　更为糟糕的是，这套僵化的实证方法使主流经济学研究逐步蜕变成一
种理论自慰的游戏。劳伦斯·博兰德发现了这一点，"现在可以这样说，
如果通常发表的实证的新古典文章，如本章开头提到的那些，被认为是对
'科学知识'有贡献的论文，那么只能是这样一种情况，即这些实证经济
学的隐蔽目标是对新古典经济学的长期证实。具体地说，新古典经济学对
'真实世界'问题的实用性提供证实的每一篇文章，都必须被看作对新古
典理论真实性的最终归纳证明的又一实证贡献。我做出这样结论的原因仅
在于，在逻辑上由新古典理论对于'真实世界'现象的典型应用可能完成
的一切都是一种证明，即可能将至少一个新古典模型与可获得的数据相拟
合"。②

　　依附于自然科学方法的经济学实证方法陷入重重困境，而经济学家依
然固执地钟情于现有的实证方法体系。托马斯·库恩的一段话可以概括经
济学家的这一表现，"科学家对危机的存在是怎样反应的呢？这个问题的
部分明显而又重要的答案是：首先应从注意科学家在面临甚至是严重的和
长期的反常情况下从不肯做的事情中去发现。虽然他们可能开始失去信
心，然后考虑别的选择方案，但他们决不会抛弃已导致他们陷入危机的范
式"。③ 经济学家好像并没有对现有的经济学实证方法失去信心，依然冥顽
不化地跟着自然科学方法或科技哲学走下去，20 世纪后期著名的经济学方
法论家马克·布劳格就是一个典型，麦克洛斯基对布劳格继弗里德曼许多
年之后仍然依附于波普尔证伪主义的方法论进行了嘲讽，认为他"是直接

① 〔英〕弗里德里希·冯·哈耶克：《经济、科学与政治》，冯克利译，江苏人民出版社，
　2003，第 465 页。
② 〔加拿大〕劳伦斯·博兰德：《经济学方法论基础》，马春文、肖前进、张秋红译，长春出
　版社，2008，第 210 页。
③ 〔美〕托马斯·库恩：《科学革命的结构》，金吾伦、胡新和译，北京大学出版社，2003，
　第 71 页。

从哲学中拿来的经济学家说话的方式",其观点"听起来富丽堂皇,但是,爱因斯坦的上帝正在捧腹大笑"。①

经济学并不拒斥自然科学,相反,还应当积极主动地吸收自然科学的优秀成果,马克思就是一个光辉的典范。马克思主义经济学就吸收了当时的细胞学说、达尔文进化论、能量转换与守恒定律等优秀的自然科学思想。然而,吸收与依附是完全不同的两个概念,西方主流经济学实证方法的问题就表现在完全依附于自然科学方法之上,犹如大鲨鱼身边紧跟着的小寄生鱼一样,亦步亦趋地跟着自然科学方法走下去。依附于自然科学方法,使得西方主流经济学获得方法上的科学光环效应以及模仿与应用的便利性的同时,丧失了一个学科研究应有的独立性和自主性,最终陷入一种随附性的困境,主流经济学早就应该对自己的实证方法进行反思了。

本章小结

经济学实证方法可以上溯到斯密的现象描述法和"休谟的铡刀",这一方法相继经历了孕育、形成和发展三个阶段。经济学实证方法始终依附于自然科学方法和科技哲学,后者主导了经济学实证方法的整个嬗变过程。依附于自然科学和科技哲学,使得经济学实证方法陷入依附主体的选择困难、分析模式的固化、论证的苍白等困境之中,其中最大的困境就是把经济学的研究完全局限在了一个物的世界。

---

① 转自李和平《弗里德曼论点及其争论研究》,中国经济出版社,2005,第88~89页。

第二篇
西方主流经济学实证方法的经验
基础及其拜物教性质

本篇是本书的核心部分之一。西方主流经济学实证方法的含义在导论中已经做出阐述，对其拜物教性质及其经验基础的探讨，还有必要做出进一步的细化，本书就此把西方主流经济学实证方法做了一个基本的分类。

经过长时间的历史积淀，尤其是自西尼尔—穆勒—凯尔恩斯科学传统确立以来，经济学实证方法已经发展成为一个庞大的体系，本书的研究难以面面俱到，但可以对这一方法的重点内容做出概括并加以研究。总括起来说，经济学实证方法可以概括为孤立化研究和数量化研究两个方面，本书也就在孤立化和数量化这两个方面展开研究。

1. 把经济学实证方法具体化为孤立化研究，是基于以下原因考虑的。

第一，孤立化本身就是主流经济学方法的事实。从斯密开始就孤立化了，对此马克思批评他们说"被斯密和李嘉图当作出发点的单个的孤立的猎人和渔夫，是一种十八世纪鲁滨逊式的故事的毫无想象力的虚构……这是错觉，只是大大小小的鲁滨逊式故事的美学的错觉"。[1] 以鲁滨逊为起点进行经济学研究，成为自斯密以来西方经济学的一个孤立化方法的传统，到了奥地利学派哈耶克这里，发展成为方法论个人主义。

第二，孤立化是经济学方法论个人主义的高度浓缩，它能从操作层面反映出实证方法深刻的个人主义思想内涵。方法论个体主义是西方经济学的一个分析传统，自亚当·斯密以来，孤立的个人或者居住在荒岛上的鲁滨逊始终是西方经济学研究的出发点。"在方法论上遵循个体主义，即从孤立的个人出发来解释一切经济现象，是以亚当·斯密为代表的古典自由主义开创的西方经济学的传统，是与资本主义市场经济相适应的意识形态"。[2] 主流经济学孤立化的研究传统，使得个体主义分析在方法上成为区分主流和非主流经济学的主要标志，"接受个体主义或个人主义的分析方法，是西方经济学区别主流与非主流的界限"。[3] 把西方主流经济学实证方

①　马克思：《导言》，《马克思恩格斯全集》（第12卷），人民出版社，1965，733页。

②　张宇、孟捷、芦获：《高级政治经济学》，经济科学出版社，2002，第33页。

③　张宇、孟捷、芦获：《高级政治经济学》，经济科学出版社，2002，第118页。

法具体化为孤立化方法，能够高度概括实证方法所体现出来的精神实质。

第三，资本主义市场自由主义的高度概括。自由主义是资本主义市场的灵魂。虽然资本主义市场存在着不同程度的垄断，但是自由主义始终是它的灵魂，倡导和主张市场自由是资产阶级和资产阶级经济学始终不渝的主张。市场自由主义的方法论含义在于对市场个体的高度尊重。孤立化地研究问题是资本主义市场自由主义在方法论领域的必然反映。

第四，孤立化是经济学实证方法经验主义的高度浓缩。孤立化地进行生产是资产阶级从诞生以来就具有的经验，它是由资本主义生产的具体劳动表现为分散化的私人劳动所决定的，这必然会在作为经验之学的西方经济学研究方法上得到反映。

第五，孤立化是经济学实证方法走向科学分析的技术性前提，能反映出整个经济学研究的逻辑实证主义、还原论等哲学思想，本书也将对此做出研究。

2. 把经济学实证方法概括为数量化方法的主要依据有以下方面。

第一，数学化是主流经济学实证方法最显著的特征。数学化体现了自西尼尔—穆勒—凯尔恩斯科学传统形成以来西方经济学方法的主流发展趋势。

第二，数学化最能从方法上体现资产阶级的历史经验。这是本书将要深入研究的内容。

第三，数学化是资本现实运作和扩张活动在经济学方法论上的技术表现。

第四，数量化最能反映出经济学方法论的拜物教性质。

所以本篇，包括第四章和第五章，就从孤立化和数量化两个方面对经济学实证方法展开论述。为了研究上的便利，本书将对孤立化和数量化分别进行论述。孤立化和数量化作为西方主流经济学实证方法的两个方面，又往往是胶合在一起的，有的数量方法本身就是为了完成孤立化目的而存在的，因而下一篇，也就是第六、第七章将做出进一步研究。

第四章　经济学孤立化研究的拜物教
　　　性质及其经验基础

自亚当·斯密以来，西方经济学研究经济问题，一向从孤立的个人出发，往往把荒岛上的鲁滨逊当作研究的起点。因而鲁滨逊就具有了重大的方法论意义，在他身上集中了资产阶级经济学孤立化研究方法的全部意义。本章就以鲁滨逊为线索，对西方主流经济学孤立化研究的方法论个人主义、还原论、逻辑实证主义含义，以及它的经验基础做出探索，并在此基础上证明孤立化研究方法的拜物教性质。

第一节　经济学孤立化研究的内涵

一　经济学家鲁滨逊情结的孤立化方法意义

鲁滨逊·克鲁索本来是一个虚构的文学人物，是 18 世纪英国著名的探险小说《鲁滨逊漂流记》中的主人公，而他在经济学领域的影响力并不亚于在文学领域的影响力。西方经济学家对鲁滨逊一向情有独钟，"从鲁滨逊式的孤立的个人出发是资产阶级经济学的传统"，[①] 经济学说史上许多著名的经济学家都垂青于鲁滨逊，把他当作经济学研究的理论始点。奥地利学派创始人门格尔强调，对社会经济的研究应当从最简单的分析单位开始，鲁滨逊就成为理想的分析单位，"我们从最简单的情况开始。假如有一个离群索居的经济人，他住在岩石嵯峨的一个孤岛上"。[②] 庞巴维克认为，鲁滨逊身上体现了经济过程的最一般原理，"如果目的只在于明确说明最简单的一般原理——提出一个经济过程的原型——那么鲁滨逊的这个

---

① 张宇、孟捷、芦获：《高级政治经济学》，经济科学出版社，2002，第 118 页。
② 〔奥〕卡尔·门格尔：《国民经济学原理》，刘絜敖译，上海人民出版社，2001，第 87 页。

例子以及原始情况的描述是最好的，——在这个程度上我相信我们的鲁滨逊也已尽了他的一份力量"。① 杰文斯研究效用问题时，说"鲁滨逊虽不能与任何他人交换，但仍以种种的估价，种种的求多得的欲望，看待他各种所有物"。② 弗里德曼研究纯粹的市场经济也离不开鲁滨逊，"在'纯粹'的市场经济中，个人之间的合作完全是通过自愿交换实现的。在其最简单的形式中，这种经济是由大量单个的家庭所组成的——如同若干鲁滨逊·克鲁索的集合"。③ 罗宾斯在探索经济学的性质和意义时，也重视对鲁滨逊的考察，认为"孤立个人的活动与交换经济的活动一样，要受我们考察的那些条件的限制。但从独立个人的观点来看，经济分析是不必要的，无须分析和思考经济问题。考察鲁滨逊的行为非常有助于做更深入的研究"。④ 西方经济学家以鲁滨逊为始点研究经济问题的例子不胜枚举，马克思早就发现了经济学家的这种鲁滨逊情结，曾经不无调侃地说，"既然政治经济学喜欢鲁滨逊的故事，那么就先来看看孤岛上的鲁滨逊吧"。⑤

从方法论的角度观察，西方经济学家的鲁滨逊情结具有深刻的含义，它是西方经济学研究经济问题的经典思路的反映。值得一提的是，随着西方主流经济学在我国学界影响力的不断扩大，中国的某些经济学人也逐渐对鲁滨逊产生了好感，也常把鲁滨逊拿来当经典案例。在方法论上，西方经济学家的鲁滨逊情结正是孤立化方法的集中体现。

鲁滨逊在经济学方法论上仅仅是一个符号而已，他是西方主流经济学孤立化研究方法的集中体现。西方主流经济学总是孤立化地研究问题，把孤立的个人当作最可靠的分析单位，鲁滨逊就成为经济学家眼里的经典代表。这种方法早在亚当·斯密那里就已经显现出来了，"斯密在理解利益问题时把个人利益置于比社会利益更为优先的地位，用个人利益来解释社会全体利益"。⑥ 斯密之后，孤立化地研究经济问题便成为资产阶级经济学的一个传统方法。这种方法是对科学理论中还原方法的移植，是还原论在经济学领域的具体运用，体现了西方经济学方法的还原论以及个体主义性质。

---

① 〔奥〕庞巴维克：《资本实证论》，陈端译，商务印书馆，1997，第131页。
② 〔英〕斯坦利·杰文斯：《政治经济学理论》，郭大力译，商务印书馆，1984，第78页。
③ 〔美〕米尔顿·弗里德曼：《价格理论》，蔡继明、苏俊霞译，华夏出版社，2011，第5页。
④ 〔英〕莱昂内尔·罗宾斯：《经济科学的性质和意义》，朱泱译，商务印书馆，2000，第21页。
⑤ 马克思：《资本论》（第1卷），人民出版社，1975，第93页。
⑥ 余章宝：《西方经济学理论的经验论哲学基础》，《哲学研究》2007年第4期。

二　经济学孤立化方法的还原论含义

经济学孤立化的研究方法与还原论紧密相关，而还原论源自科学的还原法。还原法是近代以来科学研究中广泛运用的方法，它是把复杂的研究对象进行逐步分解，把高层次的总体分解为低层次的部分，进而对低层次的或简单的部分加以研究，通过对简单组成部分的认识以达到对总体进行把握的目的。还原方法在经典物理、化学、生物等领域的研究过程中发挥了巨大作用，并取得公认的成就。运用这一方法把理论还原成命题，再把命题还原成概念，继而用概念去说明其他概念，[①] 成为科学理论中的一个基本理路。

还原论是在还原法的基础上形成的一种哲学思想，该理论认为这个世界在本质上是可以还原的，面对复杂世界，可以通过还原的方法一步步把世界还原成可以把握的组成部分，继而对复杂世界获得真正的认识。还原论在探讨各学科关系方面同样充满自信，认为各学科与现实世界各个组成部分一样，也可以达到完美统一的解释。还原论是逻辑实证主义者的基本信念，"在科学哲学史上，能完全把科学真理分解成直接的经验报告的逻辑实证主义论题，就是一个具有重要意义的还原论论题"。[②] 还原法和还原论是两个不同的概念，还原法是科学研究常用的方法，也是被证实的一种在具体条件下的有效方法。而作为一种哲学思想的还原论，则存在一定的争议，它的有关各学科之间具有统一性的观点，常被认为是自然科学方法向社会科学越界的表现。[③]

在还原论的影响下，经济学把经济现象还原为简单孤立的个体人，把孤立的个体人——通常以鲁滨逊为代表，作为理论演进的起点，对经济学还原论的系统论述最早可以追溯到奥地利学派创始人门格尔。

门格尔认为，经济学有两种相互补充的研究取向，一种是实在的、经验的取向，另一种是精确的取向。虽然实在的、经验的研究取向具有很多优势，但由于归纳问题，即归纳法始终没有解决从有限研究对象的共同属性过渡到一般结论的逻辑问题，这种研究取向仍然不适合得出有关现象的

---

① 周维刚：《论还原方法与还原论》，《系统辩证学学报》2005 年第 1 期。

② 约翰·杜普斯：《还原论》，转自〔英〕W. H. 牛顿 - 史密斯《科学哲学指南》（上），程素梅、殷杰译，上海科学教育出版社，2006，第 485 页。

③ 宫敬才：《西方主流经济学中的价值立场观》，《河北学刊》2007 年第 4 期。

严格规律。① 有一种精确的研究取向的研究方法，可以弥补上述不足，借助这种方法，就可以达到获得绝对性规律认识的目标，门格尔把它称为一般的精确研究取向——"自然规律"取向，这种方法就是还原法。精确的研究方法与自培根以来经验主义归纳法的不同之处在于，"它努力辨析出现实的每种东西最简单的构成因素，这些因素之所以被认为是最严格的典型，就是因为它们是最简单的"。② 由于这种因素是最简单的，没有过多的相关性联系，没有其他因素的干扰，所以在研究对象上是最严格典型的。对于这种最严格典型的对象加以研究，其结论自然是最可靠的。其实，门格尔的精准方法与培根的经验总结法并不矛盾，门格尔与培根方法的根本差异在于，门格尔并没有否认经验的作用，只是认为培根的经验总结法还不够精准，对培根的一般经验总结法在如何获得精准的经验的方式没有给予确定回答方面给予了一种补充，门格尔的还原法在后来逻辑实证主义的影响下，又回到经验，只不过这里的经验已经不同于培根的一般性经验，而是个人的经验。也就是说，在门格尔和逻辑实证主义的共同努力下，培根的经验论进一步发展成个人的经验论。

门格尔认为，对构成事物最简单因素的研究，不仅适用于对现象本身的揭示，而且还适用于对现象规律的解释，而这同样需要一步步进行还原，最终把现象之间的关系还原成最简单构成要素之间的关系，对这种关系进行考察就能够达到对现象规律的认识。"精确科学不去考察实在的现象相续、并存之类的规律性。相反，它会考察较为复杂的现象是如何从现实世界中最为简单的、在一定程度上甚至是非经验（unempirical）因素中发育出来的，这种因素处于孤立状态，不受任何其他因素的影响（这同样是非经验的），并且是可以始终进行精确（也是理想的）测量的……通过这种方法，精确科学获得了精确规律，即有关现象的所谓'自然规律'"。③ 既然还原论是所有精确科学研究应当运用的方法，那么经济学的精确研究也就不例外，门格尔把经济现象进行了还原，把现实中的人还原成孤立的个体，鲁滨逊就成为门格尔最典型的研究对象；围绕鲁滨逊展开的各种关系的研究，就成为研究自然的经济规律的出发点。

作为奥地利学派的创始人，门格尔在方法上为后继者树立了典范，继

① 〔奥〕卡尔·门格尔：《经济学方法论探究》，姚中秋译，新星出版社，2007，第40页。
② 〔奥〕卡尔·门格尔：《经济学方法论探究》，姚中秋译，新星出版社，2007，第42页。
③ 〔奥〕卡尔·门格尔：《经济学方法论探究》，姚中秋译，新星出版社，2007，第43页。

门格尔之后，奥地利学派弟子都用鲁滨逊作为理论演进的始点，"门格尔从孤立的双人交换开始论述价格形成问题。庞巴维克也采取同样的方法。维塞尔用'抽象性递减'（decreasing abstrction）的程序，从鲁滨逊·克鲁索（Robinson Crusoe）式的经济过渡到某种复杂的货币经济"。① 鲁滨逊不仅成为奥地利学派最理想的研究对象，也成为包括新古典经济学在内的整个西方经济学研究的理论起点。

三　鲁滨逊的方法论个体主义体现

鲁滨逊是经济学方法论的一个标志，他表明经济学的研究是围绕单个的人展开的，孤立化地研究问题成为西方经济学方法论的一个共同原则。西方经济学所展示出来的是两种不同的孤立化方法论形态：新古典经济学的方法论原子主义和奥地利学派发展出来的哈耶克方法论个人主义，两种孤立化方法论形态有差异，而它们对鲁滨逊却没有争议，都把他当作自己的方法论代言人。就是说，不管西方经济学内部方法论差异有多大，在鲁滨逊身上都能够得到统一，鲁滨逊似乎有很大的方法论魅力。

鲁滨逊的魅力反映了西方经济学方法论的共同性，即方法论个体主义。新古典经济学的方法论原子主义和哈耶克方法论个人主义，都可以归结为方法论个体主义。方法论个体主义不是一种单一的方法论，而是一种具有很大包容性的研究纲领，它的核心观点是，"社会集体的现象必须根据或落脚于个体的解释而得到解释——是基本的、稳定的，贯穿于该方法论的各个方面"。② 方法论个体主义的包容性就在于它只是强调了社会现象从集体到个体的解释方向，至于实现这一方向的具体方式则可以是多样的。

新古典经济学方法论原子主义完全符合这一方向，它是把社会现象落脚到个人，把个人当作社会经济的无差异的原子来看待，注重对所有个体人共同性方面的研究，把所有单个的人看成同质的人，把人的共同性抽象出来并把它规定为人的本质，再把这一抽象本质作为经济分析的基础。新古典经济学对人的假定是原子化的，都是理性经济人，他们具有共同的气质和偏好，任何一个人都是无差异的快乐痛苦计算器，就像自然科学中构

---

① 劳伦斯·H. 怀特：《奥地利学派经济学的方法论》，转自卡尔·门格尔《经济学方法论探究》，姚中秋译，新星出版社，2007，第305页。

② 段培君：《方法论个体主义与分析传统》，《自然辩证法通讯》2006年第6期。

成物质的无差异的原子一样。在新古典经济学那里，作为假定条件而存在的和所有其他人都一样的每一个人，不是作为研究的对象和分析过程中的某个因素而存在，只是作为研究开始之前的一个既定的前提条件而存在。

哈耶克的方法论个人主义同样符合从集体到个体的解释方向，与新古典经济学不同的是，他强调的是"个体行动"只是在意义的序列上优先于社会，在本体论或经验上并不先于社会而存在，并在此基础上"试图经由个人间心智和行动互动的'类推'认识而使社会秩序得到人们的认识和理解"。① 哈耶克的方法论个人主义把个人的心智和行为互动等因素植入个人的内容中，方向从个体转向社会的秩序，这与方法论原子主义显然是不同的。

尽管上述方法论在对于个体的态度上存在差异，但完全符合方法论个体主义方向，即从集体到个体的方向，都属于方法论个体主义的研究纲领，它们的差异反映出来的仅仅是方法论个体主义的包容性。对二者统一性的进一步考察，依然要追溯到门格尔那里。

门格尔的方法论属于典型的方法论个体主义。虽然门格尔的方法论与新古典经济学的方法论原子主义十分相近，针对德国历史学派的指责，门格尔在《经济学方法论探究》一书中，还专门开辟一章为"原子论"辩护，认为这种指责是一种最轻浮的方式。② 门格尔反驳德国历史学派对奥地利学派"原子论"的指责，意在强调社会现象的解释应当趋向于个体的方向，即把复杂的经济现象还原成个人的经济活动或者简单的构成要素，是科学研究必要的转换。而恰恰就是在这些辩护中，门格尔反而澄清了他的个体主义与古典经济学方法论原子论的差异。

门格尔强调经济研究必须立足于经济现象简单的构成要素，而对于作为研究对象的这些简单要素究竟是怎样的却没有做进一步的规定。门格尔认为，"国民经济是该国无数个人的经济活动的全部结果……不管是谁，如果他想从理论上理解'国民经济'现象，理解我们习惯于用那个词所指称的那些复杂的人类现象，就必须将这些现象追溯至其真正的元素，追溯至该国单个的经济活动中，探究从这些单个活动中形成国民经济现象的规

---

① 邓正来：《哈耶克方法论个人主义的研究》，转自〔英〕F. A. 冯·哈耶克《个人主义与经济秩序》，三联书店，2003，第32页。
② 〔奥〕卡尔·门格尔：《经济学方法论探究》，姚中秋译，新星出版社，2007，第43页。

律"。① 门格尔对个体的强调，把重心放在了单个人的经济活动上，而对于
单个人的经济活动是什么，门格尔并没有急于给予固定的假定或抽象。把
研究的最基本单位规定为单个人的经济活动，虽然每个人的经济活动都按
照门格尔强调的"自利"的教条进行，② 但经济活动本身具有一定的复杂
性和多变性。把复杂性和多变性的个体经济活动，而不是把单个人的某个
固定性作为研究对象，这无疑为个体人的差异性留有余地。这种研究对象
的差异性余地，是门格尔方法论个体主义与新古典经济学原子主义最大的
区别。与新古典经济学把人理解为同质的经济人不同，在门格尔这里，将
研究对象是同质的还是异质的问题呈现出来是一种或然性的解读，是同质
的或是异质的问题，不是问题的关键，关键在于社会现象的解释必须符合
从集体到个体的方向。

门格尔把单个人的经济活动，而不是单个人作为研究的对象，为后来
奥地利学派经济学方法论的发展打开了广阔的空间，即门格尔的方法论个
体主义为后来的经济学方法论提供了一个包容性的研究纲领。在门格尔方
法论个体主义基础上，维塞尔和庞巴维克的方法论向新古典经济学靠拢，
"发展了门格尔思想中近似于新古典经济学的部分"，而米塞斯和哈耶克的
方法论则逐步走向了"真个人主义"，即"一种以个体'互动—关系'为
基本内涵的方法论个人主义"。③ 从把经济学研究对象界定为个人的经济活
动，到个体的"互动—关系"，是门格尔方法论个体主义和哈耶克方法论
个人主义的主要区别，这种区别仅是程度的区别，后者是在前者的基础上
发展而来的。

如果把新古典的方法论原子主义和哈耶克的方法论个人主义回溯到门格
尔的方法论，二者的统一性就显现出来了，它们的共同点表现在：（1）在本
体论上的信念是相同的，都相信一些不可再分的要素是构成世界的基本单
位。在社会研究方面，认为个人是构成社会的基本单位。（2）都运用还原
的方法，即事物的高级形态可以通过一定的逻辑方式一步步还原成低级形
态。（3）事物基本构成要素的特征，可以代表整个事物的特征，对事物的
研究实质上就是对事物自身基本构成要素的研究。而这些共同点都可以归

---

① 〔奥〕卡尔·门格尔：《经济学方法论探究》，姚中秋译，新星出版社，2007，第 78 页。
② 〔奥〕卡尔·门格尔：《经济学方法论探究》，姚中秋译，新星出版社，2007，第 65 页。
③ 赵亮、朱宪辰：《哈耶克方法论个人主义的基本内涵及其认知经验基础探究》，《贵州社会
科学》2007 年第 12 期。

结为：社会现象是从集体到个体的。上述共同点统一在门格尔的方法论中，也统一在鲁滨逊的身上，这种统一性最终可以归结为经济学的方法论个体主义。

第二节　西方经济学孤立化研究的经验基础

个体主义并不能完全展现出鲁滨逊身上方法论的全部意义，它仅能表明鲁滨逊的方法论性质。在这个性质的背后，还有容易被忽视的问题，即为什么经济学家都会从鲁滨逊身上表现出他们方法论个体主义的坚定信念呢？即使是面对诸多批评和质疑，如经济社会学对方法论个体主义的强烈质疑，"在经济学的模型之中，处理社会关系的方式十分吊诡，即使个人决定似乎包含了他人的影响，但仍旧是社会性孤立的决定。因为经济分析的一组个体——通常是两个人，也有时是较大的团体——都是抽离于社会网络之外，他们的行为孤立于其他团体及自己的内部关系的历史之外。孤立问题并没有因为分析单位变成两个人或多人而消弭"。① 面对多方质疑，为什么西方经济学家也毫不动摇他们的方法论个体主义信念呢？鲁滨逊问题不仅仅是一个方法论问题，也是一个认识论问题，对这一问题的探讨应当扩展到资产阶级的经验领域。

西方经济学始终都是经验科学，罗宾斯对此做出了具有代表性的总结，认为与现实相关联是科学法则的一个最为显著的特征，无论从形式上还是从范畴上，都是与现实事物相关联的，"在这方面，经济学的命题与所有其他科学的命题完全一致。我们已经知道，经济学命题是得自一些简单假设的推论，这些假设反映的是非常基本的一些经验事实。如果前提与现实相关联，那么得自前提的推论就必然也与相同的现实相关联"。② 瓦尔拉斯也同样认为"这个研究方法，一般用于自然科学，并取得了巨大的成果，所以人们就错误地称它为自然科学方法。实则这个方法可通用于一切经验科学，因而应该较正确地称之为经验方法"。③

---

① 〔美〕马克·格兰诺维特：《镶嵌：社会网络与经济行动》，罗家德译，社会科学文献出版社，2007，第7页。

② 〔英〕莱昂内尔·罗宾斯：《经济科学的性质和意义》，朱泱译，商务印书馆，2000，第87页。

③ 〔法〕莱昂·瓦尔拉斯：《纯粹经济学要义》，蔡受百译，商务印书馆，1997，第27页。

鲁滨逊身上体现出来的经济学方法论个体主义，有其现实的经验基础。方法论个体主义的基本思路是，把高级复杂的命题一步步转化为可以理解的个人经验，正如布劳格所言："进行解释就是回答一个'为什么'的问题；将神秘生疏的东西变为熟悉了解的东西，这样就会发出一声感叹：'啊哈，原来是这么回事！'"① 作为资产阶级经济学，其研究方法是与资产阶级的经验相联系的，还原的终点只能是资产阶级的个人经验，而资本家孤立化的个人经验决定了经济学方法论必然是孤立化的，即必然是鲁滨逊式的方法论个体主义的。

一　西方主流经济学孤立化研究的经验论基础

经验论也就是经验主义，是近代以来的一种科学哲学思想，其核心观点是人对世界的认识源自他们的经验，经验是一切知识的来源。经验研究是欧洲的一个传统的科学方法，亚里士多德的方法论是古代经验论和理智论的经典代表。而近代的经验论鼻祖是洛克，"洛克可以看作经验主义的始祖，所谓经验主义即这样一种学说：我们的全部知识（逻辑或数学或许除外）都是由经验得来的"。② 洛克在他的《人类理智论》中表达了他的经验主义思想，"那么我们且设想心灵是白纸，没有一切文字、不带任何观念；它何以装备上这些东西呢？人的忙碌而广大无际的想象力几乎以无穷的样式在那张白纸上描绘的庞大蓄积是从何得来的？它从哪里获有全部的推理材料和知识？对此我用一语回答，从经验：我们的一切知识都在经验里扎着根基，知识归根结底由经验而来"。③ 洛克的经验论对整个欧洲近代的科学哲学影响巨大，"在各种学问方面，他成为 17 世纪的缩影，支配了 18 世纪，并且在哲学家和心理学家抛弃经济学以后控制了 19 世纪和 20 世纪中正统派学者的制度的和心理的概念"。④

洛克的经验论在经济学认识论领域得到充分体现，经济学家沿着经验论的思路去认识问题，经验始终是西方经济学理论和方法的重要来源。重商主义的经典方法就是"就事论事"经验总结法，"'就事论事'的经验

---

① 〔英〕马克·布劳格：《经济学方法论》，马清槐译，商务印书馆，1992，第 5 页。
② 〔英〕罗素：《西方哲学史》（下），马元德译，商务印书馆，1996，第 139 页。
③ 〔英〕约翰·洛克：《人类理智论》，转自〔英〕罗素《西方哲学史》（下），马元德译，商务印书馆，1996，第 140 页。
④ 〔美〕康芒斯：《制度经济学》（上册），于树生译，商务印书馆，1997，第 20 ~ 21 页。

总结法，是与处于政治经济学最初阶段的重商主义的研究相适应的……而最初的重商主义者又往往是商人和政府主管经济事务的官员，他们本身的经验就成了其学说的主要来源。经验总结法不仅是政治经济学史最初阶段的方法，而且也是高度发展了的科学的政治经济学研究方法中的最初环节。政治经济学方法论的逻辑与历史也在这里得到统一"。① 所以，从重商主义到当代的西方主流经济学，都重视经验的研究，把经济理论和方法建立在经验的基础之上，门格尔做出了总结："现实的经济现象所展示出来的发展，一方面呈现出个体的发展现象，另一方面呈现出经验形态的发展。"② 康芒斯也认为他对经济制度的认识源自集体活动的经验，"我的观点根源于我参加集体活动的经验，从这些活动中，我在这里得出一种关于集体行动在控制个人行动方面所起作用的理论"。③

作为经济学方法论基础的资产阶级经济活动的经验，最为显著的特点就是孤立化，这就决定了西方经济学的方法必然是孤立化的方法。从宏观层面上看，资本主义的生产是社会化的，而微观层面的生产则是分散独立的，在唯一的纽带——市场之外，所有的经济活动都是孤立的私人活动，每个资本家都像是荒岛上的鲁滨逊。资本家的经验，可以通过鲁滨逊孤立化的经验体现出来，因而他就具有了经济学方法论和认识论的双重意义，经济学方法论上的个体主义，认识论上的经验主义，与资产阶级私人孤立化的现实经验具有内在的一致性，这种一致性统一到了鲁滨逊身上。

二　资产阶级孤立化的现实经验

孤立地进行经济活动，是每个资本家的真实体验，这种孤立活动的经验贯穿于资本主义的整个发展史。

（一）资产阶级孤立化的原始经验

资产阶级脱胎于封建社会，却从一开始就游离于封建社会关系之外，一个个孤立地从事着买卖活动。资本主义萌芽时期的欧洲封建社会，有两大主导关系：封建世俗关系和宗教关系。封建世俗关系是等级关系，从国

---

① 刘永佶：《政治经济学方法论纲要》，河北人民出版社，2000，第 85 页。
② 〔奥〕卡尔·门格尔：《经济学方法论探究》，姚中秋译，新星出版社，2007，第 93 页。
③ 〔美〕康芒斯：《制度经济学》（上册），于树生译，商务印书馆，1997，第 1 页。

王到领主再到农奴是一种上下级的归属关系，这种归属关系像一条长长的链条，把人们锁定在各个环节上。宗教关系实质上也是等级关系，从罗马教皇到各国主教再到各地神父再到广大教徒，从思想上建立一种等级归属体系。封建等级关系和宗教归属体系相互交织，形成一个覆盖各国的封建关系网络，绝大多数人被定格在这个网络的各个环节上，总是处于某种封建隶属关系中。就经济关系而言，网络中的每个人都不是孤立的，封建主拥有自己的爵位和封地，可以依赖于属下农奴的劳动过着体面的生活；农奴同样也依赖于从封建主那里租来生产资料而获得微薄的收入。马克思曾这样描述，"让我们离开鲁滨逊的明朗的孤岛，转到欧洲昏暗的中世纪去吧。在这里，我们看到的，不再是一个独立的人了，人都是互相依赖的：农奴和领主，陪臣和诸侯，俗人和牧师。物质生产的社会关系以及建立在这种生产基础上的生活领域，都是以人身依附为特征的"。①

然而，新生的资产阶级从一开始就游离于这个网络之外，没有爵位和封地，也不隶属于任何人，生存环境对他们极为不利。"资本主义是从以前存在的社会形态中慢慢生长出来的，当时的社会形态，在我所讨论的方面，无论在精神上、制度上，还是在实践上，都被行会控制着"。②他们在封建势力的夹缝中艰难地从事着小规模的商业活动，他们没有任何依靠，商业利润成为他们唯一赖以生存的基础，马克思说："资产阶级的生产条件迫使他锱铢必较。"③早期的生存条件迫使资产阶级只有孤立地考虑自己的事情，才能生存下去。经济学中理性经济人假设本身就反映出了研究的孤立化取向，因为自利性是理性经济人的主要特征，这一特征可以追溯到资产阶级早期孤立化的生存经验。强调个人与上帝直接对话的新教伦理的形成，又进一步推动了早期资产阶级经验孤立化的经济活动。

就是在封建势力的夹缝中，资产阶级才逐渐成长起来了，资产阶级的精神和思维方式也随着资产阶级力量的壮大而扩大了它的社会影响力。"封建社会包含着资本主义社会的所有胚芽。这些胚芽缓慢地生长，但每

---

① 马克思：《资本论》（第1卷），人民出版社，第91~92页。
② 〔美〕约瑟夫·熊彼特：《经济分析史》（第1卷），朱泱等译，商务印书馆，2009，第239页。
③ 马克思：《雇佣劳动与资本》，《马克思恩格斯选集》（第1卷），人民出版社，1995，第356页。

一步都留下自己的脚印，每一步资本主义方法和资本主义精神有所发展"。① 特别是资产阶级利己的意识和孤立的方法，随着资本主义的发展得到了进一步的强化，这些都是资产阶级从胚芽状态开始形成的原始经验。

（二）资产阶级交换过程中的孤立化经验

资产阶级的基本经济活动是交换，在贱买贵卖的过程中获得利益。每次交换在为资本家实现利润提供机会的同时，也不断强化着资本家孤立的个人经验。因为"在每一件经济的交易里，总有一种利益的冲突，因为各个参加者总想尽可能地取多予少"。② 马克斯·韦伯深入研究过交易过程，认为这是一个利益斗争过程，"任何以理性为取向的交换，都是通过妥协，结束在此之前公开的或者潜在的利益的斗争。有关参加者的交换斗争的结束都是妥协，交换斗争作为价格斗争，一方面总是针对着作为交换伙伴考虑的意欲交换者（典型的手段：讨价还价）；另一方面也可能作为竞争者的斗争，针对真正的或可能的作为第三者的、（当前的或将来期望的）与之存在着竞争的意欲交换者（典型的手段：压低或抬高价格出售）"。③ 汤普森尖锐地指出了交换活动对参与者及社会造成的负面影响，"一切慷慨的和高尚的情操，都为竞争中的讨价还价——永远想贱买贵卖——造成的狡猾自私的卑劣心理所代替了"。④ 交换的过程是一个参与者孤立化活动的经验过程，这种心理会导致一种根深蒂固的观念，即除了自己以外任何人都不可信，他们都和自己一样具有"狡猾自私的卑劣心理"，都用"怀疑的目光打量着自己的邻居"。⑤ 这种孤立封闭的心理观念，是资产阶级在商品交换过程中产生的真实经验。

（三）资产阶级在竞争中的孤立化经验

资本主义社会是一个崇尚竞争的社会。当每个经济人都想获得更多利益的时候，竞争就不可避免了。资产阶级在竞争过程中不仅获取了利益，

① 〔美〕约瑟夫·熊彼特：《经济分析史》（第1卷），朱泱等译，商务印书馆，2010，第132页。
② 〔美〕康芒斯：《制度经济学》（上册），于树生译，商务印书馆，1997，第144页。
③ 〔德〕马克斯·韦伯：《经济与社会》（上卷），商务印书馆，林荣远译，2004，第93页。
④ 〔英〕威廉·汤普森：《最能促进人类幸福的财富分配的原理研究》（编者序），何慕李译，商务印书馆，1986，第3页。
⑤ 恩格斯：《政治经济学批判大纲》，《马克思恩格斯全集》（第1卷），1956，第596、612页。

也形成孤立的个人经验。竞争的直观结果是竞争者之间的相互敌视，恩格斯从私有制的角度描述了竞争造成资本主义社会个人相互敌对的状态，他认为"由于私有制把每一个人孤立在他自己的粗鄙的独特状态中，又由于每个人和他周围的人有同样的利害关系，所以地主敌视地主，资本家敌视资本家，工人敌视工人。正是由于利害关系的共同性，所以在这种共同的利害关系的敌对状态中，人类目前状况的不道德达到了登峰造极的地步，而竞争就是顶点"。① 伴随着个人之间利害关系中相互敌对状态的，是孤立的状态，竞争的原则不仅是相互敌对的，也是孤立的，"只要财富的生产和分配是根据错误而邪恶的'个人竞争'原则——孤立和互相敌对的原则——进行的，他们所夸耀的这些改善就无异于天平上的灰尘，丝毫不起作用"。② 竞争遍布于社会的各个角落，意味着孤立意识和敌对意识成为每个人的生存原则。

（四）资产阶级在私人生产过程中的孤立化经验

资本主义经济活动的中心是生产，其他经济活动都是围绕生产进行的。资本主义生产是私人性质的生产，这一性质决定了资产阶级的生产经验必然是一种孤立化的经验。

首先，作为资本主义生产技术前提的分工，会导致资本家孤立化生产的现实经验。马克思论述了两种意义上的分工，一种是带来产品差异的分工，这是交换的前提条件；另一种是同一产品不同工序的分工，是提高生产效率的条件。而无论是哪种意义上的分工，都会造成一个结果，即生产经验上的孤立化。资本主义工业的最初生产形态是工场手工业，资本家孤立化的生产经验也就从这里开始，"工场手工业特有的分工原则，使不同的生产阶段孤立起来，这些阶段作为同属于手工业性质的局部劳动而互相独立"。③ 社会分工不仅使生产阶段孤立起来，也使不同的商品生产者孤立起来，马克思说："社会分工则使独立的商品生产者互相对立，他们不承认任何别的权威，只承认竞争的权威，只承认他们互相利益的压力加在他们身上的强

---

① 恩格斯：《政治经济学批判大纲》，《马克思恩格斯全集》（第 1 卷），1956，第 612 页。
② 〔英〕威廉·汤普森：《最能促进人类幸福的财富分配的原理研究》（编者序），何慕李译，商务印书馆，1986，第 2 页。
③ 马克思：《资本论》（第 1 卷），人民出版社，1975，第 381~382 页。

制。"① 虽然资本主义生产实质上是社会化了的生产，但分工则给了每一个资本家一种孤立化的各自为政的现实体验。

其次，私人生产的孤立化经验。从客观上讲，资产阶级孤立化的现实经验，不仅源自分工、交换和竞争这些外部的因素，也源自具有私人性质的生产本身。在资本主义私有制条件下，社会化的生产变成个人的私事。而具体到每一个资本家，他们都能感受到从决策生产什么，到生产多少、怎样生产的问题，都是自己单独决策的，就像荒岛上的鲁滨逊一样。

资本主义生产的目的，决定了资本家孤立化的视野，即在资本家的视野范围内，除了自己以外没有任何其他的人，其他人的存在无非是自己获取物质财富的条件。资本主义生产的目的是攫取更多的剩余价值，能够给资本家带来剩余价值的所有因素都成为手段，在资本家眼里，工人并不是人，而是与土地、资本等其他生产资料一样并列为生产要素。到了资本主义大工业阶段，这一现象表现得尤为突出，"在工场手工业中，是工人利用工具；在工厂中，是工人服侍机器。在前一种场合，劳动资料的运动从工人出发；在后一种场合，则是工人跟随劳动资料的运动。在工场手工业中，工人是一个活机构的肢体。在工厂中，死机构独立于工人而存在，工人被当作活的附属物并入死机构"。② 在一个叫尤尔的博士眼里，资本主义工厂就是"一个由无数机械的和有自我意识的器官组成的庞大的自动机，这些器官为了生产同一个物品而协调地不间断地活动，因此它们都受一个自行发动的动力的支配"。③

在资本家看来，除了他自己之外，其他的——不管是人的还是物的无非都是他获取财富的要素，他的生产经营领域就是他独立的经济王国，在这个经济王国中，只有他自己是人，其他的都是物质财富的材料或者条件。这是资产阶级真实的孤立化经验，鲁滨逊也有这样的经验。在离开荒岛获救之前，鲁滨逊意外得到了一个伙伴——星期五，但是鲁滨逊并没有把星期五当作真正的人来看待，仅仅把他当作一个获取物质财富的手段。鲁滨逊并不关心星期五作为人的某些方面，诸如他的历史、姓名、兴趣爱好等，而对于他是不是能给自己带来财富很关心。在

---

① 马克思：《资本论》（第1卷），人民出版社，1975，第394页。
② 马克思：《资本论》（第1卷），人民出版社，1975，第463页。
③ 马克思：《资本论》（第1卷），人民出版社，1975，第459~460页。

鲁滨逊眼里，星期五就是一个获取物质财富的工具，正如在资产阶级眼中工人是和土地资本具有同样性质的生产要素一样。鲁滨逊的经验代表了每个资本家都有的共同感受：独自漂泊在物质财富的汪洋大海之中，正如荒岛上的鲁滨逊一样，除了他自己以外，视野的尽头看不到任何其他人的踪影。

再次，商品价值实现过程中资本家的孤立化经验。如果把视线从孤立化的商品生产环节转向商品价值的实现环节，不难发现资产阶级的经验依然是孤立化的。资本主义生产的目的是赚取剩余价值，而这必须把商品以一定的价格卖出去才能实现，商品成为资本家获取利益的工具。然而这一工具并不完全听从于它主人的安排，而有自身一套客观的运动形式——商品能不能卖出去要受到市场的检验，因而"在交换者看来，他们本身的社会运动具有物的运动形式。不是他们控制这一运动，而是他们受这一运动控制"。① 相对于商品生产，资本家在商品销售方面则是被动的，对于每个资本家而言，能不能把商品换成货币是一件没有把握的事情，凯恩斯描述了资本家这种孤立无奈的真实感受："一切生产之最后目的，都在满足消费者。不过从生产者付出成本开销，一直到最后消费者购买此产品，其间要经过一段时间，——往往是很长的一段时间。经过这一段时间以后，等到生产者已经可以供给消费者时，那时消费者所愿付的代价为何，雇主（包括生产者与投资者二类）无从确知，只能尽其能力作若干预期而已。雇主不从事生产则已，假使要从事生产，而此生产又占据时间，则雇主除以此预期为依据外，别无他法。"② 资本家自始至终都担心商品能不能换成货币的问题，马克思把这一被动的孤立化感受描述为"商品的惊险的跳跃"。③

西方经济学是经验科学，它的理论与方法都是从某些经验中总结出来的。鲁滨逊身上体现出来的孤立化方法，是与资产阶级孤立化的经验事实相吻合的，"经济学家的工作是解释事实。从事发现工作，不仅是要说明已知的前提，而且还要发觉这些前提所依据的事实。"④ 这种所谓的事实就

① 马克思：《资本论》（第1卷），人民出版社，1975，第91～92页。
② 〔英〕凯恩斯：《就业利息和货币通论》，徐毓枏译，商务印书馆，1996，第42页。
③ 马克思：《资本论》（第1卷），人民出版社，1975，第124页。
④ 〔英〕莱昂内尔·罗宾斯：《经济科学的性质和意义》，朱泱译，商务印书馆，2000，第87～88页。

是资产阶级孤立化的经验事实，这种源自所谓事实的方法，成为西方经济学的一个固有方法，它不但为西方经济学分析问题提供一个稳定的思考方式，还增强了西方经济学家的科学自信。他们自认为这种方法有着坚实的现实基础，符合逻辑实证主义所主张的还原论和实证原则，即把一切高级抽象的命题还原成现实的可以理解的经验，用经验事实检验命题的真伪。①在西方经济学看来这就是科学的程序，这一方法论原则似乎就能够保证西方经济学的科学性。至此，我们就可以理解为什么西方经济学家固执地坚持方法论个体主义了，在他们看来，这种立足个体的经济学方法是立足现实的。从现象上看，他们的这种方法论似乎还真的具有现实的经验基础。然而这样看就过于乐观了，鲁滨逊身上所体现出来的西方经济学孤立化的方法，本身就具有致命的缺陷，这种缺陷恰恰就与资产阶级所谓的现实经验有关。

第三节　西方经济学孤立化研究
方法的拜物教性质

一　孤立化方法的缺陷及其实质

西方主流经济学孤立化方法的致命缺陷是，仅仅研究孤立的个人，把人与人的关系从根本上排除在研究之外，造成其研究对象严重的片面性和残缺性。资本家孤立的个人经验虽然是一种真实的经验，然而，所谓孤立的个人实质上并不孤立，孤立的经验只是建立在现象上的经验，并不是建立在真实基础上的经验。

我们依然从鲁滨逊说起。在荒岛上的鲁滨逊看起来是孤立的个体，然而，鲁滨逊的经济活动实质上反映出来的全部是社会性的活动。他从人类社会中已经获得的经验告诉他，在荒岛上所有的劳动必须按照人类劳动的既有方式进行，他所有的生产所反映出来的完全是人类劳动的不同方式，马克思生动地指出："经验告诉他这些，而我们这位从破船上抢救出表、账簿、墨水和笔的鲁滨逊，马上就作为一个地道的英国人开始记起账

---

① 〔英〕马克·布劳格:《经济学方法论》，马清槐译，商务印书馆，1992，第14～15页。

来。"① 鲁滨逊的孤独只是形式上的孤独，他的经济活动都是按照既有人类经济活动进行的活动，他的经济活动本身就包含了人类既有的经济关系。在星期五加入之后，鲁滨逊的这种经验上感觉孤立而实际上并不孤立的经济现象，就更加清楚了。在这个荒岛上，已经有两个人了，而鲁滨逊还是像社会中的资本家一样，孤立化的经验依然没有变，对于鲁滨逊而言，星期五的加入只意味着他增加了一个生产工具而已，至于生产什么、怎样生产的问题依然是他自己的事情，尽管事实上在这个二人世界中已经建立起严格的支配与被支配的社会关系，就像现实中资本家和工人的关系一样。

更为重要的是，鲁滨逊的故事仅仅迎合了资产阶级孤立化的个人感受，并没有真正立足于现实基础，因为人的经济活动自始至终都是在一定的历史条件下进行的，是在一定的社会关系中展开的，人的社会关系就像现实的人一样是客观存在的，因为"人的本质不是单个人所固有的抽象物，在其现实性上，它是一切社会关系的总和"。② 这在鲁滨逊身上同样能够表现出来。鲁滨逊始终都是一个社会人，在荒岛生活之前，他来自人类社会；在荒岛生活之后，他又回归人类社会，荒岛生活只是他的一个生活片段，即使是在荒岛上，他依然是一个地道的社会人。假如鲁滨逊不是来自人类社会，而是荒岛上的自生物，那他绝对不能称为一个人，一个完全英国式的人，只能是一个怪物。因而马克思深刻地指出："被斯密和李嘉图当作出发点的单个的孤立的猎人和渔夫，是一种十八世纪鲁滨逊式的故事的毫无想象力的虚构……这是错觉，只是大大小小的鲁滨逊式故事的美学的错觉……人是最名副其实的社会动物，不仅是一种合群的动物，而且是只有在社会中才能独立的动物。孤立的一个人在社会之外进行生产——这是罕见的事，偶尔流落到荒野中的已经内在地具有社会力的文明人或许能做到——就像许多个人不在一起生活和彼此交谈而竟有语言发展一样，是不可思议的。"③ 人始终是生活在一定的社会关系之中的，孤立的个人从来就不存在。孤立化的经验也是真实的经验，但只能是一种建立在假象上的经验，是一种真实的错觉。在这种错觉基础上形成的孤立化研究方法，

① 马克思：《资本论》（第1卷），人民出版社，1975，第93~94页。
② 马克思：《关于费尔巴哈的提纲》，《马克思恩格斯选集》（第1卷），人民出版社，1995，第56页。
③ 马克思：《导言》，《马克思恩格斯全集》（第12卷），人民出版社，1965，第733~734页。

仅仅关注孤立的个体，就意味着人与人的关系这个重要的客体被忽略掉了，这种研究对象的残缺性和片面性，是西方经济学方法的一个严重缺陷。

不可否认，西方经济学也研究人与人的关系，但他们研究的不是人与人之间在历史和现实中客观存在的关系，而是研究按照孤立化的原则演绎出来的人造关系，这种关系不具有客观的原发性，仅具有主观的虚构性。由于人始终是类存在的，人与人的关系具有既成性，同时有和他人不可分割的共生性，每个现实人都一样是客观存在的，是社会科学研究中一个必不可少的组成部分。而在西方主流经济学孤立化方法下的人与人的关系是一种人造关系，这种关系不是研究的起点，而是研究的结果；不是研究的既定对象，而是根据理性经济人推演出来的乌托邦式的空想。研究这种关系实质上只不过是经济学家沿着简单的孤立化方法进行自由推演的逻辑游戏而已。

由于从假定上就忽略了人与人的关系，因而西方主流经济学孤立化方法的缺陷进一步表现在把研究锁定在物与物关系的范围之内。现实中个人的经济活动是丰富的，从关系的角度看，总要涉及人与人的关系、人与物的关系以及物与物的关系。西方经济学一经把人假设为一个孤立的个人时，孤立的人就丧失了和其他人产生任何经济关系的条件，这个人的经济活动只能被局限在人与物的关系以及物与物的关系领域之内了。没有其他的人，荒岛上的鲁滨逊只能和他自己的财富打交道，只能算计着生产什么财富，消费什么产品，或者考虑物与物的关系，比如对各个产品的效用进行排序，等等。在鲁滨逊的世界中，除了他和他的物品以外没有任何其他事物，孤立的环境锁定了他的经济研究范围，即只能研究人与物的关系以及物与物的关系，把经济学变成"见物不见人"的经济学了。

二 西方经济学孤立化方法的拜物教性质

造成经济学孤立化研究方法缺陷的根本原因是资本主义商品社会的拜物教，它是资产阶级的孤立化经验以及西方主流经济学的孤立化方法的最终成因。孤立化地研究经济问题，是西方主流经济学研究方法的一个痼疾，学界对它的批评一般在经济哲学领域展开，其中又集中在批判方法论个人主义这一点上。然而，西方主流经济学孤立化的研究并没有在激烈的批评中有多少收敛，始终表现出一副我行我素的样子。在格兰诺维特看来这种"十分吊诡"现象出现的原因之一，在于孤立化的研究方法，似乎有其存在的现实基础，正是这一点，给了西方经济学不顾学界批评坚持运用孤立化方法的底气。然而，所谓孤立化研究方法的现实基础，实质上只是一种表象，而只有从马克思的劳动二重性出发，才能全面揭示这一表象。

马克思说，"商品中包含的劳动的这种二重性，是首先由我批判地证明了的。这一点是理解政治经济学的枢纽"。① 马克思创立的劳动二重性学说，是理解政治经济学的枢纽，也是理解西方经济学坚持孤立化研究方法的枢纽，同样也是理解孤立化研究方法具有拜物教特征的枢纽。马克思的劳动二重性，是指创造商品的劳动具有二重属性：具体劳动和抽象劳动。具体劳动创造商品的使用价值，抽象劳动创造商品的价值。

纵观西方经济学说发展的历史会发现，所有西方经济学说对劳动的认识，都没有达到二重性的高度，不懂得从抽象劳动的角度分析问题，而是在具体劳动范围内兜圈子，这使得西方经济学只能孤立化地研究具体问题，最终会导致把人与人的关系拖入物与物的研究之中。

西方经济学研究囿于具体劳动的范围，集中体现在各学派的价值论当中。重商主义的眼界局限在经济流通领域，认为并不是所有的劳动都有价值，只有带来更多货币的劳动，才是真正有价值的劳动。"在他们眼里，根本的观念是，只有这些生产部门的劳动是生产的，这些生产部门的生产物，会向外国输出，因而带回更多的货币来，那就是比他们所费的货币更多（或者说，比必须为它输出的货币更多）"。② 在重商主义者眼中，劳动有无价值，判断是很具体的，标准就是要看什么样的具体劳动的产品可以在国际贸易中换来更多的货币。

到了重农学派那里，尽管界定有价值的劳动与重商主义有了巨大差异，但把创造价值的劳动局限在具体劳动范畴内的思维方式没有变。重农学派认为，商品的价值是由劳动创造的，但这种创造价值的劳动仅仅指的是农业劳动。农业劳动不仅创造了农业部门的利润，非农业部门的收入例如工商业利润和利息，也是由农业劳动创造的，是农业部门劳动创造的剩余价值让渡出来的一部分。"因为农业劳动不只是农业范围内的剩余价值的自然基础，并且是其他一切劳动部门所以能够独立化的自然基础，从而是各个部门所创造的剩余价值的基础，所以，很明白，如果被视为价值实

① 马克思：《资本论》（第 1 卷），人民出版社，1975，第 54 页。
② 马克思：《剩余价值学说史》（第 1 卷），郭大力译，北京理工大学出版社，2011，第 35 页。

体的，是一定的具体劳动，不是抽象的劳动和它的量（劳动时间），农业劳动就一定会被视为剩余价值的源泉了"。① 显然，重农学派与重商主义一样，拘囿在某特定的具体劳动范围内讨论经济问题。

与代表法国农业资产阶级利益的重农学派不同，代表英国资本主义早期工商业的经济学家，对创造价值的劳动的认识显然持一种完全不同的观点，后者认为并非农业部门的劳动创造了价值，恰恰相反，是产业部门的劳动创造了价值，产业部门的劳动是剩余价值的源泉。尽管重农学派认为"农业劳动是唯一的生产劳动，是唯一的创造剩余价值的劳动，地租，就是剩余价值的一般形态。产业利润和货币利息，只是地租分割成的不同诸项目；这些项目，会依照一定的比例由土地所有者手里移转到其他诸阶级手里。亚当·斯密以后的经济学者，刚好相反，因为他们把产业利润当做资本占有剩余价值的根本形态，那就是当做剩余价值之根本的一般形态，从而，利息和地租只表现为产业利润的分支；它们是由产业资本家分配给不同诸阶级的，因为诸阶级是剩余价值的共有者"。② 到了英国经济学家这里，又把创造价值的劳动具体地归于产业部门的劳动了。

可以看出，创造价值的劳动，无论是从流通领域加以考察，还是认为源自农业劳动，抑或源自产业劳动，有一点是共同的：都是具体劳动。尽管后来李嘉图学派劳动价值论的认识高度达到了古典政治经济学的顶峰，意识到了价值与使用价值的区别，但是始终没有对创造价值的劳动做出深入研究，"里嘉图对于创造交换价值或表现为交换价值的劳动的姿容，它的特殊决定性，即劳动的性质，没有去研究"。③ 李嘉图及其后继者不懂得创造商品的劳动具有二重属性，当然就不可能从抽象劳动属性的层面上认识价值问题。总之，资产阶级政治经济学家对经济问题的研究，始终没有走出具体劳动的局限，始终在具有二重属性劳动的单一属性内研究问题。

局限在具体劳动范围内研究经济问题，没有抽象劳动的高度，其方法必然会走向孤立化。这是因为，在资本主义私有制条件下，具体劳动的表现形式是私人劳动。

在商品经济社会中，私人劳动鲜明的特点就是生产经营是独立的，独立的私人劳动是资本主义商品生产的前提，马克思说，"使用物品成为商

---

① 马克思：《剩余价值学说史》（第1卷），郭大力译，北京理工大学出版社，2011，第33页。
② 马克思：《剩余价值学说史》（第1卷），郭大力译，北京理工大学出版社，2011，第32页。
③ 马克思：《剩余价值学说史》（第2卷），郭大力译，北京理工大学出版社，2011，第5页。

品，只是因为它们是彼此独立进行的私人劳动的产品"。① 任何资本家都能感受到，从决策到组织生产再到产品售出，都是自己单独进行的，除此之外的一切都是难以把握的。凯恩斯描述了资本家独立生产经营的真切感受："一切生产之最后目的，都在满足消费者。不过从生产者付出成本开销，一直到最后消费者购买此产品，其间要经过一段时间——往往是很长的一段时间。经过这一段时间以后，等到生产者已经可以供给消费者时，那时消费者所愿付的代价为何，雇主（包括生产者与投资者二类）无从确知，只能尽其能力作若干预期而已。雇主不从事生产则已，假使要从事生产，而此生产又占据时间，则雇主除以此预期为依据外，别无他法。"② 对这一点，哈耶克做出了进一步的解释，"这个事实就是人们所能够知道的只是整个社会中的极小一部分事情，因此构成他们行动之旨趣或动机的也只是他们行动在所知道的范围中所具有的那些即时性结果而已……不论一个人是十足的自私者还是最完美的利他者，他所能够有效关注到的人的需要也只是所有社会成员之需要当中微不足道的一部分而已"。③ 私人劳动生产的独立性会给人以这样的感觉，即除了自己单独的生产劳动之外，一切是不可把握的，当整个社会的资本家都有这种感觉的时候，就意味着每个单独的个体是构成整个社会经济活动的最关键因素。因此，对私人生产劳动的研究，也就应当归于单独的个体。

资本主义社会私人劳动独立性，为资产经济学孤立化地研究经济问题提供了现实的经验基础。当西方经济学没有突破具体劳动属性的局限，达到认识劳动二重性高度的时候，在具体劳动表现为私人劳动的视域内研究问题，其研究方法自然就会走向孤立化的境地，因为在他们看来，这种方法应当是与社会经济的事实相符合的。同样，孤立化的研究方法，也能得到资产阶级的认可，这似乎符合他们独立生产的直观经验。

至此不难理解，西方经济学为什么会固执地坚持孤立化的研究方法了，他们无非是认为，这种研究方法是忠于客观现实的。于是乎，就"只把那些在生活过程中表露出来的事情，照他们的外表上显出来的样子，记述下来，抄写下来，列举下来，安放在系统的概念规定之下……一部分只要叙述这种社会在外表上显出的生活现象，只要叙述它在外表上显出的关

---

① 马克思：《资本论》（第 1 卷），人民出版社，1975，第 88 页。

② 〔英〕凯恩斯：《就业利息和货币通论》，商务印书馆，1996，第 42 页。

③ 〔英〕F. A. 冯·哈耶克：《个人主义与经济秩序》，邓正来译，三联书店，2003，第 19 页。

联，一部分又只要为这些现象，找寻一个明确和相应的概念，从而，在语言和思想过程中把它们再生产出来"。①

然而，这种所谓的客观事实只是一个表象。马克思认为，生产商品的劳动具有二重属性，一是具体劳动，二是抽象劳动。在资本主义私有制条件下，具体劳动表现为私人劳动，抽象劳动表现为社会劳动。表面上看似分散孤立的私人劳动，由于社会分工，实则是社会劳动的一部分，但不会直接变成社会劳动，必须通过劳动产品的交换，才能表现为社会劳动。所谓孤立的私人劳动其实并不孤立，交换之前的生产就已经属于社会的整体分工，而通过交换，劳动产品的价值得以实现。整个私人劳动过程，始终是隶属于社会总劳动的，所谓的生产劳动孤立性，仅仅是从资本家的主观出发，是一种在资本主义私有制条件下私人劳动的直观感觉，是建立在私人劳动表象上的感觉。

进一步讲，从劳动二重性的角度观察会发现，虽然私人劳动具有单独生产的直观感觉，虽然没有意识到它是社会分工的有机组成部分，但是私人劳动产品的主人则全部从事着社会统一性的行动。"完全不同的劳动之所以能够相等，只是因为它们的实际差别已被抽去，它们已被化成作为人类劳动力的耗费、作为抽象的人类劳动所具有的共同性质。私人生产者把他们的私人劳动的这种二重社会性质，只是反映在从实际交易、产品交换中表现出来的那些形式中，也就是把他们的私人劳动的社会有用性，反映在劳动产品必须有用，而且是对别人有用的形式中；把不同种劳动相等这种社会性质，反映在这些在物质上不同的物，即劳动产品具有共同的价值性质的形式中。可见，人们把彼此的劳动产品当作价值发生关系，而不是因为在他们看来这些物只是同种的人类劳动的物质外壳。恰恰相反，他们在交换中使他们的各种产品作为价值彼此相等，也就使他们的各种劳动作为人类劳动而彼此相等。他们没有意识到这一点，但是他们这样做了"。②虽然私人劳动有独立生产的直观感觉，但他们的行动却证明着所谓孤立劳动并不孤立的客观事实。

从劳动二重性的角度观察，西方经济学拘囿于具体劳动范围研究经济问题，不仅会走向孤立化研究的境地，还会把整个研究推入一个物的世

---

① 马克思：《剩余价值学说史》（第2卷），郭大力译，北京理工大学出版社，2011，第6页。

② 马克思：《资本论》（第1卷），人民出版社，1975，第89页。

界，使研究沉浸在物的世界中。

与生产商品劳动的抽象劳动和具体劳动二重性相适应，商品包含着价值和使用价值二重因素。抽象劳动创造价值，反映的是人与人的关系，而具体劳动创造使用价值，是生产具体产品时人类某种特定劳动的耗费，其性质由它的目的、操作方式、对象、手段、结果等来决定。使用价值反映的是商品物的属性，即商品的自然属性。西方经济学拘囿于商品物的因素，即在使用价值范畴内研究问题，其视域内的所有研究对象都具有物的属性，研究对象的关系就是人与物的关系或物与物的关系，其研究方法也必然适应于研究对象物性特征，具有物的属性了。

人与人的关系，是抽象劳动的范畴；人与物的关系以及物与物的关系，是具体劳动的范畴。然而，西方经济学的价值理论始终没有达到认识劳动二重性的高度，不可能从抽象劳动的角度认识价值，进而认识人与人的关系。面对经济领域人与人的关系研究这一无法回避的课题，西方经济学也只能在具体劳动范围内，操起处理物的工具来应付人的研究了。

自 19 世纪中后期，在奥地利学派和数理学派的共同推动下，西方经济学逐步抛弃了古典政治经济学的劳动价值论，继而以边际效用价值论来代替，到马歇尔那里，边际效用价值论彻底取代劳动价值论，并成为之后西方主流经济学发展的理论基石。与古典政治经济学把价值理论局限在具体劳动内加以研究相比，现代经济学效用价值论的物性特征就更为突出了，因为效用价值论的立足点不仅仅是商品的使用价值，而且是使用价值自然属性当中的某个属性，即某个能满足人们消费需要的商品的某种物质特性。效用价值论把西方经济学的研究完全建立在商品的物性基础之上，使得整个西方经济学的研究方法彻底坠入了物性的深渊。

私有制条件下，生产使用价值的具体劳动表现为独立的私人劳动，相应地，孤立化地研究经济现象，是拘囿于具体劳动的西方经济学研究方法的必然结果；同样的原因，拘囿于具体劳动，始终在使用价值这个反映商品自然属性的范围内兜圈子，又使得西方经济学的研究始终没有走出物性的藩篱。孤立化是西方经济学研究方法的一个根本方式，而这种方式又充满着物性的基本特征，二者统一生成于对具体劳动研究的局限性上。

所以，鲁滨逊身上所体现的经济学孤立化的方法及其缺陷，就是资本主义拜物教缺陷的暴露。商品拜物教把人与人的关系表现为物与物的关系，人与人的关系隐藏在物与物的关系之中，任何人都无须再考虑人与人的关系了，而只考虑物与物的关系了。从形式上看，个人之间的交往必须通过商品交换的形式，交换成为唯一形式，所以人与人的关系的丰富交往方式都变成市场交换的方式。人与人关系的丰富性变成单一性。资本主义的拜物教，已经限定了资产阶级的经验范围，只能孤立化地从事着资本主义的生产和交换活动，无须考虑人与人的关系，只要考虑好自己的事情，其他事不用多虑，其他的一切都可以交给那只"看不见的手"；资本主义拜物教为西方经济学方法设定了边界：只能孤立化地研究物与物之间的关系。

本章小结

西方经济学孤立化研究方法是资本主义商品社会拜物教的理论反映，它按照拜物教的内在逻辑，把经济研究锁定在人与物以及物与物关系研究的范围内，忽视了人与人之间关系的研究，把整个研究过程变成物的研究过程，这使得整个西方经济学也具有了拜物教性质，用马克思的话说，就是"资产阶级经济学特有的拜物教也就由此完成了"。①

---

① 马克思：《资本论》（第2卷），人民出版社，1975，第252页。

第五章　经济学数学化研究的经验
基础及其拜物教性质

当代西方主流经济学实证方法最明显的特征就是数学化。西方经济学家认为这是经济学追求科学的结果，而事实并非如此。从历史的大背景下加以考察，近代以来，西方经济学经历了一个以定性研究为主到定性研究与定量研究并重再到定量研究为主的演进过程。这一历史演进的内在依据是资产阶级的经济利益，西方经济学的研究方法始终是依据资产阶级的需要而演进的。数学化是在一定历史条件下资产阶级利益需要在经济学领域的反映。数学化并不是经济学追求科学的结果，而是在特定历史条件下满足资产阶级利益需要的结果。资产阶级日常的数量化经验，决定了经济学最终会走向数学化。

货币为经济学数学化提供了技术条件。货币作为技术中介，起到了沟通经学学与数学的桥梁作用。货币能够把各种商品和劳务的不同质和不同名的量，转化为货币这个同一的、无差异的量，在技术上为数学方法的运用准备了条件。经济学数学化是西方经济学长期探索的结果，对于为什么经济学能够顺应数学化的问题，西方经济学并没有做出深入的研究，而马克思经济学则能对这一问题做出深刻的解读。马克思主义认为，作为一般等价物的货币与其他商品一样，自身也具有价值，这是货币能够发挥经济计算功能的技术基础，在这一基础上，经济学才能把经济诸量转化为同一的货币量，只有通过上述方式解决量的统一问题，数学方法才能够派上用场。

货币仅仅解决了经济学数学化的技术问题，而数学化真正的动力和决定因素还在于资产阶级最大化追求剩余价值的本性。资产阶级的日常经验中最核心的问题是量的问题，即能够赚多少的问题。这是资本主义拜物教的体现，决定了其经济学的思维方式也是拜物教的。数学化体现了经济学实证方法的拜物教性质，它是由资本主义生产方式和现实的物化经济形态决定的物化意识，是作为物化意识的拜物教在思维方式上追求合理的可计算性的集中体现。

第一节　经济学数学化研究的历史演进

与其他社会学科相比，高度数学化已经成为现代经济学的一个鲜明特点。尽管这一现象在学界面临着广泛批评和质疑，而西方主流经济学家始终对数学方法倍加推崇的态度则是鲜明的。他们普遍认为，数学方法的运用是经济学成为一门真正科学的必要条件，数理经济学家杰文斯就强调："很明白，经济学如果是一种科学，它必须是一种数学的科学。"① 由于数学方法的严密性、精确性等特征，数学成为科学研究的一个必不可少的工具，这成为主流经济学家及其支持者推动经济学数学化的主要依据。

把经济学放在整个社会科学的大环境中加以考察，不难发现，由追求科学而致经济学数学化的观点显然是站不住脚的。科学代替宗教，成为社会的主导精神，是近代以来最为显著的特征。罗素说，"通常谓之'近代'的这段历史时期，人的思想见解和中古时期的思想见解有许多不同。其中两点最重要，即教会的威信衰落下去，科学的威信逐步上升。旁的分歧和这两点全有连带关系"。② 在这个大背景下，所有的社会学科都在追求科学。比如孔德在论述社会学研究的实证方法时，就把科学追求看成社会学研究的一项使命，并且还把数学当作科学研究的出发点。③ 并不是只有经济学在追求科学，也并不是唯独经济学重视数学方法。按照西方经济学家的说法，即经济学因追求科学而走向数学化，那么所有追求科学的社会科学也都要数学化，而事实则是在所有的社会学科当中只有经济学数学化了。可见，把经济学数学化归结为追求科学的结果并不准确，经济学数学化还有更为深层的原因。

经济学数学化是一个经济学方法论问题，对这一问题的研究离不开对经济学本身的考察。"政治经济学本质上是一门历史的科学"。④ 经济学数

① 〔英〕斯坦利·杰文斯：《政治经济学理论》，郭大力译，商务印书馆，1984，第30页。
② 〔英〕罗素：《西方哲学史》（下），马元德译，商务印书馆，1996，第3页。
③ 〔法〕奥古斯特·孔德：《论实证精神》，黄建华译，商务印书馆，2001，第70页。
④ 《马克思恩格斯选集》（第3卷），人民出版社，1995，第489页。

学化作为一种理论思维方式，蕴含在经济学这门学科的历史发展当中，因而也是历史的科学，应当从历史的进程中加以把握。恩格斯说，"每一个时代的理论思维，从而我们时代的理论思维，都是一种历史的产物，它在不同的时代具有完全不同的形式，同时具有完全不同的内容。因此，关于思维的科学，也和其他各门科学一样，是一种历史的科学，是关于人的思维的历史发展的科学"。① 对经济学数学化的研究，应当从其既定的历史中加以考察，把握其历史演进的基本脉络，以探索其发展的内在依据。

一　经济学的数学性

经济学和数学都是古老的学科。作为人类最基本的生活，经济生活是一个克服经济问题的过程，对经济问题的研究属于经济学的范畴。数学是在抽象层面上研究数量和空间的科学，恩格斯说，"数学是研究量的科学"。② 经济学的研究对象大多有量的特征，正如数理经济学家杰文斯所言："说快乐、痛苦、劳动、效用、价值、财富、货币、资本是量的概念，已经是没有疑问的。"③ 所以，经济学研究本身就具有某种数学特征。"只因经济学所讨论的是量，所以它必须是数学的。任何物，如果是能大能小的，它的发展与关系就必定有数学性"。④ 正是经济学自身具有一定程度的数学性，使得经济学很早就与数学结合在一起，一方面经济学研究经常会运用数学方法，另一方面数学研究也经常以经济问题为材料。比如七世纪印度数学家布拉玛塔，就把有关负数的最早研究与经济问题结合起来，他在自己的著作《宇宙之门》中这样写道："欠债减去零是欠债，有钱减去零是有钱；零减去零是零，零减去欠债是有钱，零减去有钱是欠债，零乘以欠债或有钱均是零；两个有钱的积或商是有钱，两个欠债的积或商是有钱；一个欠债或一个有钱的积或商是欠债。"⑤ 经济学与数学两大古老学科的关系始终都很密切。但是，长期以来经济学运用数学解决问题，一般局限于简单的计算和测量方法。这种局面到了近代才彻底改变。为适应资产阶级发展的需要，经济学在近代才真正形成，而数学尤其是高等数学也是

---

① 《马克思恩格斯选集》（第4卷），人民出版社，1995，第284页。
② 《马克思恩格斯选集》（第3卷），人民出版社，1995，第377页。
③ 〔英〕斯坦利·杰文斯：《政治经济学理论》，郭大力译，商务印书馆，1984，第34页。
④ 〔英〕斯坦利·杰文斯：《政治经济学理论》，郭大力译，商务印书馆，1984，第30页。
⑤ 刘景华、张功耀：《欧洲文艺复兴史》（科学技术卷），人民出版社，2008，第101页。

在近代得到突破性发展。经济学的发展给数学提出了新的要求，而数学的发展又为经济学提供了广阔的应用空间。因而，经济学研究的数学化演进是从近代开始的。

经济学研究一步步走向数学化，是一个复杂渐进的过程，这一过程并没有十分明显的转折点。但从整个发展过程来看，其阶段性特征还是比较明显的。为方便研究起见，大致可以把近代以来经济学数学化的演进分为三个历史时期。

二　经济学和数学的早期呼应

这一时期包括从 14 世纪西欧文艺复兴运动到 19 世纪 40 年代古典政治经济学解体的四个多世纪。这一时期的经济学与数学，尽管如中世纪一样在不同的领域各自发展着，没有多少交叉融汇的地方，但性质则完全不同。此时期的经济学和数学都发端于文艺复兴运动，都是文艺复兴人文精神的具体表现，都体现出人类思想摆脱宗教桎梏的理性要求。

欧洲中世纪的经济思想是封建意识形态的重要组成部分，在经历了奥古斯丁和阿奎那的改造之后，封建经济思想又以宗教的形态表现出来。经济学的前身为重商主义，就是在文艺复兴运动推动下经济思想领域内的一场思想解放运动。"文艺复兴运动高扬人文主义的旗帜，借助自然科学的成就，反对中世纪的禁欲主义，强调个人的需要和个人的权利。人们呼吁解除一切宗教束缚，保护个人权利和人格，恢复人的健康感情，让人的智力自由发展，用人的意志来考察一切事物，以科学代替教条，以人权代替神权。文艺复兴运动有力地推动了重商主义的成长。代表新兴资产阶级的重商主义者，开始研究现实生活中的经济问题，对观察到的经济现象寻找理论依据，力图建立适合自己需要的经济学说"。① 重商主义是反映早期商业资产阶级经济利益的思想和政策体系，其基本观点是，贵金属金或银是财富的唯一形态，获得财富的主要手段是进行国际贸易，在贸易中多卖少买。在文艺复兴大背景下，重商主义思想解放的意义在于，它摆脱了宗教的束缚，真正从人的理性出发来探索现实的经济问题。在文艺复兴运动的推动下，通过人的理性去考察一切是近代西方社会的潮流，正如恩格斯所说，"他们不承认任何外界的权威，不管这些权威是什么样的。宗教、自

① 葛扬、李晓蓉：《西方经济学说史》，南京大学出版社，2003，第 37 页。

然观、社会、国家制度，一切都受到了最无情的批判；一切都必须在理性的法庭面前为自己的存在作辩护或者放弃存在的权利。思维的知性成为衡量一切的唯一尺度"。① 从人的理性出发考察经济问题，正是重商主义区别于中世纪经济思想的鲜明特征。

随着经济研究的深入发展，经济学研究的重点由流通领域转向生产领域，经济学也从重商主义发展到古典政治经济学。以亚当·斯密的《国富论》为标志的古典政治经济学，是经济研究深入的结果，是继重商主义之后理性在经济研究领域的深化和发展。虽然有为资产阶级利益辩护的一面，而追求科学精神依然成为古典政治经济学的重要特征。因而古典政治经济学能够较为全面客观地研究经济问题，继续践行着自文艺复兴运动以来科学理性的精神。

同经济学一样，近代数学也是在文艺复兴运动的推动下发展起来的，它是人的理性在自然科学领域的充分展示。"文艺复兴时代，就是这样一个数学催生着科学革命，科学革命的要求又不断推动着数学发展的伟大时代"。② 近代以来数学与科学紧密地联系在一起，数学日益成为人类摆脱宗教控制转而依靠自身认识自然的重要工具，运用数学方法就意味着运用科学方法的观念也日益深入人心。

无论是近代的经济学还是数学，都属于在文艺复兴运动推动下人的理性觉醒的一部分，在反封建以及摆脱宗教束缚方面各自为政而又相互呼应，都做出了自己的贡献。这一时期的经济学研究还没有应用多少数学方法，但经济学和数学都立足于人的理性，为二者日后逐渐交叉融合提供了共同的基础。

三　经济学研究中数学方法的全面探索时期

这一时期包括从 19 世纪 40 年代古典政治经济学解体到"二战"结束之间上百年的时间，也可以称为经济学数学方法应用的百年探索期。

古典政治经济学解体之后，西方经济学放弃了劳动价值论而走向庸俗，其研究的一个重要特点是，由重视基础理论转向基础理论和技术方法并重，数学方法的重要性逐步凸显，其中以数理经济学的兴起为主要标

---

① 《马克思恩格斯选集》（第 3 卷），人民出版社，1995，第 365 页。
② 刘景华、张功耀：《欧洲文艺复兴史》（科学技术卷），人民出版社，2008，第 93 页。

志。这是一个在经济学研究中对数学方法进行全面探索的时期。运用数学方法分析经济问题最早出现在威廉·配第的《政治算数》当中，法国重农学派经济学家魁奈的《经济表》也使用了一些数学方法。而真正探索经济分析如何运用数学方法的经济学家是法国的古诺。他认为，一个经济问题"当讨论的是量之间的关系时，运用数学符号是完全自然的"。[①] 他在 1838年发表的《财富理论的数学原理研究》中对部分经济问题的分析尽可能地运用了数学方法。与古诺同时代的德国经济学家戈森，也开始运用大量的数学方法在效用问题上进行研究。到了 19 世纪 70 年代，数理经济学的兴起把经济研究运用数学方法的探索推向了一个高潮，一批不同国籍的经济学家几乎同时对经济学数理方法产生了浓厚的兴趣，除了在效用方面做出深入研究外，还对数学方法运用在经济学的各个领域做了广泛的尝试。奥地利的门格尔、英国的杰文斯和法国的瓦尔拉斯是这一时期的代表。其中瓦尔拉斯的研究具有划时代的意义，他把数学方法的运用进行了系统的整理，在他的《纯粹经济学要义》中，把数学计算和经济中的货币计算结合起来，使得数学方法分析经济问题找到了货币价格这个中介。自此，数学方法逐步成为经济研究中越来越重要的分析工具。

从技术层面加以考察，经济学之所以能够在这一时期对数学方法的运用做出全面探索，是因为数学的新成果为经济研究提供了理想的新工具。19 世纪的数学取得大量突破性发展，尤其是微积分的诞生为经济学提供了难得的分析工具。利润最大化、效用最大化、成本最小化等问题是经济学研究的根本问题，微积分有关极值的知识恰好能够移植到经济学最大化问题的研究上来。此外，这一时期统计、线性等数学理论的重大发展，也丰富了经济学的研究手段，这些都为运用数学方法研究经济问题提供了前提条件。

四 经济学研究的数学方法全面运用时期

"二战"时服务于战争的一大批精通数学的工程专家，如 J. 冯·诺依曼、A. 查尼斯、W. 库珀、S. 沃伊道等，[②] 在战争结束后转向经济研究，

---

① 〔法〕奥古斯丹·古诺：《财富理论的数学原理研究》，陈尚霖译，商务印书馆，1994，第19 页。

② 约翰·伊特维尔、莫里·米盖尔特、彼得·纽曼：《新帕尔格雷夫经济学大辞典》（第3卷），经济科学出版社，1996，第 221 页。

加速了经济学数学化的进程。时至今日，经济学已经全面数学化了，看起来更像是一个数学的分支。运用大量的数学分析，已经成为判断主流经济学与非主流经济学的一个标志。总结起来，经济学数学化主要表现为：第一，定量研究已经成为经济学研究的主导，即使是定性研究，也要尽可能地通过定量分析得出定性结论；第二，定量研究已经形成一套稳定的模式，即通过建立数学模型的方式研究各个经济变量之间的关系，在这个过程中，大量高深的数学方法纷纷被派上用场。

经济学数学化的历史演进过程表明，经济学研究与数学方法的结合形成一个独特的发展系统。假如孤立地考察这个系统，似乎在一定程度上能够支持主流经济学家的观点，即数学化是经济学研究追求科学的结果。这正是主流经济学家的这一观点具有一定迷惑性的原因之所在。而一旦全面地分析经济学数学化这一历史演进过程，就会发现经济学一步步走向数学化的真正内在依据。

第二节　经济学数学化的内在依据

一　经济学数学化的内在依据

从方法论的角度加以考察，经济学数学化的历史演进，是对经济问题认识的历史演进，属于近代以来西方资本主义总体社会变迁的一部分，对它的全面认识，应当从更加广阔的社会经济发展史中加以考察。恩格斯说："一切社会变迁和政治变革的终极原因，不应当到人们的头脑中、到人们对永恒的真理和正义日益激增的认识中去寻找，而应当到生产方式和交换方式的变革中去寻找；不应到有关时代的哲学中去寻找，而应当到时代的经济中去寻找。"[1]

把经济学数学化的历史演进放在整个资本主义经济发展史的背景当中加以考察，不难发现，经济学研究一步步走向数学化，有一个内在的依据，即作为为资产阶级服务的经济学，对研究方法的选择和运用，始终都以资产阶级的经济利益为准则。有利于资产阶级经济利益的方法，它就要运用，不利于资产阶级利益的方法，它就要放弃。正如马克思所言，"庸

---

① 《马克思恩格斯选集》（第 3 卷），人民出版社，1995，第 741 页。

俗经济学家无非是对实际的生产当事人的日常观念进行训导式的、或多或少教条式的翻译,把这些观念安排在某种合理的秩序中"。① 资产阶级本性决定了它的日常观念就是要赚钱。"生产剩余价值或赚钱,是这个生产方式的绝对规律"。② 那么帮助资产阶级赚钱就成为资产阶级经济学的历史使命,选择什么样的研究方法有利于资产阶级赚钱就成为经济学的指导原则,而资产阶级的经济利益便成为经济学研究方法历史演进的基本依据,经济学研究方法依据资产阶级赚钱的需要而演进。

二 数学化是西方经济学根据资产阶级需要的变化而变化的结果

然而,资产阶级的发展史并不是一帆风顺的,赚钱的道路并不平坦,每个历史时期都要面对不同的对手、应对不同的难题。在资本主义整个发展过程中,资产阶级始终都要面对两个问题,第一个是质的问题:能不能按照自己的方式去赚钱,即资本家赖以生存的资本主义生产方式能否确立和稳定下来,这是一个决定资产阶级生死存亡的根本性问题。第二个是量的问题:能不能尽可能多地去赚钱。不同的历史条件下,上述每个问题对于资产阶级而言其轻重缓急程度是不一样的。因而它决定了资产阶级经济学在不同历史阶段,其历史任务也是不同的。在资本主义发展早期,资产阶级受到封建势力的限制和压迫,当资产阶级夺取政权之后,又受到无产阶级的威胁和挑战。从方法论角度看,经济学的研究也因应资产阶级不同历史时期的具体需要,其演进也经历了一个由定性研究为主,到定性研究与定量研究并重,再到以定量研究为主的过程。

经济学的早期阶段,资本主义生产方式还没有取得社会的统治地位,资产阶级的生存和发展时刻受到封建主义的限制和压迫。在方法论上突出定性研究,即论证资本主义生产方式的合理性便成为经济学需要完成的紧迫历史任务。从重商主义到古典政治经济学都是围绕着这一历史任务展开的。重商主义的历史功绩在于把人们的经济认识从封建意识当中解救出来,使资产阶级的赚钱术得到西欧社会的广泛认可,在重商

---

① 马克思:《资本论》(第3卷),人民出版社,1975,第936页。
② 马克思:《资本论》(第1卷),人民出版社,1975,第679页。

主义的影响下，各国都相信了重商主义的观点，"各国彼此对立着，就像守财奴一样，双手抱住他们心爱的钱袋，用妒忌和猜疑的目光打量着自己的邻居"。① 重商主义为资本主义生产方式的确立在认识上做好了前期准备。

继重商主义之后，古典政治经济学在方法论上依然沿着以定性研究为重点的路子走下去，把资本主义生产方式合理性论证推向深入。尽管重商主义的经济主张已经在操作层面成为西欧各国的指导原则，但在当时的思想道德层面还没有地位，信奉资产阶级的赚钱术并不是一件光彩的事情。自亚当·斯密开始，资产阶级经济学家着手为资产阶级经济思想正名，逐步扭转了人们的认识，把资产阶级的经济思想建立在道德的基础之上。恩格斯说，"当政治经济学中的路德－亚当·斯密开始批判过去的政治经济学的时候，情况就大大地改变了……亚当·斯密证明了商业的本质中就有人道的基础，商业不应当是'纠纷和敌视的最丰富的源泉'，而应当是'各民族、各个人之间的团结和友谊的纽带'；因为就事物的本性而言，总的来说商业对它的一切参加者都是有利的"。② 在为资产阶级经济思想正名的同时，为适应当时资本主义发展的需要，古典政治经济学还深入研究了资本主义生产方式的内在规律，把经济学研究的重点由流通领域转向生产领域，并深入研究了劳动价值论。这些都使得古典政治经济学具备了科学的性质。

从重商主义到古典政治经济学，正是资本主义生产方式逐步确立并取得社会统治地位的历史时期，摆脱封建势力的控制继而发展资本主义是此阶段资产阶级的主要历史任务。反映在经济学上，为资本主义生产方式进行合理性辩护的定性研究居于主导地位。

与此同时，在自然科学领域数学的发展也同样发挥着反封建的历史作用，"数学方法在十七世纪的新思想家的理论活动中占据相当重要的地位，这是和当时反对经院哲学（中世纪封建僧侣哲学）的斗争与数学的重大的发展相适应的。十七世纪我们一般可以看作方法论问题觉醒的时期，这种觉醒一方面由于当时资产阶级是新的生产方式的代表，要把生产力从封建生产关系的桎梏下解放出来，迫切要求认识现实和自然，发展科学和技

---

①　《马克思恩格斯全集》（第 1 卷），人民出版社，1956，第 596 页。
②　《马克思恩格斯全集》（第 1 卷），人民出版社，1956，第 601 页。

术，因而传统的经院哲学繁琐僵死的方法受到他们的激烈批判和攻击；另一方面当时在新的经济基础上成长起来的近代自然科学通过科学方法的自觉运用（数学的演绎方法，经验科学的归纳方法）以致获得了它自身的独立性，给予了近代哲学一个很深的方法论影响"。① 近代经济学和数学与其他学科一样相互呼应着，在各自的领域发挥着反封建及摆脱宗教控制的作用。

在经济学数学化历史演进的第二阶段，也就是自古典政治经济学解体到"二战"时期，近代社会发生了巨大变化，资本主义基本扫清了封建障碍，其生产方式取得了社会统治地位。但是，威胁资本主义生产方式的因素依然存在，既有的封建势力并没有完全退出历史舞台，而新生的无产阶级开始壮大起来。"资产阶级的悲剧在历史上表现为当它还没有打败它的前人，即封建主义的时候，它的新敌人——无产阶级又出现了"。② 在经济学领域，《资本论》的发表具有划时代的意义，它掀起了一场经济学革命，建立在劳动价值论基础上的剩余价值理论，深刻地"解释了在现代社会内，在现存资本主义生产方式下，资本家对工人的剥削是怎样进行的"。③ 无产阶级的经济理论给资本主义的生存和发展带来了巨大的威胁。一方面发展资本主义，另一方面还不得不应对新兴阶级的挑战，成为资产阶级这一阶段的历史任务。反映在经济学研究上，质的研究与量的研究并重，即一方面在基础理论上继续论证资本主义的合理性，另一方面还要在量的方面探索最大化攫取经济利益的方法，是这一阶段经济学方法论的主要特征。

在反封建斗争中，资产阶级具有一定的历史进步性，而当资产阶级一经获得政权，其历史的局限性就暴露出来，把资本主义制度当成人类最好的制度加以维护，转而反对一切不利于其统治的社会反思和社会变革。在经济学上定性研究表现为放弃劳动价值论，继而以边际效用价值论为基础重新构建庸俗政治经济学；定量研究表现为全面探索数学方法在经济学各个研究领域的应用。

---

① 〔英〕斯宾诺莎：《笛卡尔哲学原理》（译序），王荫庭、洪汉鼎译，商务印书馆，1980，第 12 页。

② 〔匈〕卢卡奇：《历史与阶级意识》，杜章智、任立、燕宏远译，商务印书馆，1995，第 118 页。

③ 《马克思恩格斯选集》（第 3 卷），人民出版社，1995，第 337 页。

经济学研究的数学方法探索是以近代数学发展为条件的。近代以来数学发展的新成果，诸如 17 世纪微积分学的创立、19 世纪中期行列式理论的发展、线性方程组理论的发展以及近代统计学理论的形成，都为经济学研究提供了分析工具。其中尤其是微积分学在经济研究中具有重大意义。数理经济学家杰文斯曾强调说，"我尝视经济学为快乐与痛苦的微积分学，摆脱前辈意见的拘束，来定立经济学的形式。在我看来，这种形式，经济学终必采用"。[①] 经济学数学化历史演进的第二阶段，即数学方法的全面探索阶段，是资产阶级经济学在方法论方面定性研究和定量研究并重的阶段，定性研究是对马克思政治经济学挑战的一个回应，而定量研究则为后来经济学数学化奠定了基础。

"二战"后，全球范围内资本主义发展的社会历史条件又一次发生了重大变化。资本主义和社会主义两大阵营形成，东西方冷战开始并长时间持续。从一定程度上讲，这种局面为资本主义发展提供了一次难得的历史机遇。这是因为，第一，无论是社会主义国家还是资本主义国家，都饱受战争之苦，世界普遍渴望和平。"'二战'后，争取世界和平，促进经济发展，成为世界绝大多数国家的奋斗目标"。[②] 第二，国际共产主义运动中心由战前的资本主义国家，战后转向社会主义阵营，在经济思想领域由批判资本主义生产方式，转向集中精力探讨社会主义自身的经济建设。第三，战后资本主义国家内部社会主义政党纷纷放弃马克思主义，走向修正主义。"到 20 世纪 50 年代末，除了英国之外的几乎所有社会主义政党都直接或间接抛弃了它们在 19 世纪末正式采纳的马克思主义学说"。[③] 对于资产经济而言，昔日对手纷纷放下武器由面对面激烈对抗转向合作共处。第四，冷战期间两大阵营之间的对抗更多的是政治和军事方面的，尽管经济思想领域的斗争没有间断过，如肇始于资产阶级经济学家米塞斯与社会主义经济学家兰格之间，并持续多年的关于社会主义能否进行有效经济核算的争论等，[④] 充其量不过是隔空对骂而已，对抗强度相对较低。这些条件综合作用，使得"二战"后无产阶级对资本主义生产方式的威胁大大降低

① 〔英〕斯坦利·杰文斯：《政治经济学理论》，郭大力译，商务印书馆，1984，第 2 页。
② 靳辉明、罗文东：《当代资本主义新论》，四川人民出版社，2005，第 6 页。
③ 唐纳德·萨松：《欧洲社会主义百年史》（下），姜辉、于海青译，社会科学文献出版社，2008，第 277 页。
④ 杨瑞龙、陈秀山、张宇：《社会主义市场经济理论》，中国人民大学出版社，1999，第 18 页。

了。资本主义有了一段较长的和平时期，资产阶级获得一个历史机遇，暂时不用担心赖以生存的资本主义生产方式的生死问题了，可以"专心致志"于攫取剩余价值的事业。量的问题，即如何最大化地赚钱，上升为这一时期资产阶级最为关注的核心问题。于是经济学做出了反应，探讨经济要素间数量关系的定量研究成为这一时期经济学的主要历史任务，研究数量关系的数学方法在经济分析中受到了前所未有的重视。

资产阶级的经济学是资本主义经济发展的理论反映，经济学方法论的历史演进又是经济学发展的集中体现。经济学数学化的历史演进的每个阶段，都是依据资产阶级争取经济利益的斗争的需要而发展的。

第三节　经济学数学化研究的经验基础及其拜物教性质

数学化是当代主流经济学最明显的方法论特征。自20世纪中期以来，数学在经济学中的运用越来越专门化、高深化。大量的数学模型及其推导过程使经济学显得论证更严密，表达更准确，思维更成熟，数学化已经成为经济学的主流趋势，有关数学化研究已经成为经济学方法论领域的重要课题。学界对经济学数学化的原因进行了广泛的探讨，归纳起来主要有两类。第一类是从质量统一的角度加以解释，认为任何事物同时都具有质和量两个方面，质和量总是结合在一起的，质总是具有一定量的质，量总是在一定质基础上的量。经济学要考察和研究事物的量，就必须应用数学方法。[①] 第二类认为，数学化是经济学科学化发展的结果。这是绝大多数数理经济学家的一个信念，他们认为数学方法是经济学通往科学的必由之路，数学的精确性、严密性等优点能增强经济学的科学性。经济学家杰文斯就强调："很明白，经济学如果是一种科学，它必须是一种数学的科学。"[②]

上述研究对经济学数学化的原因做了不同的解释，却没有从技术层面给予关注。有一个无法回避的问题：为什么其他社会科学，诸如社会学、政治学或法学等，都没有像经济学那样数学化到如此高的程度呢？第一类

---

① 朱成全：《经济学方法论》，东北财经大学出版社，2011，第204页。
② 〔英〕斯坦利·杰文斯：《政治经济学理论》，郭大力译，商务印书馆，1984，第30页。

解释难以回答，因为不仅仅是经济学在研究量的问题，其他社会学科也都研究量的问题，质量统一规律适用于绝大多数的学科，为什么其他学科没有量化到经济学这种程度？第二类解释也难以回答，因为不仅仅是经济学在追求科学，其他学科也同样都在追求科学。近代以来最显著的特征是科学代替宗教，成为人类新的"上帝"。罗素说，"通常谓之'近代'的这段历史时期，人的思想见解和中古时期的思想见解有许多不同。其中两点最重要，即教会的威信衰落下去，科学的威信逐步上升。旁的分歧和这两点全有连带关系"。① 如社会学，也是把科学追求当作本学科的一项历史使命，孔德在论述其实证方法时，就态度鲜明地打起科学的旗号，认为他所推崇的实证方法体现了科学的基本精神，还把数学看成了科学研究的出发点。② 在所有社会学科追求科学精神的背景下，为什么唯独经济学能够通过数学化的方式来追求科学呢？

以往的研究，一般忽略了从技术层面探讨经济学数学化的原因，恰恰就是这方面的因素，为数学方法进入经济学领域提供了条件。作为两大学科，经济学和数学属于不同的研究范式，二者能够做到一定程度的结合，必然有其相互结合的技术条件。尤其是经济学，正是得益于这种技术优势，才能够从众多的社会学科中脱颖出来，日益驾轻就熟地利用现代先进的数学工具研究经济问题。

一　经济学数学化研究的技术中介

从技术层面加以考察，经济学与数学紧密结合的主要技术因素有：其一，经济学和数学在数量研究方面具有内在一致性，是经济问题研究能够利用数学方法的技术前提。数量和空间是数学的两大基本研究对象。世界是由一定质和量的事物构成的，对构成世界万物的量及其关系的研究便构成数学的核心内容之一。恩格斯说，"数学是研究量的科学"。③ 同样，经济学也是立足于量的研究，对各种经济量的研究构成经济学的基础内容。数学研究的是量的一般性的科学，经济学是研究某领域的量的学科，二者属于一般和特殊的关系。杰文斯敏锐地意识到了这种关系，"在我看来，只因经济学所讨论的是量，所以它必须是数学的。任何物，如果是能大能

① 〔英〕罗素：《西方哲学史》（下卷），马元德译，商务印书馆，1996，第3页。
② 〔法〕奥古斯特·孔德：《论实证精神》，黄建华译，商务印书馆，2001，第70页。
③ 《马克思恩格斯选集》（第3卷），人民出版社，1995，第377页。

小的，它的发展与关系就必定有数学性"。① 由于经济学和数学具有量的一致性，两大学科很早就关系密切。一方面经济学研究经常会运用数学方法，另一方面数学研究也经常以经济问题为材料。比如七世纪印度数学家布拉玛塔，就把有关负数的研究与经济问题结合起来，他在自己的著作《宇宙之门》中这样写道："欠债减去零是欠债，有钱减去零是有钱；零减去零是零，零减去欠债是有钱，零减去有钱是欠债，零乘以欠债或有钱均是零；两个有钱的积或商是有钱，两个欠债的积或商是有钱；一个欠债或一个有钱的积或商是欠债。"②

其二，经济学与数学在数量抽象研究方面的契合性，在技术上为二者结合提供了可能。抽象性是数学的主要特征之一③，"全部所谓纯数学都是研究抽象的"。④ 我国数学哲学研究者郑毓信教授认为，抽象并非数学独有的特性，相反，对应客观实在而言，其他学科都有着抽象的概念系统，但是，数学抽象与其他自然学科抽象的不同之处在于，它有特定的抽象内容，即单从事物量的方面进行抽象，保留量的属性而舍弃质的内容。而其他自然科学量的分析则是为质的研究服务的。⑤ 郑毓信的分析是深刻的，他在抽象研究方面突出了数学区别于其他学科的独特性质，但是，或许是他没有留意到，有一门社会科学的抽象研究与数学非常相似，其大量的抽象也和数学一样单从事物量的方面进行抽象，这门学科就是经济学。第一，量的抽象是经济学的研究基础，大量的基础概念，在一定程度上都是量的抽象，如把工人收入的量抽象为工资，把消费者从商品中获得满足的量抽象为效用，把一国一定时期内生产价值的总量抽象为 GDP 等。杰文斯曾予以简单的总结："现在，说快乐、痛苦、劳动、效用、价值、财富、货币、资本是量的概念，已经是没有疑问的。"⑥ 第二，与其他以质为主、以量为辅的社会科学研究不同，经济学中的量与质是紧紧交织在一起的，量的分析与质的研究相互支持，很多情况下几乎难以分清到底谁主谁次，如经济学被界定为研究稀缺资源如何配置和利用的学科，资源的优化配

---

① 〔英〕斯坦利·杰文斯：《政治经济学理论》，郭大力译，商务印书馆，1984，第30页。
② 刘景华、张功耀：《欧洲文艺复兴史》（科学技术卷），人民出版社，2008，第101页。
③ 〔俄〕亚历山大洛夫：《数学：它的内容、方法和意义》（第一卷），孙小礼等译，科学出版社，2001，第1页。
④ 〔德〕恩格斯：《自然辩证法》，于光远等译，人民出版社，1980，第163页。
⑤ 郑毓信：《数学哲学新论》，江苏教育出版社，1990，第120～121页。
⑥ 〔英〕斯坦利·杰文斯：《政治经济学理论》，郭大力译，商务印书馆，1984，第34页。

置作为研究的目的，既是质的问题，又是量的问题，是资源在各个领域配置多少量的问题；又如，微观经济学理论中研究家庭如何消费以实现效用最大化，研究厂商如何生产经营以实现利润最大化等等，这些最大化指的是量的最大化，依然是一个量的研究问题。总之，在众多的社会科学中，唯独经济学在量的抽象研究方面与数学最为相似，二者在抽象研究方面相互契合，为数学一般性的数量研究方法顺利进入经济学这个特殊领域，又进一步创造了技术条件。

其三，货币为经济研究运用数学方法提供了技术中介，发挥了沟通数学与经济数量研究的桥梁作用，这是经济学数学化的最关键技术因素。"一种经济行为形式上的合理应该是指它在技术上可能的计算和由它真正应用的计算程度"。① 但是，早期经济学的计算程度并不高，其数量研究也只是数学方法的简单运用。量的统一性以及抽象的契合性，仅仅为经济学与数学的结合准备了条件，而货币成为沟通两大学科的中介，才最终为用数学方法研究经济问题打开了方便之门。之后，大量高深的数学方法才逐步运用到经济研究当中，经济学逐步数学化，并成为经济学研究方法的一个主流趋势。

货币能够作为数学方法研究经济问题的技术中介，是因为货币在技术上能够起到各种经济数量同化剂的作用，把各种商品和劳务的不同质和不同名的量，转化为货币这个同一的、无差异的量。西美尔深刻而又形象地论述了货币的这种数量同化剂的功能，"货币使一切形形色色的东西得到平衡，通过价格多少的差别来表示事物之间的一切质的区别。货币是不带任何色彩的，是中立的，所以货币便以一切价值的公分母自居，成了最严厉的调解者。货币挖空了事物的核心，挖空了事物的特性、特有的价值和特点，毫无挽回的余地。事物都以相同的比重在滚滚向前的货币洪流中漂流，全部处于同一个水平，仅仅是一个个的大小不同"。② 由于经济学的研究对象一般都能够在量的方面抽象到货币这一点上，货币便具有了各种具体经济实物在数量方面的一般性特征。对货币进行量的研究，就是对具体经济的量的一般性研究，而量的一般性研究，就可以顺利运用数量研究的一般性科学方法——数学方法，这是货币能够作为技术中介发挥沟通经济

① 〔德〕马克斯·韦伯：《经济与社会》（上卷），商务印书馆，2004，第106页。
② 〔德〕西美尔：《桥与门——齐美尔随笔集》，涯鸿、宇声译，上海三联书店，1991，第265～266页。

学与数学桥梁作用的根本原因。

至此，就可以回答前文提出的那个问题了，同样都适用于质量统一规律下研究数量，同样都坚定地追求科学，同样都难免受到功利主义浸染的社会各学科中，只有经济学能够高度数学化的原因在于，从技术层面上看，经济学比其他学科在数量研究方面的抽象程度高得多，是与高度抽象的数学相契合的；经济学数量研究抽象到货币的高度，使之发挥出沟通经济学与数学的桥梁作用，有了这个中介，经济学和数学就日益紧密地结合在一起了。

二 经济学数学化研究的经验基础

如前所述，最大化地追求剩余价值是资产阶级经济活动的目的，而反反复复地和数量打交道则是资产阶级的日常经验，日常活动是为目的服务的。资产阶级从产生那一刻开始，就和数量结下了不解之缘，这是它生存发展所必需的，马克思说，"资产阶级的生存条件迫使它锱铢必较"。① 这是与其他阶级完全不同的经验，其他阶级比如地主阶级，用不着这么去计较数量问题，因为地主阶级的生存基础是武力占有及封建。而资产阶级必须从商品的交换中获得利润，成本与收益的算计成为这一阶级的看家本领，与数量打交道成为这一阶级的日常生活，恩格斯曾这么生动地描述了两大阶级迥然不同的日常经验："土地贵族终日打猎，金钱贵族天天记账。"② 作为金钱贵族的资产阶级，数量计算渗透到他们的"基因"里。

资产阶级经济学始终忠于资产阶级的计算经验，门格尔在讨论经济学方法论时，就论述了研究方法与经验的关系，"现实的经济现象所展示出来的发展，一方面呈现出个体的发展现象，另一方面呈现出经验形态的发展"。③ 经济学研究迎合资产阶级的日常数量化经验，就需要在方法上给予数量化的回应，为此就要从技术上解决经济学研究的数量化问题。

经济学家很早就注意到了经济学研究数学化的技术中介问题，这本身也是对资产阶级日常经验观察的结果。"在日常交谈中，财富总是用货币

① 马克思：《雇佣劳动与资本》，《马克思恩格斯选集》（第1卷），1995，第356页。
② 恩格斯：《英国状况》，《马克思恩格斯全集》（第1卷），1956，第627页。
③ 〔奥〕卡尔·门格尔：《经济学方法论探究》，姚中秋译，新星出版社，2007，第93页。

表示的。如果问一个人有多富，得到的答复是他有几千镑。所有的收入和支出，所有的得益和损失，用来使人致富的每一件东西都是用出入多少货币来计算的"。① 对以货币为中介进行经济计算的必要性和优点，凯恩斯进行了探讨，他在《就业利息和货币通论》中，专门论述了经济计量单位的选择问题，认为研究经济问题的必要前提是"如何选择几个单位，在处理有关整个经济体系之许多问题时可以合用"。② 凯恩斯认为，马歇尔和皮古教授想在国民所得实物的基础上建立一个量的科学是不可能的，因为"社会所产物品与劳役乃一不齐性的复杂体（non-homogeneous complex），除非在若干特例下，严格说来，是不能衡量的"。③ 在论述经济研究由于单位不统一所造成的麻烦之后，凯恩斯认为货币是最佳的经济计量单位，"所以在讨论就业理论时，我只想用两种数量，即货币量和就业量。前者是绝对齐性的（homogeneous），后者则可以变为齐性"。④ 凯恩斯的两个计量单位实际上就是一个计量单位，即货币量。不仅仅是就业量，几乎一切与经济相关的商品和劳务量，都可以转化为货币量。凯恩斯的分析说明，经济学要运用数学方法，就应当先把标准不统一的商品量和劳务量先转化为统一的货币量，把经济的特殊抽象到数学的一般，继而用数学的一般方法来研究经济问题。货币，便成为经济学运用数学方法进行数量研究的最佳中介了。米塞斯同样认为"货币，即一般所用的交换媒介——成为任何一种较长生产过程中进行的任何行动的必不可缺的智力的前提。不借助货币计算、会计和按货币估算的利润和亏损，技术就不得不局限于最简单的从而也是生产率最低的方法"。⑤ 马克斯·韦伯对资产阶级日常数量化经验的技术也做出了总结，"纯粹从技术上看，货币是'最完善的'经济计算手段，也就是说，经济行为取向的形式上最合理的手段"。⑥ 此外，还有如马歇尔、齐美尔等资产阶级经济学家对货币计算以及担任计算中介功能都做了论述。

① 〔英〕约翰·穆勒：《政治经济学原理》（上卷），赵荣潜、桑炳彦、朱泱、胡启林译，商务印书馆，1991，第15页。
② 〔英〕凯恩斯：《就业利息和货币通论》，徐毓玳译，商务印书馆，1996，第35页。
③ 〔英〕凯恩斯：《就业利息和货币通论》，徐毓玳译，商务印书馆，1996，第36页。
④ 〔英〕凯恩斯：《就业利息和货币通论》，徐毓玳译，商务印书馆，1996，第38页。
⑤ 〔奥〕路德维希·冯·米塞斯：《经济学的认识论问题》，梁小民译，经济科学出版社，2001，第155页。
⑥ 〔德〕马克斯·韦伯：《经济与社会》（上卷），商务印书馆，2004，第107页。

三 经济学数学化研究的经验探索

用数学方法分析经济问题最早见于威廉·配第的《政治算数》,之后魁奈的经济表分析可谓经济学数学化的一次初步尝试。《经济表》是经济学说上第一部对社会资本的再生产过程和流通过程做出明确而系统研究的著作。魁奈的经济表清楚地描述了社会总资本在三大阶级——生产阶级、土地所有者阶级和不生产阶级——中从生产到最终实现的简单再生产全过程。其中特别要指出的是,描述社会资本在各个环节的运动,是通过法国当时的货币单位——里弗尔来说明的,即对所有的投资、产品、利息、地租等,都是在变换成同一的货币单位之后,再进行研究的。魁奈所做的工作,实际上就是通过不同经济形态转化为货币之后,再通过货币之间的数量关系来描述实体经济之间关系的。魁奈有意无意地运用了货币这个计量中介,通过数量关系研究了实体资本的再生产和流通过程。

尽管《经济表》的分析不是尽善尽美的,但是它仍然能够反映出魁奈的创造性和天才思想,"米拉波将它誉为人类继文字和货币发明后的第三大发明,奈穆尔则称政治经济学自《经济表》发表以后才成为一门精密的科学"。[①] 马克思也高度评价了魁奈的《经济表》,认为魁奈能够把各种不同的经济要素"总结在一张'表'上,这张'表'实际上只有五条线,连接着六个出发点或归宿点。这个尝试是在 18 世纪 30 ~ 40 年代政治经济学幼年时期做出的,这是一个极有天才的思想,毫无疑问是政治经济学提出的一切思想中最有天才的思想"。[②] 魁奈之所以能够通过经济表对再生产过程进行精确研究,其根本技术手段就是运用货币单位作为各经济形态的量的同一单位,发挥了货币沟通经济学与数学的桥梁作用。对此,熊彼特予以了高度评价,并认为这是经济学数量研究的良好开端。他说,《经济表》中"'所需要的资本'或'所需要的投资'至少要用货币来表示,以及事实上这种资本也是用货币买来的,而货币才是地主(为了土地预付)与农人首先所实际需要的。魁奈碰到了潜伏在这些问题后面的所有问题,而他解决这些问题的初步尝试也许是——即使实际上不是,因为这一点无法肯

---

① 葛杨、李晓蓉:《西方经济学说史》,南开大学出版社,2003,第 102 页。
② 《马克思恩格斯全集》(第 26 卷),1962,第 366 页。

定——以后所有进一步研究这些问题的工作的起点"。①

继魁奈之后，西方经济学家对数学方法在经济研究中关注的问题做出了多方面的探索。古诺就是最早有意识推动经济学与数学相结合的经济学家，认为"当讨论的是量之间的关系时，运用数学符号是完全自然的"。②与古诺同时代的戈森，也开始了运用数学方法在效用研究方面的尝试。经过经济学家的不懈努力，到了 19 世纪 70 年代，数理经济学达到了第一次繁盛时期，门格尔、杰文斯和瓦尔拉斯是这一时期的杰出代表。尤其是瓦尔拉斯的研究具有划时代的意义，他与以往数理经济学家把数学方法与某种具体经济实体量相结合的各种尝试不同，而是有意识地把数学方法的运用和货币计算结合起来，把数学方法研究经济问题归结于货币单位——价格，在他那里，货币真正起到了沟通经济学与数学的桥梁作用。

瓦尔拉斯的数学分析方法，体现在他的均衡理论中。瓦尔拉斯的均衡理论，是经济学史上的一个里程碑，它既是经济学的奠基性理论，又是经济学的开创性理论。均衡理论为以后的经济学发展奠定了基本的均衡分析模式，而这一理论又开创性地把数学分析恰当地运用到经济学研究中，其中至关重要的是，瓦尔拉斯找到并运用了货币这个技术中介。

瓦尔拉斯非常重视经济学的数学分析，认为"有些经济学家对数学一无所知，甚至根本不懂数学的意义是什么，却采取这样的态度，认为没有可能用数学来阐明经济学原理，他们喋喋不休地说什么'人类的自由意志决不容许被塑造成方程式'，'数学抹杀了摩擦，而摩擦是社会科学一切的一切'，以及其他同样有力同样瑰丽的辞藻。这尽可以各听其便。他们决不能阻止在自由竞争下确定价格的理论成为一个数学理论"。③瓦尔拉斯对数学方法的重视，更主要地体现在他的理论分析上，他认为他的"这一整套理论是数学的。理论虽然可以用通常语言叙述，但理论的证明必须用数学表达"。④如何进行数学表达呢？首先就要把各种研究对象进行量的统一，瓦尔拉斯找到了货币这个技术中介。具体地讲，为了对整个社会经济

① 〔美〕约瑟夫·熊彼特：《经济分析史》（第一卷），朱泱、孙鸿敝、李宏、陈锡龄译，商务印书馆，2010，第 367 页。
② 〔法〕奥古斯丹·古诺：《财富理论的数学原理研究》，陈尚霖译，商务印书馆，1994，第 19 页。
③ 〔法〕莱昂·瓦尔拉斯：《纯粹经济学要义》，蔡受百译，商务印书馆，1989，第 26 页。
④ 〔法〕莱昂·瓦尔拉斯：《纯粹经济学要义》，蔡受百译，商务印书馆，1989，第 20 页。

进行一般均衡分析，就首先要对各个产品市场进行局部均衡的分析，局部均衡分析的前提是在市场交易的供需双方之间找到一个同一的量，通过这个同一的量进行供给和需求的数量比较，这个同一的量就是货币单位——价格。在资源稀缺的基础上，瓦尔拉斯把数学的分析单位归于价格，"商品的最大效用问题，这个问题的数学解答所依据的是资本品服务的稀少性对其价格的比例……新资本品的最大效用问题，这个问题的数学解答所依据的是资本品的稀少性对其价格的比例。"① 有了货币中介，就解决了不同商品、劳务、资本量的统一性的技术问题，再运用数学分析就方便多了。因而瓦尔拉斯说，自己的"纯粹经济学本质，是在完全自由竞争制度假设下确定价格的理论"。② 无论是在瓦尔拉斯的局部均衡分析中，还是在其一般均衡分析中，价格"P"始终在方程式中发挥着各种经济数量同化剂的作用，为数学方法提供了技术中介。

从威廉·配第运用数学方法开始，经过数理经济学家的不断探索，尤其是瓦尔拉斯以价格为中心的数量方法的探讨，最终找到了货币这个经济计算的"最合理的手段"，以货币为中介，数理方法在经济研究领域才得以大规模运用起来。虽然经济学家试图把数量方法向经济领域各个角落推进的努力从未停止过，虽然一些领域的研究不以货币为中介而直接可以数学化，但是以货币为中介，把各种具体不同的经济量抽象成同一个货币的量，再用数学方法加以处理，已成为经济学数理方法的基本模式。

四　经济学数学化研究的马克思主义解读

事实上，货币能够作为各种经济实物在量的方面的一般抽象形式，具有最佳的计算功能，发挥着沟通经济学与数学的桥梁作用，这些都是现象，西方经济学在这方面做出的研究，也都是一些现象研究。不可否认，西方经济学认识到了货币计算的优点，而且在操作上把这一优点做了最为充分的发挥，致使经济学越来越像是数学的一个分支了。而问题还没有结束，为什么在众多的社会学科中，唯独经济学能够在量的方面抽象出一个一般形式的货币呢？是什么因素支撑着货币具有沟通经济学和数学的功能？大多数主流经济学家好像并没有打算回答这些问题，"经济学家在忙

---

① 〔法〕莱昂·瓦尔拉斯：《纯粹经济学要义》，蔡受百译，商务印书馆，1989，第14页。
② 〔法〕莱昂·瓦尔拉斯：《纯粹经济学要义》，蔡受百译，商务印书馆，1989，第16页。

忙碌碌地思考着经济变量和经济现象之间的数量关系，而不深究这些变量和经济实存到底是什么"。①

而这些问题则能够从马克思货币理论和价值理论当中得到深刻的解释。

与西方经济学不同，马克思不仅论述了货币计算功能的现象，而且还深刻解释了为什么各种经济实物能够抽象出货币这个量的一般形式，以及为什么货币能够具有经济计算这一功能。马克思是从资本主义占统治地位的现实经济形态——商品着手研究的。马克思认为千差万别的经济实物在量的方面能够计算的前提是，"不同物的量只有化为同一单位后，才能在量上相互比较。不同物的量只有作为同一单位的表现，才是同名的，因而是可通约的"。② 货币恰好能够在量上担任同一单位角色，马克思说，"为了简便起见，我在本书各处都假定金是货币商品。金的第一个职能是为商品世界提供表现价值的材料，或者说，是把商品价值表现为同名的量，使它们在质的方面相同，在量的方面可以比较。因此，金执行一般的价值尺度的职能，并且首先只是由于这个职能，金这个特殊的等价商品才成为货币"。③

马克思认为，价值的实体是一般人类劳动。货币之所以能够成为一般商品在量上的一般抽象形态，是因为货币和千差万别的商品一样，都是人类劳动产品，都存在一个共同的基础——无差异的一般人类劳动。货币也是商品，无非是固定地充当一般等价物的商品，所以货币作为劳动产品，自身也有价值，而且是和其他商品一样的价值。只有在这个共同的基础上，商品才能够抽象出货币这个价值的一般形态，而这个形态同时又是一个量的形态，是各种商品在价值量上的一般形态，因而就具有了数学的一般抽象性质。马克思说："商品并不是有了货币才可以通约，恰恰相反，因为一切商品作为价值都是物化的人类劳动，它们本身就可以通约，所以它们能共同用一个特殊的商品来计量自己的价值，这样这个特殊的商品就成为它们共同的价值尺度或货币。"④ 从质和量同一的角度看，货币与其他商品的关系就是具有质的等同性和量的差异性。质的等同性使得货币能够

① 韦森：《经济学与哲学》，人民出版社，2005，第 340 页。
② 马克思：《资本论》（第 1 卷），人民出版社，1975，第 63 页。
③ 马克思：《资本论》（第 1 卷），人民出版社，1975，第 112 页。
④ 马克思：《资本论》（第 1 卷），人民出版社，1975，第 112 页。

衡量其他商品的价值，而量的差异性使得货币能够根据自己的价值量来衡量其他商品具有多大价值。这就是货币的价值尺度和价格标准的关系，也是为什么货币具有计算功能并且可以发挥沟通经济学和数学的桥梁作用。

马克思进一步指出，货币的价值尺度职能与其经济计量功能是既有联系又有区别的两个概念，前者是后者的基础，后者是在一定的价格标准上展开的。马克思说，"作为价值尺度和作为价格标准，货币执行着两种完全不同的职能。作为人类劳动的社会化身，它是价值尺度；作为规定的金属重量，它是价格标准。作为价值尺度，它用来使形形色色的商品的价值变为价格，变为想象的金量；作为价格标准，它计量这些金量。价值尺度是用来计量作为价值的商品，相反，价格标准是用一个金量计量不同的金量，而不是用一个金量的重量计量另一个金量的价值"。① 马克思对价值尺度和价格标准做出了清楚的区分，并说明了二者的关系。是货币作为价值尺度，才"使形形色色的商品的价值变为价格"。货币之所以能够在价格标准的基础上发挥经济计算的功能，探讨各商品价值量之间的关系，是因为货币与其他商品一样，自身具有稳定的价值，也就具备了衡量其他商品价值的内在尺度。由于都是人类劳动的化身，货币才有价值尺度的职能，才能使商品的价值转化为价格。只有转化为价格之后，价格标准才能确定下来，才能计算各商品价格之间量的关系。马克思把货币的计量功能建立在劳动价值论的坚实基础之上。

反观西方经济学家，对这一问题的认识是相当混乱的。西方经济学家普遍认为货币就是一个交换媒介，把它等同于价格，只承认它有流通职能，为了回避价值学说而否认价值尺度。然而，货币具有衡量其他商品价值的计算功能则是一个不争的事实，西方经济学家不但承认货币的这个计算功能，而且对这一功能还表现出特有的偏好——通过货币中介努力推动经济学数学化。问题就出现了，既然货币仅仅是个交换媒介，受供求关系的影响，货币价格又处于不断变动之中，那么假如货币不具备和其他商品一样的内在价值，在自身价值还不能确定的情况下，又怎么能够准确计算出其他商品的价值呢？拿自身没有稳定的价值而仅仅是个交换媒介的货币，去衡量其他商品的价值，结果可靠吗？这无疑是一个巨大的逻辑漏洞。西方经济学家似乎意识到了这个漏洞，既要回避货币价值尺度的职

---

① 马克思：《资本论》（第1卷），人民出版社，1975，第116页。

能，又不得不在这个价值尺度的基础上进行数学计算，最终只能在现实操作中做一点粗糙的补救，即在每次运用数学方法、构建数理模型之前，都要加上一句话："假定价格不变"。这个假定便成为西方经济学数理方法处理漏洞时一个应急的逻辑补丁。

马克思有关货币计算功能的分析是以金属货币黄金为例展开的，而世界经济发展到今天，黄金等贵金属货币已经退出流通领域，取而代之的是法定货币——纸币，今天还出现了电子货币等，而后者与前者在发挥经济计算功能方面并没有实质性差别。马克思以黄金为例的货币计算分析对于今天的纸币而言，同样具有解释力。纸币虽然自身没有像贵金属一样的价值，但其价格标准仍然具有衡量商品价值的功能，这是因为纸币的实质是贵金属货币的价值符号。马克思指出，"纸币是金的符号或货币符号。纸币同商品价值的关系只不过是：商品价值观念表现在一个金量上，这个金量则由纸币象征地可感觉地体现出来"。① 作为符号，纸币的价值尺度职能，实质上就是金属货币价值尺度功能的发挥，是金属价值尺度职能在某种符号上的体现。纸币和金属货币毕竟还是有区别的，其中价格标准的基础完全不同，金属的价格标准源自其本身的物质重量，而纸币的价格标准为人为法定。但是这种价格标准的变化丝毫不影响纸币的经济计算功能，也不影响其沟通经济学和数学的技术中介作用。因为纸币作为价值符号，其价格标准可以人为规定为某个量，而一旦这个量确定下来，那么就有两个关系随之确定下来：第一，作为价值符号与其所能代表的价值实体之间的关系，如在某个时间内 1 元人民币或 1 美元所能代表的真实价值是确定的；第二，价格标准之间的数量关系，如 10 美元就是 1 美元的十倍的关系是确定的。在上述关系确定的情况下，作为价格标准的纸币和贵金属货币一样，都可以作为经济学和数学的计量中介，发挥着沟通两大学科技术的中介作用。

五 经济学数学化研究的拜物教性质

以货币为中介的经济学数学化，是资本主义占统治地位的物化经济形态在思维方式上的必然反映。经济学数学化是物化经济形态"合理的可计算性"的内在要求。

---

① 马克思：《资本论》（第 1 卷），人民出版社，1975，第 148 页。

（一）物化经济形态是资本主义占统治地位的经济形态

商品是资本主义物化经济形态最普遍的形式，马克思说，"资本主义生产方式占统治地位的社会的财富，表现为'庞大的商品堆积'"，而"商品首先是一个外界的对象，是一个靠自己的属性来满足人的某种需要的物"。① 商品是用于交换的劳动产品，作为交换发展的结果，商品很早就出现在人类历史上，但长时期以来并不是作为社会经济的主要形式存在的。到了资本主义社会，商品成为社会经济的主要形态，"一切收入必须来自某种东西的出售，而且无论个人收入的真正来源是什么，都必须被看作是出售的结果。商业社会里生产的机械化实际意味着，就是把社会的自然本性和人的本质转化为商品"。② 在商品形态的基础上，资本主义物化经济形态还表现为货币形态和资本形态，商品、货币和资本是资本主义经济物化了的客观形态。物化经济形态成为资本主义占统治地位的形态，表现在三个方面。首先，一切商品都货币化了，商品、货币和资本等物化形式成为资本主义经济的最一般形式；其次，物化经济形态拥有对社会经济的支配力量，物实现了对人的统治，这就是如前所述的资本主义拜物教状态；再次，物化经济形态自身具有了不以人的意志为转移的运行规律。而数学化正是经济学适应物化经济形态内在运行规律的结果。

（二）经济学数学化是物化经济形态可计算性的内在要求

恩格斯说，"我们的主观思维和客观的世界服从于同样的规律，因而两者在自己的结果中最后不能相互矛盾，而必须彼此一致，这个事实绝对地统治着我们的整个思维。它是我们的整个理论思维的不自觉的和无条件的前提"。③ 在资本主义社会，占统治地位的经济物化形态，已经构成一种类似自然世界的客观世界，有其内在的结构和发展规律，这就要求人们有一个主观思维与之相适应，卢卡奇把这种主观思维称为"物化意识"，"在资本主义发展过程中，物化结构越来越深入地、注定地、决定性地浸入人

---

① 马克思：《资本论》（第1卷），人民出版社，1975，第1页。
② 〔英〕卡尔·波兰尼：《大转型：我们时代的政治与经济起源》，冯钢、刘阳译，浙江人民出版社，2007，第44页。
③ 恩格斯：《自然辩证法》，于光远等译，人民出版社，1984，第157页。

的意识里"。①

　　经济学数学化正是与物化经济形态相适应、相一致的一种物化意识。卢卡奇认为，资本主义物化经济形态的内在规律性集中反映在合理机械化和可计算性两个原则上，"合理机械化和可计算性的原则必须遍及生活的全部表现形式"。② 由于资本主义物化经济形态——商品作为一定的物的存在，是按照一定的可计算性原则客观演进的，那么通过数量分析的方式认识整个物化经济形态，使得西方经济学数量方法成为与之相适应的一种必要手段。"商品的性质，即抽象的、量的可计算性质表现在这种形式的最纯粹的形态中。因此，在物化的意识来看，这种可计算性质必然成为这种商品性质真正直接性的表现形式，这种商品性质——作为物化意识——也根本不力求超出这种形式；相反，它力求通过'科学地加强'这里可以理解的规律性来坚持这种表现形式，并使之永久化"。③ 数量化是经济学适应物化经济形态可计算性原则的结果，是物化经济形态在经济学方法论领域的必然反映。

　　由此可以得出结论，资产阶级经济学通过货币中介来实现物化经济形态可计算性的研究，其研究资本主义物化经济学的数量方法，已经不同于研究数量的一般性规律的科学的普通数学方法了，而具有了商品拜物教的性质。这是与资本主义占统治地位的物化经济形态相适应的方法，是探讨物化经济形态内在合理性和可计算性规律的一种物化思维方式，是物化意识的具体表现。这是一套专门认识物化经济形态数量关系的方法，是一套专门研究物的方法，是资本主义拜物教的具体表现形式。

本章小结

　　经济学数学化作为一个方法论问题，有其发展演进的内在依据，这个内在依据绝不是主流经济学家所宣扬的那样，是经济学追求科学的结果，

① 〔匈〕卢卡奇：《历史与阶级意识》，杜章智、任立、燕宏远译，商务印书馆，1995，第156页。
② 〔匈〕卢卡奇：《历史与阶级意识》，杜章智、任立、燕宏远译，商务印书馆，1995，第153页。
③ 〔匈〕卢卡奇：《历史与阶级意识》，杜章智、任立、燕宏远译，商务印书馆，1995，第156页。

而是资产阶级经济利益的内在要求。但是经济学数学化与科学也并非没有关系，在资产阶级最大化攫取利益的推动下，一切有利于资产阶级赚钱的方法都会被采用的。正如马克思所说："科学不费资本家'分文'，但这丝毫不妨碍他们去利用科学。资本像吞并别人的劳动一样，吞并'别人的'科学。"① 用经济学研究中数学方法的科学性质，来说明资产阶级经济学本身就是追求科学的，仅仅是掩盖经济学阶级性质的一个拙劣手段而已。而事实则相反，科学的方法无非是资产阶级无限占有剩余价值的一个工具而已，科学仅仅是一个旗号。资产阶级的利益需要，才是经济学数学化真正的内在依据。

西方经济学在方法上的数学化追求，是由资产阶级日常经验的数量化决定的。资产阶级日常经济活动经验最核心的问题，是量的问题，是到底能赚多少的问题。这是资本主义拜物教的表现，它使得经济学研究方法也具有了拜物教的性质。

---

① 马克思：《资本论》（第 1 卷），人民出版社，1975，第 424 页。

第三篇
西方主流经济学实证
方法的反思与变革

当代西方主流经济学实证方法要比以往丰富得多，实证方法体系不断深化和细化，在经济研究的广度和深度上都达到了前人难以企及的高度。其中就体现在数理经济学、计量经济学和博弈论的不断成熟和发展以及对经济学实证方法功能的重新定位上。实证方法的丰富与发展能在一定程度上弥补以往研究的不足。比如对以往的孤立化研究，主流经济学似乎进行了反思，在继续沿着数理方法推进的情况下，更加注重多种因素和多种变量的影响；西方主流经济学还通过博弈论对人与人的关系进行了研究，从方法上意欲对"见物不见人"的经济学有所转变；把经济学实证方法的功能由解释和预测向单一的预测方向转变，以此为经济学假说的建构开拓更为宽广的空间。这些都可以视为西方主流经济学实证方法的当代反思与发展。

然而，上述反思和发展并没有从根本上克服西方主流经济学实证方法拜物教性质的内在缺陷，而仅仅是在形式上对自身的缺陷进行了更为隐蔽的遮掩，西方主流经济学的研究方法，依然没有取得实质性进展。

西方主流经济学实证方法必须重构，以真正实现对自身缺陷的克服。实证原则与马克思主义经济学实践原则相结合是经济学实证方法重构的基础；定量研究与定性研究相结合是经济学实证方法重构的基本方向；在马克思未来研究方法论基本命题的基础上进行预测，是经济学实证方法发挥其预测功能的前提条件。

第六章　当代西方主流经济学实证方法的反思与局限

第一节　计量经济学对孤立化研究的反思与局限

随着经济问题的复杂性逐步提高，以及西方主流经济学在解释经济问题方面的苍白无力，对已有方法进行反思显得越来越有必要了。西方主流经济学对孤立化研究的反思，主要体现在以下几个方面。第一，承认问题的复杂性，把研究逐步从孤立的个人转向社会；第二，对问题的研究不再局限于简单的因果关系，而是更多地进行相关分析和回归分析；第三，研究不再局限于简单的线性问题，而是进行多因素分析，如计量经济学中的多元线性回归研究问题等。

然而，这些还没有从根本上解决研究的孤立化问题。在数理经济学和计量经济学的技术运用上，孤立化问题依然存在，无非是用了一些方法技巧把孤立化给掩盖了。本章意欲揭开这个隐蔽的技术处理。分析就从偏微分开始。

一　偏微分的孤立化方法论含义

在经济学数量化过程中，最早成功运用的数学知识是微积分。数理经济学家杰文斯就坚信，经济学本身具有量的特征，所以它有数学性。而经济学对量的关注相当大一部分集中在量的变化率领域，即一种投入的变化到底能够引起多大程度收益变化的问题，所以杰文斯进一步说，经济学实际上就是微积分学，[①] 因为数学上的微积分，恰好是研究这方面内容的，因而导数就在经济学研究中被广泛地运用起来。

导数是微分学中最基本的一个概念，它是探讨量的变化率问题的一个数学工具。微分的过程即是求导数的过程，恩格斯说："只有微分学才能

---

① 〔英〕斯坦利·杰文斯：《政治经济学理论》，郭大力译，商务印书馆，1984。

使自然科学有可能用数学不仅表明状态，也表明过程：运动。"① 这是科学研究的巨大进步。从杰文斯等数理经济学家开始，导数被引进经济学研究。导数是经济学研究变化率的最优方法，它发挥了重大作用。导数的引进具有重要的方法论意义。

对于经济学而言，除了上述意义之外，导数还发挥着把问题逐步简单化的作用，这是我们要特别关注的问题。

如前所述，当代西方主流经济学对其实证方法的缺陷进行了一定程度的反思，在研究经济问题时有一种打破以往孤立化研究的倾向，表现在方法上，就是尽可能地把问题的相关因素都加以考虑和研究。比如，在研究对目标函数的影响时，尽可能地把相关的多个自变量都考虑进去，由单一因素影响的研究逐步向多因素共同影响研究转变。

然而在具体的数量处理上，问题又出现了，现有的数学工具尚不能处理多种因素混合影响的麻烦，而偏导数的运用似乎在方法上解决了这一问题。在数理经济学和计量经济学中，偏微分在把问题简单化处理方面发挥了非常关键的作用，偏微分的应用，就是西方主流经济学依然孤立化研究的至关重要的技术手段。

（一）偏微分简介

偏微分的问题就是偏导数的问题，求偏导数的过程就是求偏微分的过程。偏微分是在微分的基础上进行的，了解偏微分，首先要了解微分的含义。微分在数学上就是一个求导数的过程。导数的研究一般是从单个自变量的函数开始研究的。假如有一个自变量的函数：

$$y = f(x)$$

其自变量的变化量用 Δx 来表示，由它引起的因变量 y 的变化量用 Δy 来表示，导数就是因变量的变化量与自变量的变化量之比的极限。

$$\frac{dy}{dx} \equiv f'(x) \equiv \lim_{\Delta x \to 0} \frac{\Delta y}{\Delta x} = \lim_{\Delta x \to 0} \frac{f(x + \Delta x) - f(x)}{\Delta x}$$

上述导数仅仅说明了一个自变量和函数的变化率关系。而实际的情况是，一个函数是多个自变量共同作用的结果，一个模型中可能出现几个参

---

① 于光远、孙小礼等编《马克思恩格斯列宁论自然辩证法与科学技术》，科学出版社，1988，第192页。

数的情况。这样经济内生变量的均衡值就有可能不仅仅是一个参数的函数，因而就有必要运用偏导数去解决这一问题。

假如有一个以上的变量，如有 n 个，那么考察的函数就是：

$$y = f(x_1, \cdots, x_n)$$

其中变量 xi $(i = 1, 2, \cdots, n)$，假如这些都是完全的彼此相互独立的，也就意味着每个变量的变化都不会影响到其他变量。其中，假如 x_1 发生了 Δx_1 的变化，其他的变量都不变，那么 Δx_1 的变化将引起 Δy 的变化。当 $\Delta x_1 \to 0$ 时，$\Delta y/\Delta x_1$ 的极限，就构成了一个导数，这就是 y 对 x_1 的偏导数，表示为：

$$\frac{\partial x}{\partial y} = \lim_{\Delta x_1 \to 0} \frac{\Delta y}{\Delta x_1} = \lim_{\Delta x_1 \to 0} \frac{f(x_1 + \Delta x, x_2, \ldots, x_n) - f(x_1, \ldots, x_n)}{\Delta x_1}$$

偏导数与导数最大的不同在于，偏导数仅仅考虑多个变量当中的一项，假定其他变量不变或者是个常数，假如一个函数中有多个变量，偏导数的便利性表现在，可以一个接一个地求导数，不管有多少变量，用这种方法最终都能够求完，如上式：$y = f(x_1, x_2, x_3, \cdots, x_n)$，求变量 x_1 的导数，就先假定除了 x_1 以外的其他变量不变，先专门对 x_1 求导数；接着是 x_2，假定除了 x_2 以外的变量不变，专门求 x_2 的导数；这样一个一个地求下去，直至求出 x_n 的导数来。所以，任何其他的变量求导数都是如此，最终不管有多少变量，只要按照这个思路做下去，就能把每个变量的导数求出来。然后再研究这些导数对函数的影响问题。这样，通过求偏导数，就可以从技术上解决多个因素共同影响的问题了。

（二）偏微分的孤立化方法论含义

在方法论上，偏微分最大的功能莫过于它的孤立化作用，可以把这种作用称为经济学研究的"定身法"。也就是说，函数关系中不管有多少变量，偏导数都可以把任意选定某个变量以外的变量统统给"定住"，假设它们是常量，就像把其他各个变量都给捆住不让动弹一样，这样就可以安心处理那个选定的变量了。"偏导数与前面讨论的求导数基本差别在于，我们必须保持 $(n-1)$ 个变量不变，而只允许一个变量变化"。[1]

---

① 〔美〕蒋中一、〔加〕凯尔文·温赖特：《数理经济学的基本方法》，刘学、顾佳峰译，北京大学出版社，2006，第203页。

这实质上是一种孤立化的处理方式。不管变量有多少，偏导数都可以做到一个一个地孤立化地进行研究。然而这种孤立化的处理方式极具隐蔽性，它给人的直观印象往往是在研究多个变量的问题，似乎是对多个因素进行一并考虑，而不是孤立化地研究问题。为什么会给人以这样的错觉呢？是因为经济学用偏导数处理多因素问题，悄悄地把问题的性质给改变了，而人们一般不易察觉。它所改变的是：把多因素的共同影响悄悄地改变为多因素逐一影响。多因素共同影响和多因素逐一影响完全是两码事，虽然二者研究的都是多因素影响的问题。前者研究的是多因素的合力影响问题，而后者研究的是多个因素单个逐一影响的问题。这是方法论上较为隐蔽的偷梁换柱。下文从经济学实际模型入手，揭开这个隐蔽转换的秘密，并用经典物理学原理证明它的荒谬性。

二 偏微分计量经济学运用的孤立化性质分析

（一）经济学模型多因素分析的偏微分应用——以柯布-道格拉斯模型为例

科布-道格拉斯生产函数是经济学中最为经典的模型，大量的经济学模型都是从它衍生而来的，它的表述如下：

$$Y = AL^\alpha K^\beta$$

这是一个有关生产产量与两个变量：劳动 L 和资本 K 相互关系的函数。按照模型演进最一般的方法，对这一模型取对数，做进一步处理，模型变为：

$$\ln Y = \ln A + \alpha \ln L + \beta \ln K$$

在这个模型中，$\ln A$ 是截距，α、β 是参数。这一模型表明了产量、劳动和资本之间的相关关系，劳动和资本是两个变量。从形式上看，这一模型也算是多变量研究了。那么如何研究多个变量对函数的影响呢？下面偏导数的定身法就派上用场了。分别求 L 和 K 的偏导数，则：

$$\frac{\partial \ln Y}{\partial \ln L} = \alpha$$

$$\frac{\partial \ln Y}{\partial \ln K} = \beta$$

上述表达式的经济学含义是：假如 L 变动 1%，那么 Y 就要变动 $\alpha\%$；如果 K 变动 1%，那么 Y 就要变动 $\beta\%$。要研究两个变量 L 和 K 对 Y 的共同影响，那么研究 α 和 β 对 Y 的影响就可以了。

以上是计量经济学模型多因素分析的经典思路。我们说，这种思路是有问题的。这种问题不是偏导数数学知识本身的问题，也不是推导过程的问题，而是经济学用偏导数处理多因素影响中的孤立化研究的问题，即把多因素的共同影响转化成多因素逐一影响的问题。这种处理，保证了经济学孤立化研究问题的一贯做法，然而却严重改变了问题的性质：最终研究的不是多因素的影响问题，而是多个因素单独影响之后的每个结果的共同影响问题。

（二）经济学研究运用偏微分技术进行多因素分析的荒谬性——一个物理学的证明

经济学的多因素的共同影响问题，一旦通过偏微分做技术处理，就变成多因素的逐一影响了。多因素共同影响和多因素逐一影响虽然都是多因素影响，但含义完全不同，对这两种多因素影响研究的结果也完全不一样。通过物理学的基本原理可以对二者的差异做出证明。为了证明这种运用数学技术处理经济问题的荒谬性，用力学原理加以说明可以收到良好的效果。

用物理学基本原理解释经济学问题应当是可以接受的，如前所述，经济学研究方法是随附在物理学研究方法上的，相对于经济学方法而言，物理学的方法是最权威的方法。下面我们就用被视为最权威的物理学力学原理，来证明经济学运用偏微分知识处理问题的荒谬性。

先看物理学的一个基本力学原理——静力学当中的合力的平行四边形法则：作用于物体上同一点的两个力可以合成为作用于该点的一个合力，合力的大小和方向由这两个力的作用线所构成的平行四边形的对角线来表示，这就是合力的平行四边形法则。

我们举例来看这个原理。假如有两个力 A 和 B 对一个物体 O 施加不同方向的影响力，那么这个物体 O 的运动将会从 A 和 B 构成的平行四边形的对角线方向运行。如图 1 所示，假如有两个力 A 和 B 对某物体施加影响，那么物体的运动方向将是在 A 和 B 之间的 C 处的方向。

A、B 的共同作用，也就是 A、B 的合力作用，决定了 C 的方向必然是

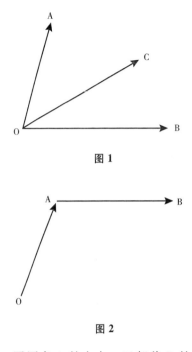

图 1

图 2

由 A 和 B 构成两条边的平行四边形的对角线方向。图 1 是对该原理应用于现实世界的真实解读，图 1 中 C 的方向是 A 和 B 的合力方向。

然而，一旦按照偏微分做技术处理，那么 C 的方向就完全改变了。按照偏微分的方法，针对多个影响的因素，一项一项地进行研究，比如先研究 A 的影响，那么就要对 B 做偏微分处理，B 的影响力先暂时被偏微分"定住"而不予考虑，之后单一考虑 A 对该物体的影响，结果是该物体按照 A 的方向开始运动。考虑完 A 的影响之后，再考虑 B。处理的路数和前面一样，用偏微分把 A 再"定住"，单一考虑 B 的影响。这时物体在 B 的单一作用下，改变了原来 A 的方向，又朝着 B 的方向开始运动。运动的结果如图 2 所示，物体的运动方向是从 O 到 A 然后再从 A 到 B。OA 是 B 被偏微分定住之后单一受 A 影响的结果，AB 是 A 被偏微分定住之后单一受 B 影响的结果。通过偏微分的技术处理，多因素 A、B 逐一影响的结果就是物体从 O 到 A 然后再从 A 到 B，这与图 1 中多因素 A、B 共同影响的真实结果完全不同，由图 1 中真实的 OC，变成图 2 中被处理后的 OAB。

图 1 中的 C，是在 A 和 B 的共同作用下真实的运动方向，是多因素共同作用的结果。然而，同样是 A 和 B 对物体进行作用，一旦经过偏微分处理，也就是说多因素共同影响一旦被偷偷换成多因素逐一影响，那么物体的运动方向大变，由原来的 C 方向直线运动转变成如图 2 所示的折线运动。由于偏微分的作用，图 2 的结果与图 1 的情况完全不一样了。由此不难发现，经济学运用偏微分技术进行多因素研究是何等的荒谬。

经济学在多因素分析方面，运用偏微分进行技术处理的迷惑性在于，它似乎也在进行着多因素的研究，似乎从方法上规避了西方经济学孤立化研究问题的根本缺陷。然而通过偏微分处理，对多因素共同影响的研究就转变为多因素逐一影响的研究了，孤立化研究的实质没有任何改变。与以往所不同的是，过去是对一个因素进行研究，现在是在偏微分的协助下，对多个因素进行一个接着一个的研究。总之，不管有多少个因素，总是研究完一个之后再研究另一个，研究的依然不是多因素的合力，而是多因素中单个因素的单一影响。

第二节　西方经济学中人与人关系研究的转换方法

20 世纪中期以后，西方主流经济学也开始研究人与人的关系问题了，这对于它历来局限于人与物的关系以及物与物的关系的研究而言，无疑是研究领域的突破。然而在方法上，却依然没有取得实质性进展。西方经济学研究人与人的关系，依赖于一套转换方法，就是把人与人的关系一步步转换成物与物的关系，用物与物关系的研究代替人与人关系的研究。这套方法集中体现在博弈论经典案例囚徒困境中。孤立化和数量化是这套转换方法的两个构成要件。西方经济学方法具有走向孤立化的内在必然性，由私人劳动和社会劳动的矛盾所决定，孤立化的方法会把研究局限在物与物关系的范围之内。西方经济学数量方法是一种与资本主义物化经济形态相适应的物化思维方式，是物化意识在经济学方法论领域的集中体现。用研究物的方法去研究人，是西方经济学人与人关系研究的根本缺陷。

一　西方经济学人与人关系研究的转换方法

（一）西方主流经济学人与人关系研究的主要工具

西方经济学与马克思经济学的研究重点不同，二者的根本差异在于把人与人的关系作为研究的核心内容，"马克思经济学着重研究经济活动中的社会关系，即人与人的关系，西方经济学却着重研究经济活动中的物质方面，即人与物的关系和物与物的关系"。[1] 自亚当·斯密以来，西方经济学对人与人关系的探讨，仅局限在经济个体供求双方讨价还价的狭窄界面上，进一步的研究长期没有进展。随着各类经济主体的交往日益密切，人

---

[1]　洪远鹏：《经济理论比较研究》，复旦大学出版社，2002，第 2 页。

与人的关系在经济生活中的重要性日益凸显，成为经济学一个无法回避的问题，而西方经济学对这一应当深入研究的领域还未开拓，这对于向其他非经济学领域不断输出理论思维、号称"经济学帝国主义"的主流经济学而言，无疑是一件尴尬的事情。

20世纪中后期情况有了改变，博弈论的出现，似乎为西方经济学研究人与人的关系提供了难得的工具。作为数学的一个分支，兴起于20世纪四五十年代的博弈论，迅速成为西方经济学的新宠，并被寄予厚望，2005年诺贝尔经济学奖授予了两位博弈论专家罗伯特·奥曼和托马斯·谢林。博弈论的确给西方经济学带来了信心，自从把博弈论纳入麾下，西方经济学就"越来越转向人与人关系的研究，特别是人与人之间行为的相互影响和作用，人们之间的利益冲突与一致，竞争与合作的研究"。① 博弈论研究人与人之间的关系，其奥妙在于一套处理关系的特殊方法，这套方法集中体现在博弈论的经典例子——"囚徒困境"当中。

囚徒困境不仅仅是一个虚构的案例，而且是博弈论展开分析的基础，"博弈论的主要依据是所谓'囚徒困境'"。② 博弈论的主要分析方式是建立在这一案例基本思维模式之上的，它浓缩了一套研究人与人关系特定的处理方法，对于西方经济学而言，具有重大的方法论意义。对囚徒困境的剖析，可以抓住博弈论处理人与人关系方法的关键。

那么，难道真的如西方经济学里所宣称的那样，囚徒困境中的研究方法就是一把理顺人与人复杂经济关系的钥匙吗？这样想就过于乐观了，其实这一方法并不是什么新东西，其根本路径是把人与人的关系一步步转换成物与物的关系，与西方经济学长期以来惯用的基本方法并没有实质性差别。下面的分析旨在揭开这个转换方法的秘密，分析就从囚徒困境这一博弈论经典案例着手。

（二）囚徒困境人与人关系的处理方法及其实质

囚徒困境是这样的，说警察抓住了两个共同犯罪嫌疑人A和B，把他们分别关在不同的地方进行审讯。警察告诉他们每个人：如果他们都坦白，两个人都要判8年刑；如果他们都抵赖，由于证据不充分，两人各判

---

① 张维迎：《博弈论与信息经济学》，上海人民出版社，2004，第10页。
② 〔美〕道格拉斯·C.诺斯：《制度、制度变迁与经济绩效》，刘守英译，上海三联书店，1994，第17页。

1 年刑；如果一人坦白一人抵赖，坦白的人放出去，抵赖的那个判刑 10 年，如图 3 所示。

	坦白	抵赖	
囚徒 A	-8 ， -8	0 ， -10	坦白
（或囚徒 B）	-10 ， 0	-1 ， -1	抵赖

图 3

　　面对上述多种选择方案，被假定为理性经济人的两个犯罪嫌疑人，都要考虑如何选择对自己最有利的情况，而他们的选择结果与对方的选择紧密相关，要达到最有利的结果不得不考虑对方的选择。比如犯罪嫌疑人 A，他坦白与否首先要考虑 B 是如何选择的，B 的选择就有两种，坦白或抵赖。假如 B 坦白，对于 A 而言坦白判 8 年比抵赖判 10 年要好；假如 B 抵赖，对于 A 而言仍然是坦白释放比抵赖判 1 年要好。总之无论 B 如何选择，对于 A 而言都是坦白好。B 也会沿着同样的思路考虑问题，结果会两人都选择坦白，各判 8 年。

　　囚徒困境这个案例被西方经济学倍加推崇的原因，在于它使用了一套把人与人的关系转换成物与物关系的方法。这一转换，似乎为西方经济学运用其既有的方法去顺利研究人与人的关系提供了可能。这套转换方法归纳起来主要有三步。

　　第一步，隔断两个当事人的一切社会关系，把他们由社会人转变成两个孤立的个体。首先，隔断两个当事人与社会的一切联系。在这个案例当中，警察的存在具有重要的意义，他可以通过关押的办法把两个罪犯复杂的社会关系做一个简单化处理，把他们从各种社会关系中强行剥离出来。其次，隔断两个人之间的联系。仅仅把两个犯罪嫌疑人与社会隔离起来还不够，还要把他们各自关起来，以避免相互通气形成勾结共同抵赖。案例中，两个犯罪嫌疑人就被警察分开单独关了起来。通过这样一番摆布，每个犯罪嫌疑人都变成西方经济学研究对象中理想而又纯粹的孤立个体了，要研究社会人的关系，只要研究这两个孤立个体之间的关系就可以了。这在方法论上，无疑使建立在个体理性基础上的西方经济学孤立地考察个人经济行为的一贯做法，大大地前进了一步。

　　第二步，把两个孤立个体之间的关系转变成个体与方案的关系，或者说转变成个体与媒介之间的关系。通过第一步，两个局中人被孤立起来了，他们与外界的联系以及两个人之间的联系已经被斩断。博弈论被称为研究人与人之间互动关系的学问，研究对象被孤立起来了，还怎么互动，进而还怎么研究他们之间的互动关系呢？这是囚徒困境接下来要做的关键性的第二步：在两个孤立个体之间加进一个媒介，让两个孤立的局中人都与这个媒介发生关系，继而两个人通过媒介间接发生关系。这个媒介就是供两个局中人选择的方案。

这样，故事中的两个局中人就被推向了一种新的境地，他们能够做的是，通过备选方案这个媒介进行间接互动，媒介就像市场经济中的市场机制一样，发挥着那只"看不见的手"的作用，调节着他们之间的关系。局中人也只能像市场经济中的理性经济人一样，被挤进了仅能发挥算计利弊得失作用的狭窄空间，再也没有别的选择了。

第三步，把个体与方案的关系转变成单纯的数量关系。局中人一旦进入媒介，即无论选择哪种方案，都会发现里面除了数量之外，别的什么也没有。在第二步，每个局中人面对多种选择方案，还属于人的选择问题，多少还有些人的因素，而到了最后一步，就完全转变成数量问题了，没有一点人的踪影，因为无论哪种方案，性质都一样，都是由数量的比较构成的，局中人只要选择了任一方案，摆在他面前的就只有单纯的数量了。到了第三步，囚徒困境的转变方法最终完成，把人与人的关系彻底转变成单纯的数量关系，把人与人的关系这个社会问题转变成一道纯粹的数学题。至此，囚徒困境的转变方法完成了人与人关系研究与现代经济学数理方法的对接。

囚徒困境在方法论上的巧妙之处在于，把人与人复杂的关系，经过一步步处理，最后变成简单明了的可比较可计算的数量关系，变成符合现代经济学数理方法操作尺度要求的备料。

然而，囚徒困境方法论所谓的巧妙之处，恰恰正是它的问题之所在。由人与人关系向数量与数量关系转变的过程，实质上就是一个逐步剥离人性进而增强物性的过程。每向前推进一步，研究对象中人的因素就会减少，而物的因素就会增加，最终使得人与人的关系彻底转变成物与物的关系。我们可以把这种方法认定为一种物性的转变方法，即一种把研究对象中人的属性转变成物的属性的方法，也就是把对人的研究转变成对物的研究的方法，或者说是用研究物的方法去研究人，用研究物与物关系的方法去研究人与人的关系。具体看囚徒困境的三个转变步骤，实质就是：第一步，剥离人的社会关系；第二步，塞进间接交往媒介；第三步，归于物的单纯数量。三个步骤完成两个转换：先把具有丰富社会属性的人的关系转换成孤立个体之间的关系，再把孤立个体的关系转换成物与物的关系。两个转换达到了一个目的：用物与物的关系代替人与人的关系。这两个转换恰好就是西方经济学惯用的两个方法：孤立化和数量化。如前文所述，西方经济学沿着囚徒困境的思路，运用孤立化和数量化方法，会把人与人关系的研究一步步拖入物的世界，最终用物与物的关系代替人与人的关系，下面将进一步揭示这套转换方法实质上是物化意识的一种具体表现，是与资本主义物化经济形态相适应的物化思维方式。

二　囚徒困境之人与人关系研究的缺陷及其拜物教性质

进一步看，囚徒困境之研究人与人之间的关系，实质上用的依然是西方经济学孤立化和数量化的老办法。转换过程是一个孤立化的过程，目的是把社会人转换成荒岛上孤立的鲁滨逊，而数量化则是转换方法的目标，把孤立个人之间的关系转换成物与物之间的数量关系。囚徒困境仅仅从形式上丰富了西方主流经济学的实证方法，而在实质上则没有取得任何进展，依然是沿着孤立化和数量化的老路去研究问题。

囚徒困境中的第一个转换，即由社会人的关系到孤立人关系的转换，继而用对孤立个人的研究来代替对社会人的研究，是一个典型的孤立化研究方法，它与西方经济学孤立地研究问题的一贯做法是高度吻合的。

（一）　囚徒困境孤立化研究方法及其缺陷

如前所述，西方经济学一向孤立地研究经济问题，"把现实的经济现象，还原为简单的经济要素，然后孤立地考察各个要素及其相互关系"。[①]孤立地进行研究在亚当·斯密那里就已经表现出来，他认为人性在经济方面有"自利的打算"，无疑是把研究视角锁定在了单个人的身上；而"看不见的手"的观点，则又暗示着并没有多大的必要去关注个体之外的研究。把孤立的个体当作经济研究的出发点在奥地利学派那里得到了充分发

---

① 陶大镛：《十九世纪末二十世纪初庸俗经济学在方法论上的破产》，《北京师范大学学报》1962 年第 4 期。

展，荒岛上孤立的鲁滨逊成为门格尔、庞巴维克、哈耶克等人垂青的对象。新古典经济学也同样是孤立化地研究问题，马歇尔的分析总是立足于"一个人"，弗里德曼也认为，纯粹的市场经济是"若干鲁滨逊·克鲁索的集合"。① 孤立地考察经济现象，成为西方经济学的一个传统研究方法。

马克思早就对这种孤立化的研究方法予以了批判，"被斯密和李嘉图当作出发点的单个的孤立的猎人和渔夫，是一种十八世纪鲁滨逊式的故事的毫无想象力的虚构……这是错觉，只是大大小小的鲁滨逊式故事的美学的错觉……人是最名副其实的社会动物，不仅是一种合群的动物，而且是只有在社会中才能独立的动物。"② 马克思在批判西方经济学这一错误的同时，也指出了这一方法的根本缺陷，就是它严重忽视了人的社会属性，忽视了人与人之间丰富的社会关系。因为"人的本质不是单个人所固有的抽象物，在其现实性上，它是一切社会关系的总和"。③ 波兰尼同样认为，人与人之间的既定关系是经济研究必不可少的客观内容，"人类的经济是浸没（submerged）在他的社会关系之中的"。④

孤立化的方法受到社会科学各界广泛而又尖锐的批评，但是西方经济学家对此似乎具备一定的免疫力，依然固执地使用孤立化方法研究经济问题。客观存在的人与人的关系本应该成为经济研究的内容，而西方经济学却执意不研究这些现实存在的关系，或者不把人放在既定关系中去研究，而是通过孤立化的方法把它们都割除掉，即使是研究人与人的关系，也是研究那些像囚徒困境一样的从孤立人出发演绎出来的假想关系，在经济社会学家格兰诺维特看来，这实在是一个"十分吊诡"的现象。⑤

面对众多批评，为什么西方经济学如此顽固地坚持孤立化的研究方法呢？在第四章，本书从资产阶级经验的角度进行了分析，认为经济学孤立化地研究问题决定于资产阶级孤立化的现实经验，下文再从马克思主义劳

---

① 米尔顿·弗里德曼：《价格理论》，蔡继明、苏俊霞译，华夏出版社，2011，第 5 页。
② 马克思：《导言》，《马克思恩格斯全集》（第 12 卷），人民出版社，1965，第 733 页。
③ 马克思：《关于费尔巴哈的提纲》，《马克思恩格斯选集》（第 1 卷），人民出版社，1995，第 56 页。
④ 〔英〕卡尔·波兰尼：《大转型：我们时代的政治与经济起源》，冯钢、刘阳译，浙江人民出版社，2007，第 48~49 页。
⑤ 〔美〕马克·格兰诺维特：《镶嵌：社会网络与经济行动》，罗家德译，社会科学文献出版社，2007，第 7 页。

动二重性的角度做进一步理论分析。

西方经济学研究必然会走向孤立化，这主要是由西方主流经济学实证方法的拜物教性质决定的。拜物教产生的根源是资本主义私人劳动和社会劳动的矛盾。商品是用来交换的劳动产品，本来并不神秘，而劳动产品一旦采取了商品形态，这个形态本身就会呈现谜一样的性质。因为"使用物品成为商品，只是因为它们是彼此独立进行的私人劳动产品。这种私人劳动的总和形成社会总劳动"。① 商品本身具有了私人性和社会性双重属性。商品的双重属性实质上反映了人们的社会关系，也就是私人生产者相互独立而又相互依赖的社会关系。对于商品生产者而言，生产商品是他们个人的私事，看起来是孤立进行的，但是作为社会劳动，他必须生产社会需要的商品，才能卖出去，因而只有在交换的时候其社会劳动属性才能显示出来，此时，人与人的劳动交换关系变成物与物的交换关系。然而对于单个的商品生产者而言，商品能不能卖出去并不是他所能左右的事情，假如实现不了交换，他就可能会赔钱或破产。这样，人们主宰不了自己的创造物——商品，反而被它所主宰，人的命运被商品这个物所支配着，商品似乎具有了让人崇拜的魔力，这就是商品拜物教。在此基础上，资本主义社会还发展出了货币拜物教和资本拜物教。

显然，只有从商品的私人劳动和社会劳动矛盾中，才能透过社会大量孤立生产的现象，深刻揭示拜物教的本质。然而，西方经济学仅仅停留在现象和经验错觉的层面孤立化研究问题，把研究局限于孤立的个体，这实质上就是把研究仅仅局限在私人劳动的个体方面，在单一的私人劳动的范围内兜圈子，对商品生产的认识缺乏社会劳动的视角，不能从私人劳动与社会劳动的总体矛盾中认识资本主义商品生产的本质。这种孤立化的方法不具备全面认识拜物教的基本条件，不可能去深刻揭示拜物教的本质，即不可能去研究被物与物关系掩盖着的人与人的关系。相反，从私人劳动的单一方面去认识经济现象，完全迎合资本主义生产当事人的经验错觉，决定了西方经济学只能充当资本主义商品社会拜物教的解释学，其本身也具有拜物教性质，它所能做的只是从物的方面去理解经济现象，同样也只是从物的方面去理解人与人的关系。

至此，我们就不难理解囚徒困境为什么非要把丰富的人与人的关系，

---

① 马克思：《资本论》（第 1 卷），人民出版社，1975，第 89 页。

孤立化地转换为物与物的关系了；根本原因在于它本身就是一种建立在资本主义私人劳动现象上的拜物教思维方法，是对私人劳动现象的一种理论描述。

（二）人与人关系研究的数量化转换及其拜物教性质

因徒困境把人与人的关系最终转换成数量关系，实质上就是转换成物与物的关系。因为在资本主义生产方式之下，经济学研究的数量，本身就是物的数量，是拜物教在经济学研究上的反映，是物化经济形态可计算性的内在要求。有关这部分内容，本书在第五章，已经做了较为详细的论述，在此不再重复。

第三节　当代西方主流经济学实证方法的功能转向及其局限

当代西方主流经济学实证方法对其自身缺陷的反思与弥补，还表现在对这一方法功能的重新定位上。弗里德曼 1953 年发表了《实证经济学方法论》一文，成为经济学实证方法功能转向的一个重要里程碑。弗里德曼对实证方法进行了全面的思考，在他这篇经济学方法论重要文献中，他对这一方法的功能进行了重点论述，通过对实证方法功能的重新定位，旨在为经济学假说的建构开拓更为广阔的空间。

一　弗里德曼实证方法的功能转向

弗里德曼 1953 年《实证经济学方法论》一文的发表，具有里程碑意义。人们从不同的角度对他的这一方法论文章进行解读，这一文章随后还引发了有关经济学方法论的巨大争论。与以往经济学实证方法相比，弗里德曼的实证方法包含了太多的新内容，其中最为显著的就是，经济学实证方法功能的重新定位。从约翰·穆勒以来，经济学实证方法始终具有两个基本功能，一个是解释，另一个是预测。这一方法尽管在归纳和演绎抽象方面有着分歧和融合，但都是方法本身的问题，而从来没有人对方法的解释和预测两大功能有过怀疑。到了弗里德曼这里，经济学实证方法的功能有了明显的转向，即从解释和预测两大功能转为预测这一单一功能。这是经济学实证方法的重大而显著的变化。

弗里德曼在该文开篇以内维尔·凯恩斯的方法论观点为导引，首先强调了经济学实证方法是研究"是什么"而并非研究"应该是什么"的方法，之后就笔锋一转，直接进入实证方法的功能论述。他认为，经济学实证方法的功能就是预测，"它的任务是提供一套一般化体系，这个一般化体系可以被用来对环境发生变化所产生的影响作正确的预测。这一体系的运行状况可以通过它所取得的预测与实际情况相比的精确度、覆盖率及一致性等指标来加以考察"。① 弗里德曼从物理学和数学等方面，类比论证了经济学实证方法的这一功能，认为不仅仅是经济学的实证方法，凡是实证科学，其方法都是以预测为目的的。"实证科学的终极目的就是要发展这样一种'理论'或'假说'，使之能够对尚未观察到的现象做出合理的、有意义的（而不是老生常谈的）预测"。②

弗里德曼认为，为了能够更加科学地建构理论，理论的前提假设可以与事实不相关，与客观事实越是不相关，假说建构的科学性就越高。这就是弗里德曼著名的"假设不相关"观点。这一点引起了人们激烈争论。限于本书主题，对弗里德曼的经济学实证方法论相关内容在此并不做深入探讨，本书关注的是，他从方法论功能方面着手改造经济学实证方法，究竟具有什么样的方法论反思意义的问题。

二　弗里德曼方法论观点的反思意义

虽然弗里德曼经济学实证方法的观点是一个有争议的问题，但有一点是非常明确的，就是他对以往的实证方法进行了全面的反思，实证方法功能的转向，是其反思的结果。这种反思主要体现在以下两方面：第一，受到波普尔主义的影响，对经济学实证方法逻辑实证主义局限的反思。这是经济学方法依附于自然科学方法或自然哲学的表现。在本书第三章第二节对此做出过专门论述，在此不重述。

第二，在经济学实证方法拜物教性质方面的反思，这是本书要着重论述的地方。说弗里德曼的经济学实证方法功能转向是对该方法拜物教性质的反思，主要在于弗里德曼表现出一种清晰的努力，即尽可能地使经济学

① 〔美〕米尔顿·弗里德曼：《弗里德曼文萃》，高榕、范恒山译，北京经济学院出版社，1991，第192页。
② 〔美〕米尔顿·弗里德曼：《弗里德曼文萃》，高榕、范恒山译，北京经济学院出版社，1991，第195页。

研究从经验事实当中摆脱出来，尽可能地把经济学实证方法和既定的经验事实拉开距离。这是一个了不起的努力。这里的经验事实，既包括经济学者的研究经验，也包括资产阶级经济学服务的对象——资产阶级的经验，后者始终是前者的基础，也是本书研究的内容。

在弗里德曼对经济学实证方法功能的重新界定中，经验事实的地位发生了重大变化。经验事实在以往的经济学实证方法中具有基础性地位，尤其是在历史学派的归纳法那里，经验就是理论的源泉，也是方法的源泉。虽然经济学实证方法中抽象演绎部分更强调逻辑推演的重要意义，对归纳问题表示怀疑，但仅仅是逻辑上的怀疑，而从来没有怀疑过经验事实的重要作用。而逻辑实证主义一经主导了经济学的实证方法，经验事实的地位比以前更高了。然而到了弗里德曼这里，经济学实证方法功能的新定位，使得经验事实已经完全不再是理论建构的基础了，而是旁落为检验假说的材料。

弗里德曼认为，经济学理论是从假说开始的，而假说并不是源自经验事实，相反，假设与事实可以完全不相关。那么经验事实还有什么作用呢？作用是有的，就是用来检验假说，仅是检验假说的一个材料而已。对于弗里德曼的理论建构过程的理解，一般人会认为，弗里德曼那里经验事实不是当下业已发生的事实，而是将来某个时刻发生的事实，因为弗里德曼那里的经验事实对假说的检验似乎是后置的，也就是说，似乎是用假说提出之后的经验事实来检验假说本身。弗里德曼意识到人们对他的观点可能会产生上述误解，所以，他专门予以澄清。他强调，他所指出的那种检验假说的经验事实，不仅仅包括将来的经验，也包括已经发生的经验，他说："为了避免误解，可能有必要明确一下：我们用来检验某一假说的合理性的'预测'，并不一定非得是对尚未发生的现象所作的预测，也就是说，不一定非得是对将来的事件的预见，它可以是对业已发生的现象所作的预测，但前提条件是对这一现象所作的观察尚未进行，或者是虽然对这一现象的观察业已作出，但进行预测的人尚不知晓。"① 弗里德曼在此非常明确地表明，不管是将来的经验事实，还是已有的经验事实，即无论什么样的经验事实，在经济学研究中其功能无非都是检验理论假说的材料而

① 〔美〕米尔顿·弗里德曼：《弗里德曼文萃》，高榕、范恒山译，北京经济学院出版社，1991，第 197 页。

已，它们只有在证明假说具有正确性的时候才有意义。弗里德曼对于经验事实在经济学实证方法中的作用予以严格的限定。

对弗里德曼的这种观点学界虽然争议巨大，但对于经济学实证方法的整体反思而言却有着重要的意义。他是从方法论功能的角度，把经济学实证方法与经验事实从根本上分离开来，这本身就是经济学实证方法对其拜物教性质进行摆脱所做的一次努力或尝试。这是因为，一方面经济学实证方法的拜物教性质与资产阶级经济活动的日常经验始终是紧密结合在一起的，正是源自资产阶级日常经济活动经验的拜物教和单纯的实证研究方法结合在一起，才使得经济学实证方法具有了资本主义的拜物教性质，二者关系的疏离，就意味着在一定程度上削弱了经济学实证方法的拜物教性质。另一方面，在研究方法上对既有经验事实的摆脱，就可以为经济学研究者建构假设提供更多的空间，这本身就是从物到人的一种复归。虽然这种复归是有限的，即仅仅局限在经济学研究者的有限范围而不是经济学研究中人的真正复归，但这本身毕竟是一种值得肯定的进步，在摆脱资本主义拜物教方面迈出了一小步。

三　弗里德曼实证方法预测的局限

虽然弗里德曼以预测为主要功能的经济学实证方法成为当代经济学研究热衷的方法，[①] 而事实证明，这一方法在经济预测方面的效果并不好。继弗里德曼之后，预测变成经济学实证方法的目标，经济学家热衷于预测，更加重视以时间为序列的研究。而实际情况是，经济学家的预测比那些街头算命的江湖术士强不了多少，"经济学家'科学预测'的历史几乎可以用两个字概括，这就是失败。经济学家个人的情况也好不到哪儿去，除了凯恩斯利用经济学知识赚大钱外，绝大多数经济学家经商都以失败告终，如大经济学家熊彼特和哈耶克，还有更惨者，耶鲁大学经济学教授费雪，经商赔本，直到去世债务也未还清"。[②] 尤其是弗里德曼，在预测方面更是失败得很。他的学术成就可以用两点进行概括：理论上的货币主义，方法论上的经济学实证方法。弗里德曼的这两个学术成就在以美国为主的西方国家的金融界和经济学界具有广泛的影响。然而事实上极具反差的

---

① 〔美〕戴尔德拉·迈克洛斯基：《经济学的花言巧语》，石磊译，经济科学出版社，2000，第179页。

② 宫敬才：《西方主流经济学中的价值立场观》，《河北学刊》2007年第4期。

是，信奉他的货币主义并没有让以美国为首的西方社会避免自 2007 年以来的世界金融危机，而他着重强调预测的实证方法，则没有预测到这次世界范围内的金融大危机。世界范围内金融危机的出现，事实上证明了弗里德曼的两个学术成就都是不可靠的。金融危机，不但是对信奉货币主义金融政策的质疑，更是对以预测为目的的弗里德曼经济学实证方法的一个颠覆。我们姑且可以把这一问题称为弗里德曼失准问题，它充分暴露了弗里德曼经济学实证方法的局限性。

四　弗里德曼实证方法预测失准的原因

弗里德曼经济学实证方法始终是一个有争议的问题，与本书主题相联系，我们可以从如下几个角度对这一方法失准的原因做出探索性解读。第一，弗里德曼虽然给经济学实证方法在功能上进行了重新定位，从解释和预测转变为单一的预测，然而他并没有从根本上改变以往经济学方法的基本假定和实证原则，这使得经济学依然沿着理性经济人的基本假定，孤立化地研究问题。孤立化研究问题，就会忽略或者无视人类的经济问题的复杂性，难以真正反映出问题本身的客观面貌，不可能对经济问题做出科学的前瞻性预测。

第二，弗里德曼的经济学实证方法，依然没有摆脱对自然科学方法的依附，依然用研究物的方法研究人的经济问题。有关这一点，早在本书第三章经济学实证方法的自然科学随附性当中已经做出了论述。自然科学实证方法是人类探索世界的可贵方法，在社会科学研究中，尤其是在经济学研究中，我们是主张积极借鉴的。但是，经济学本身毕竟不同于自然科学，在研究中完全依附于自然科学，就会产生研究手段和对象的不适用性问题。用自然科学方法预测诸如天气变化之类的自然现象的确是越来越精准了，然而用这一方法预测社会经济的未来情况其效果则会大打折扣，"在一百二十多年的时间里，模仿科学的方法而不是其精神实质的抱负虽然一直主宰着社会研究，它对我们理解社会现象却贡献甚微。它不断给社会科学的工作造成混乱，使其失去信誉"。[1] 经济是人的经济，人类社会不同于自然界，研究对象的不同必然要求研究方法的不同。不可否认，经济学预测是建立在一定的科学基础之上的，然而由于经济学实证方法把人的

---

[1] 〔英〕弗里德里希·A. 哈耶克：《科学的反革命》，冯克利译，译林出版社，2003，第 4 页。

因素尽可能地剥离到研究范围之外，人的社会关系、价值观念、精神气质、道德情操、历史惯习等影响经济运行的因素都被排斥在研究之外，把人尽可能地简单化和物性化，在此基础上模仿自然科学方法对经济做出的预测，究竟能有多大准确度呢？屡屡失手的事实说明经济学预测还没有走出方法的困境。

第三，最关键的是，经济学实证方法的拜物教性质是造成弗里德曼实证方法预测失准的根本原因。弗里德曼虽然试图通过对经济学实证方法功能的重新界定，以扭转经济学实证方法在解释和预测方面一向苍白无力的局面，然而一种简单的功能转向，根本无法改变经济学实证方法既有的拜物教性质。经济学实证方法的拜物教性质是由西方主流经济学的根本性质决定的。只要西方主流经济学服务于资产阶级的根本性质得不到改变，也就是说，只要西方主流经济学依然是资产阶级的经济学，那么它的拜物教性质就不可能得到根本改变。反观弗里德曼的经济学实证方法，与以往经济学的实证方法没有什么本质的不同，其服务于资产阶级的本性不但没有改变，相反，是在更广的范围内为经济学服务于资产阶级探索出路。这就决定了这种研究方法依然是资产阶级经济学研究如何攫取更多剩余价值的手段，决定了它不可能摆脱资本主义拜物教的浸染。弗里德曼的经济学实证方法依然是具有拜物教性质的实证方法，拘囿于拜物教性质的实证方法，难以对经济发展走向做出科学准确的预测。

本章小结

到目前为止，西方主流经济学实证方法的缺陷依然没有得到根本改变，而只是在形式上，对它的缺陷进行更为隐蔽的掩盖。多因素分析中的偏微分应用，就起到了这个作用。它是把多因素共同影响巧妙地转化为多因素逐一影响，实质上还是践行着孤立化的研究方法，本书在此予以揭露。

总的来说，人与人之间的关系是多方面的，经济关系仅仅是其中的一种。就人与人之间的经济关系而言，在一定程度上用物与物之间的数量关系加以说明也不是不可以的。然而，人与人的关系和物与物的关系毕竟是两码事，而西方经济学人与人关系研究方法的问题在于，用物与物的关系来完全代替人与人之间的关系，把人当作物来研究。囚徒困境研究中从孤立化到数量化的转换方法，是一套与物化经济形态相适应的物化思维方式，是完全按照物化经济形态可计算性的内在要求逐步展开的，具有典型的拜物教性质。马克思认为，资本主义物化经济形态的现实就是"人和人之间的社会关系可以说是颠倒地表现出来的，也就是说，表现为物与物之间的社会关系"。① 西方经济学按照囚徒困境的转换方法研究人与人的关系，也就亦步亦趋地按照物化经济形态的内在逻辑，把人与人之间的关系转换成物与物之间的关系。

虽然弗里德曼对经济学实证方法的功能做出了重新定位，由于没有根本改变经济学实证方法的拜物教性质，其经济学实证方法难以做到对经济问题进行科学的前瞻性研究。

尽管当代西方主流经济学对其拜物教性质的实证方法做出了一定程度的反思，然而都没有从根本上改变经济学实证方法的拜物教性质，这些反思都存在着一定的局限。

---

① 马克思：《政治经济学批判》，《马克思恩格斯全集》（第 13 卷），人民出版社，1965，第 22 页。

第七章 变革西方主流经济学实证方法的思考

随着我国社会主义市场经济建设的深入发展、对市场经济及其规律的把握以及对市场经济问题的深入认识，我们应当很好地利用一切前人的研究成果，其中就包括西方主流经济学的实证方法。经济学实证方法逐步走向成熟，在主流经济学那里具有不可动摇的地位，这是一个不争的事实。具有拜物教性质的西方主流经济学实证方法具有明显的不足和缺陷，同样也是一个不争的事实。在利用西方经济学实证方法的过程中如何扬长避短，充分发挥其有利的一面，是我们应当予以充分重视的问题。

物质财富的增长是当代中国生产力发展的重要内容，擅长研究人与物以及物与物关系的西方主流经济学实证方法有其广阔的应用空间。然而，这一方法毕竟与资本主义拜物教联系在一起，把这一方法完全嫁接于我国的经济现实，就很难避免其拜物教性质的负面影响。因而，合理利用西方主流经济学实证方法，就必须以有效避免这一方法的缺陷为前提。

西方主流经济学实证方法是一个庞大的体系，它是自亚当·斯密以来一代又一代经济学家艰苦探索的结果，对这一方法体系的缺陷和不足的弥补，也需要一个庞大的研究群体共同努力。笔者希望能够成为这个群体当中的一员，做一些力所能及的工作。因而，所谓弥补西方主流经济学实证方法不足的建议，在这里也许只是一些微不足道的初步探索，且这点微不足道的探索也仅仅是在与本书主题相关的狭小领域开展，即只是在原则性和方向性方面做出的一点探索。

第一节 经济学实证方法变革的原则和方向

西方主流经济学实证方法的根本缺陷表现在它的拜物教性质上，限制、淡化或消除其拜物教性质是这一方法走向完善的基本出发点。在拜物教性质以及资产阶级日常经济活动经验的束缚下，经济学实证方法专注于物的研究，把研究的对象局限在一个狭小的范围内，从来没有真正放眼于社会经济的全貌，突破这一方法的自身局限，把研究对象从物的领域扩展到物之外的整个经济领域，是经济学实证方法变革的基本方向。

一 突破西方主流经济学实证方法的既有局限

首先，突破西方主流经济学实证方法的既有局限，就必须突破经济学方法论实证—规范二分的思维定式。针对经济学实证方法的局限，一般的观点是，在经济学研究中应当把实证和规范结合起来。这是一种毫无意义的思维定式，因为在经济学研究过程中，无论什么样的方法，都是实证与规范相结合的方法，实证与规范从来就没有分开过。"价值无涉"只是研究者的一个主观愿望而已。如前所述，实证—规范只是对科学与道德的方法论差异的描述，而经济科学本身的社会属性，就决定了它必然以某种价值观为前提进行研究。在研究"是什么"之前，"应该是什么"的价值倾向作为前提条件就已经存在，无论这种前提条件是显性的还是隐性的。

实证—规范二分的思维定式对经济学实证方法的最大的负面影响表现在，它在无形中为经济学的研究对象设定了亲疏关系：那些人的因素较少的经济领域价值判断自然就要少，就容易排除价值判断做到"实证"；而那些人的因素较多的经济领域，就难以避免价值判断的"干扰"，难以做到"实证"，因为价值判断毕竟是人的价值判断。在这种思维定式之下，经济学实证方法就更倾向于前者的研究，对后者则存在着一定程度的回避。实证—规范二分的思维定式在无形之中把经济学实证方法推向了远离人的研究领域。一旦从方法论实证—规范二分的思维定式中解放出来，经济学研究从物的领域向人的领域回归就会减少更多的障碍。打破实证—规范二分的思维定式，是经济学实证方法进行重构的必要前提条件。

其次，在长期形成过程中，西方主流经济学实证方法一方面形成了自己的研究体系，另一方面又受制于这一体系。如前所述，当代主流经济学实证方法已经陷入依附主体的选择、体系的封闭、论证的苍白等困境中，按照这一方法的基本逻辑建构起来的经济学越来越成为"只见物不见人"的经济学了。对这一方法进行重构的另一个前提条件是，必须打破它自身封闭状态，把"见物不见人"的经济学转变成既见物又见人的经济学。

打破既有经济学实证方法的封闭状态，应当从这一方法的源头着手。

西方经济学理论的建构是以理性经济人为逻辑起点的，理性经济人是整个经济学大厦的基石。在西方经济学那里，理性经济人是一个被抽象出来的孤立化的个体，作为理性经济人的每一个人都像荒岛上的鲁滨逊。把处于一定的社会关系中的人，抽象为孤立的个人，的确给理论的建构带来了一定的方便。从约翰·穆勒开始，经济学家都反复强调这种方便。因为把那些与人们追求财富利益看似无关的因素都假设掉，就意味着把建构理论假说的"干扰"因素给排除出去了。穆勒就此认为，经济学家在进行理论建构的时候，没必要过于关注那些"干扰"因素，"我们不可能足够细致地了解特定事件的全部条件；我们的注意力也不能过分地偏离，去专注那些细节"。① 然而，理论建构的方便性与理论的真实性比起来是微不足道的。西方主流经济学的理性经济人假设，似乎从来没有重视过这个问题。

追求真实是实证精神的主要内容之一，也是经济学实证方法恪守的一条原则。然而经济学实证方法研究的真实，过多的是有形的真实，如商品、货币、资本、价格、工资、利润、利息、市场等，而少有无形的真实，如人与人的关系。人与人的关系，就如人本身一样始终是客观存在的。这一点不仅被马克思主义经济学家反复强调，也在经济社会学家那里得到充分证实。波兰尼的经济社会学理论证明，人与人之间的既定关系本身就是客观存在的，"人类的经济是浸没（submerged）在他的社会关系之中的"。② 格兰诺维特的新经济社会学也同样证实，人的经济活动是"嵌入"既定的社会关系之中的，一定的社会关系，不仅是客观存在的，也是某个具体经济活动展开的前提条件。

然而，西方主流经济学的理性经济人假设把人与人之间的关系这种无形的真实，给全部假设掉了，对客观现实的无视或忽视，与强调真实的实证精神是完全违背的。更重要的是，由于理论建构的前提条件过于片面和狭窄，致使西方主流经济学实证方法不可能全面而科学地研究经济问题，这也是它陷入某种困境当中的一个重要原因。因而，从假设前提上突破既有的局限，不仅要立足于有形的现实，也要立足于无形的现实，做到真实

---

① 〔英〕约翰·斯图亚特·穆勒：《论政治经济学之定义及其恰当的研究方法》，转自〔美〕丹尼尔·豪斯曼《经济学的哲学》，丁建峰译，世纪出版集团、上海人民出版社，2007，第60页。

② 〔英〕卡尔·波兰尼：《大转型：我们时代的政治与经济起源》，冯钢、刘阳译，浙江人民出版社，2007，第48～49页。

而全面地去研究问题，这是西方主流经济学实证方法走向完善的又一个必要条件。

二 把经济学实证方法建立在科学的经验之上

（一）经验始终在西方主流经济学研究中发挥着重要作用

到目前为止，西方主流经济学依然是经验科学，尽管其实证方法已经发展为一个庞大的系统，然而无论这个系统多么复杂庞大，终究还是经验方法。西方经济学始终是建立在经验之上的科学，经验对于经济学及其研究方法依然有着重大的影响。

有一种观点认为，随着西方主流经济学研究的深入，其方法越来越高度抽象化，经济学及其方法与经验的关系越来越疏远了。其实这是一种错觉。经济学始终是经验科学。早期的经济学研究与经验的关系十分密切，其方法往往就是就事论事的由经验得来的方法。李嘉图的研究似乎并没有多少经验的影子，大多是从概念到原理的抽象演绎。从约翰·穆勒开始，就强调抽象演绎的作用，经济学研究在以英国经济学家为主的抽象方法方面获得长足发展，虽然德国的历史学派重提经验的地位，但是经济学方法在20世纪的发展似乎证明，抽象演绎、数学推理似乎完全占据了上风。虽然在逻辑实证主义的影响下，经验在经济学研究中的地位得到重新恢复，然而证伪主义的兴盛以及逻辑实证主义的衰落，似乎说明经验的影响在经济学研究中再度式微。经济学实证方法的发展史似乎在证明着上述错觉，即经济学越来越不是经验科学了，其研究方法与经验的关系似乎也是越来越远了。

说这种观点是一个错觉，是基于下面的事实：第一，即使是在经济学研究最不重视经验的时候，经验依然发挥着制约和影响经济学研究方法的重要作用。经验在经济学研究中的地位，不断地经历着高低波动。20世纪以前，经验方法和抽象方法的地位难分伯仲，之后，逻辑实证主义者把经验的地位推向了新的高度，而抽象推理也同时获得新的地位。弗里德曼扭转了经济学实证方法的格局，他一方面凸显了归纳问题的不合理性，另一方面把波普尔的证伪主义塑造成经济学方法论的新教义。他提出的"假设不相干"观点，大大降低了经验在经济学研究中的地位，自此，经验似乎变得越来越不重要了。而实际上，即使是在弗里德曼之后，经验依然在经济学研究中发挥着重要作用，依然具有重要地位，只是与此前发挥作用的方式有所不同。在此之前，经验一般被当作研究的起点，经验是经济学方法的来源。所谓的归纳问题，也就是讨论经验作为理论的起点是不是合适的问题。弗里德曼对归纳问题进行了批判，突出了经验方法的不可靠性，转而把经济学假说的建构从经验转移到某种猜想上，并把经济学假说的预测问题当成经济学研究的首要问题。人们一般认为，弗里德曼的经济学实证方法论，好像终结了经验的地位，在弗里德曼的巨大影响下，经济学研究方法也似乎沿着弗里德曼所指的方向发展下去。

实际上，弗里德曼并没有终结经验在经济学研究中的地位，而是给它换了个地方，即把经验在经济学研究中发挥作用的"基地"，从理论假说建构之前，挪到了假说建构之后。也就是说，经验在弗里德曼的经济学实证方法中，依然发挥着重要作用，其角色无非由过去是理论假说建构的基础，转变成现在是最后的权威检验者。弗里德曼的意思非常明白：经济学理论假说无论是建立在什么样的猜想基础之上，最终还都得回归经验，把经验作为最后、最权威的尺度。至此，我们不得不得出一个结论：即使是在经验最不受重视的时候，它依然在经济学的研究方法中占有重要地位。

第二，演绎方法深入发展，并不构成对经验方法的否认。自19世纪70年代第一次经济学方法论大战之后，经济学界逐步形成一种共识：无论是抽象演绎法还是经验归纳法，都是经济学研究的必要方法。20世纪中后期以来，经济学实证方法在演绎方面获得长足发展，大量的数学方法应用到经济学的研究中。演绎方法的深入发展，并不意味着对经验方法的否认，相反，如前文所述，即使是那些经济学研究中的纯粹的数学方法，依然是从某种经验出发的方法。所以说，演绎方法的深入发展，并不构成对经验方法的否定。

（二）经济学实证方法应当建立在科学的经验基础之上

既然西方主流经济学始终是经验科学，其方法始终是经验方法或者是与经验相关的方法，那么这一方法的完善就应当建立在科学的经验基础之上。

如前文所述，西方主流经济学实证方法是建立在较为狭窄和片面的经验基础之上的，即建立在资产阶级既成性经验基础之上的，这是造成当代西方主流经济学实证方法陷入困境的重要因素之一。由于这一方法与狭隘的资产阶级既成性经验相对应,使得主流经济学研究总是在狭窄的领域内兜圈子,越来越不能反映出现实复杂经济的全貌。当代新制度经济学、行为经济学的兴起,是经济学自身对源自狭隘经验的局限的反思,这些都足以表明,经济学研究必须真正从实际出发,正视现实经济形态的多样性和复杂性,把方法建立在科学全面的经验基础之上。

就我国社会主义市场经济建设而言,借用西方主流经济学实证方法,摒弃其狭隘的经验基础,继而把它建立在科学的经验基础之上,就显得更为必要。这里所谓科学的经验基础,是相对于西方主流经济学实证方法狭隘的资产阶级既成性经验而言的。如前所述,既成性经验主要指的是那些非生产性经验,这些非生产性经验有可能有创新的因素,[①] 但没有创造的因素。只有生产者才真正具有创造的体验。相对于非生产性领域的既成性经验而言,生产领域的经验则是生成性的,其中鲜明的特点就是它的创造性。因而,这里的科学经验基础就包括两个方面内容:既成性经验和生成性经验。科学的经验基础的一个前提是,经验是全面的,而非片面的。

进一步讲,科学的经验虽然包括既成性和生成性两方面的经验,却是有侧重的,它更侧重于后者。因为只有在生成性经验中,才真正包含了对立统一的辩证法因素。辩证法不是天上掉下来的方法,是人性的升华。而人性是人的本质属性,劳动则是人的本质的核心要素。[②]

只有在劳动的过程中,劳动者与自然的矛盾以及劳动者之间的矛盾才能真正生成,也只有在劳动过程中,上述矛盾才能够真正得到克服。生产者劳动的过程,就是一个生成性经验的过程,也就是一个由实践活动衍生出方法的过程。把经济学研究方法更多地建立在生成性经验之上,本身就是对经济学实践原则客观的、合理的复归。

三 把经济学实证方法融入实践原则之中

西方主流经济学实证方法恪守的是实证原则,即以物的逻辑为基本逻辑,止于现实、安于现实的原则。这使得经济学实证方法在原则上就受到

---

① 熊彼特在他的《经济发展理论》中,对创新问题有过深入研究,在他那里,创新的重要内容是对要素的重新安排或"新组合",并把创新规定为企业家的一种职能。而熊彼特并没有把对创新问题的研究深入工人生产性劳动领域。

② 有关这部分内容,参考刘永佶编著的《劳动哲学》(下卷),第469~546页,第六章"实践辩证法"。

一定的局限，把经济学研究限定在一个有限的范围之内。同时，这一局限又使得经济学实证方法与资本主义拜物教之间产生了更强的相互适应性，很容易成为拜物教思维方式的具体延伸或外在形式。改变这种局面的基本方向是，把经济学的实证方法逐步融入马克思主义经济学的实践原则当中，以实践原则为基础进行客观科学的研究。具体讲来，应当从以下几个方面入手。

（一）把人的逻辑作为经济学研究的基本逻辑

西方主流经济学实证方法的拜物教性质，集中体现在这一方法是按照物的逻辑而非人的逻辑展开的，要想摆脱拜物教性质的局限，就必须把人的逻辑植入研究体系当中。而马克思经济学的实践原则恰好能够弥补西方经济学实证方法的这一不足。马克思主义经济学方法论实践原则是以人的逻辑为基本逻辑的，按照人的逻辑展开的。首先，西方主流经济学实证方法要和马克思经济学方法论实践原则一样，把人作为研究的逻辑起点。需要指出的是，这里的人已经与西方经济学里的理性经济人完全不同。这里的人不是孤立的"处在某种虚幻的离群索居和固定不变状态中的人"，① 而是存在于某种社会关系中的人，人及其社会关系同时存在着，并同时作为研究的起点。

其次，把人的逻辑作为研究的基本逻辑，就是把人的经济活动而不是把人经济活动的产物作为研究的核心内容。经济学研究不能停留在现象层面，而是要透过现象去分析背后人的这个决定性因素。在资本主义生产、交换、分配和消费诸环节中，就应当仅仅抓住生产——人的实践活动，把它作为各环节中的决定性环节进行研究。不仅要把物质财富作为研究对象，而且要把物质财富的创造者作为研究对象；不仅要研究物的使用价值，而且还要研究物的价值，研究物与物关系背后的人与人的关系。

（二）在认识现实的基础上改造现实

与西方主流经济学实证原则相比，马克思经济学方法论实践原则最显著的特点是围绕人的逻辑展开的。人不仅仅是认识世界的主体，也是改造

---

① 马克思和恩格斯：《德意志意识形态》，《马克思恩格斯选集》（第1卷），人民出版社，1995，第73页。

世界的主体，以人为核心的逻辑本身就涵盖了认识世界与改造世界的基本内容，以人为核心的方法论本身就兼具认识世界和改造世界的双重任务。相比之下，西方主流经济学的研究方法是遵循着实证原则演进的，它是按照物的逻辑展开，把现实当作衡量一切的最高尺度，止于现实和安于现实是这一方法最显著的特征。正是上述特征，使得西方主流经济学与资本主义拜物教长期契合，充当着拜物教思维方法外在形式的角色。要想克服和摆脱其拜物教性质，西方经济学实证方法就必须融入马克思主义经济学实践原则，把人的因素植入研究当中。

首先，要放弃把既定现实当作衡量一切的最高尺度，对问题的研究从止于现实转向始于现实，从现实出发实事求是地研究问题。西方主流经济学实证方法止于现实实际上变成止于现象，往往会把研究流于现象，容易忽视对事物背后真相的揭示和发掘。坚持以往止于现实的方法论原则，就往往把眼前直观的现象作为真理的最后仲裁者，这实质上并不是忠于现实，而是对现实不尊重。恩格斯早就指出止于现实的研究方法的弊病："国民经济学从私有财产的事实出发。它没有给我们说明这个事实。"① 因而，西方主流经济学实证方法要做到研究真正的现实问题，就必须从止于现实转向始于现实，不是把现实当作最后的权威尺度，而是把它们当作研究的材料。

其次，要从事物发展变化的动态过程去把握问题的实质。历史是在人的创造中演进的，作为历史的组成材料，现实本身是发展变化着的现实，尊重现实就要尊重现实的历史进程的客观性，而不是把某个历史截面当成全部的历史。不是把研究放在历史的进程中加以考察，而是局限于既定的现象，是西方主流经济学方法论原则的明显局限。发展和变化，本身就是客观的，从发展变化的动态过程中去把握问题的实质，是一向把研究止于现实的西方主流经济学实证方法发展的一个方向。

再次，从安于现实走向改变现实。安于现实是西方主流经济学止于现实研究的必然结果。西方主流经济学是以服务资产阶级为目的的，安于现实有利于资产阶级的长期统治。然而，安于现实的研究方法虽然与资产阶级经济学的研究目的相吻合，却是与真正的现实相违背的。现实世界是由

---

① 马克思：《1844 年经济学哲学手稿》，《马克思恩格斯选集》（第 1 卷），人民出版社，1995，第 39 页。

矛盾构成的世界，矛盾无处不在，安于现实，就意味着无视或否认矛盾，这种研究难以触及事物的本质，只能停留在现象层面。"庸俗经济学家也谈'实际'，但是不谈矛盾，更不谈主要矛盾。他们所说的'实际'，就是对现象的描述，对矛盾的掩饰"。① 这是资产阶级经济学在方法论上肤浅性的表现。因而，西方主流经济学实证方法，要克服自身这一不足，就必须从安于现实向改变现实转化。

马克思主义经济学方法论实践原则不是安于现实，而是改变现实，改变现实是经济学方法论原则的根本方向。所以，经济学在方法论上应当遵循实践原则，从既定的现实出发，从各种因素的矛盾关系中去发现和解决问题。

最后，从"是什么"的研究转向"可以是什么"的研究。西方主流经济学实证方法把自己定位在研究"是什么"的问题上，而这一定位本身就是对实证方法的一种局限，它把研究局限在解释的层面，没有给改造现实留下任何余地。而经济本身就是人的经济，人不仅是认识世界的主体，也是改造世界的主体，认识和改造都是经济学研究不可或缺的内容。把研究局限在"是什么"的范围内，就是把研究局限在认识的范围内，而忽视了对改造世界的研究。

马克思主义经济学方法论实践原则研究的是"可以是什么"的问题，"可以是什么"不仅涵盖了"是什么"的全部内容，而且还包含有"应该是什么"的规范性的分析内容和"能够是什么"的可实现性的内容。真正实现了经济学研究"合规律与合目的的统一"。② 西方主流经济学实证方法，应当从"是什么"的研究转向"可以是什么"的研究。

（三）定量研究与定性研究相结合

如前所述，西方主流经济学实证方法的一个基本表现是数量化。数量化是经济学定量研究发展的结果，它的具体表现就是，大量的数学方法被应用到经济学的研究中来。量的问题是经济的基本问题，量的研究贯穿着经济学研究的始终，定量研究与定性研究一样，是经济学研究必不可少的内容。然而，西方主流经济学实证方法走向数量化，把经济学研究已经推

---

① 刘永佶：《资本论逻辑论纲》，河北大学出版社，1999，第 123 页。
② 张宇、孟捷、芦荻：《高级政治经济学》，经济科学出版社，2002，第 103 页。

向片面强调数量研究的方向。数学方法成为衡量经济学主流的标志，数学方法的难易程度成为划分经济学等级的标准，经济学越来越变成数学的习题集。经济学数量化的片面发展，是对定性研究的一种严重压抑，更严重的是，经济学数量化倾向是与资本主义拜物教相适应的研究倾向，它把研究的对象锁定在物与物数量关系的领域，在方法论上迎合了资本主义拜物教的要求，不可避免地带有了拜物教的性质，这是西方主流经济学实证方法的一个严重缺陷。摆脱经济学数量化倾向，就应当以马克思经济学实践原则为准则，把经济学定量研究与定性研究结合起来。

把经济学定量研究与定性研究结合起来，就要首先恢复定性研究在经济学方法中的地位。在经济学研究中，定性研究应当居于主导地位，"定性研究在政治经济学的研究中居于主导地位，是由这门学科的性质、对象和研究目的决定的"。① 西方经济学对经济学的界定一向是围绕着物展开的，在亚当·斯密和约翰·穆勒那里，经济学是研究财富的，后来罗宾斯等人又把它界定为研究一定制度下资源配置的学科，依然是以物质财富为核心的性质。这些经济学的界定并没有反映出经济学研究的全貌。经济学不仅要研究物质财富问题，更要研究关系问题。马克思对经济学性质的界定更为深刻而全面，他认为，政治经济学研究的是"资本主义生产方式以及和它相适应的生产关系和交换关系"。②

说马克思对经济学性质的界定更为深刻而全面，是因为他的经济学研究方法是以实践为原则的。方法论实践原则是围绕着人展开的。物质财富是人经济活动的结果，归根到底是由人来决定。物与物的关系仅仅是现象之间的关系，最终决定者还是人与人的关系。马克思紧紧把握住了这一点，把经济学的研究对象界定为资本主义生产方式以及和它相适应的生产关系和交换关系。这正是以人为核心、按照人的逻辑展开研究的结果。因为生产是人的生产，财富的问题，归根结底是人与人的关系问题，在人的各种关系中，最根本的就是生产关系。经济学的性质与研究对象，决定了定性研究在这门学科中的主导地位。

从经济学研究目的上看，定性研究依然主导着整个研究过程。西方经济学一向认为，经济学研究的目的是服务于物质财富的增长。这种观点迎

---

① 刘永佶：《政治经济学方法论教程》，转自 http://blog. people. com. cn/u/1235811. html13 - 03 - 31 17:55:00。

② 马克思：《资本论》（第 1 卷），人民出版社，1975，第 8 页。

合了资本阶级的日常观点，却并没有把经济学研究的目的全面反映出来。马克思主义经济学以实践为原则，把揭示经济规律规定为经济学的主要任务。马克思的经济学巨著《资本论》的目的就是这样，"本书的最终目的就是揭示现代社会的经济运动规律"。① 对规律的揭示过程，就是一个定性研究主导的过程。所以说，无论从经济学的性质、研究对象上看，还是从研究目的上看，定性研究都应当在经济学研究中居于主导地位。

当然，强调定性研究，并不意味着对定量研究的否定。定量研究与定性研究都是经济学研究中必不可少的内容，都发挥着各自不可替代的作用。而就西方主流经济学来说，需要的是从过度数学化的倾向中摆脱出来，真正恢复定性研究的地位，真正做到把定量研究和定性研究结合起来。

第二节　经济学实证方法预测功能的基础

西方主流经济学实证方法的预测功能，是由弗里德曼一再强调之后，逐步受到重视的。预测本来就是经济学的功能之一，到了 20 世纪中期，尤其是 1953 年弗里德曼《实证经济学方法论》发表之后，预测问题在经济学研究中受到了特别的关注。在这篇文章中，弗里德曼对经济学实证方法的功能给予重新定位，把预测规定为经济学研究的唯一重要功能，这在经济学方法论史上具有里程碑的意义。

弗里德曼经济学实证方法功能重新定位的意义，并不在于他为经济学理论假说的建构提过多少有价值的建议，诸如假设不相关性等，这些本身就是有争议的问题，而是在于他突出强调了预测在经济学研究中的重要地位。弗里德曼的这种强调，反映了经济学研究所处的深刻的历史背景。"二战"后，西方世界的统一大市场形成，市场经济发展逐步走向深入，市场在资本主义经济中的作用进一步加大。市场本身具有不确定性，随着市场经济的深入发展，由市场带来的不确定性就会随之增强。加强经济预测，以减少经济发展过程中的不确定性，越来越成为西方经济学不可回避的任务。就是在这一背景之下，弗里德曼重述经济学实证方法论，并给经济学实证方法的功能以重新定位。由此，准确预测经济的发展走向便成为

---

① 马克思：《资本论》（第 1 卷），人民出版社，1975，第 11 页。

经济学研究的重要目标。

随着我国市场经济建设的深入发展，我们也同样面临着这样的问题，加强经济预测也同样在我国的经济发展中占有越来越重要的地位，西方经济学在这方面的经验值得借鉴。因而就有必要对西方主流经济学实证方法的预测进行全面的认识。

一　现有经济学实证方法预测功能的不足

如前所述，西方主流经济学在预测方面并不值得称道。即使是在弗里德曼那里，对经济的预测也很少有准确的时候。对此前文已经做出分析，西方主流经济学实证方法屡测不准的根本原因在于，这是一套带有拜物教性质的预测方法，不可能对人的经济问题做出准确预测。

具体讲，西方主流经济学屡测不准的原因主要在于：第一，人为地脱离了方法预测与现实的关系。弗里德曼的假设不相关观点，就是旨在把理论假说的建构从实际经验当中脱离出来。这样做自有他的逻辑。他认为，经济学理论假说要想科学地进行建构，就必须把假设建立在客观真实的基础之上，并且强调，假说越不真实，就越有可能精确。弗里德曼的假设不相关观点是从自然科学假说的建构那里得到灵感而形成的，他不断地运用数学、物理学的理论假设与事实不相关的情况进行类比，以此说明自己观点的合理性。虽然弗里德曼的假设不相关观点能为经济学理论假设的建构提供更大的自由空间，理论建构者可以自由地靠自己的灵感去提出假设，然而无论什么样的假设，都不是随心所欲的玄想，它必须建立在坚实的现实基础之上。即使是高度抽象的理论假设，也必然是直接或间接地从现实出发的假设。脱离现实的假设，理论建构过程的科学性将会受到质疑，它的预测结果也将会受到质疑。

第二，手段与对象的不协调性是它屡测不准的症结所在。西方主流经济学实证方法即使是在弗里德曼对它的功能进行重新定位之后，也根本没有摆脱它的拜物教性质。具有拜物教性质的经济学实证方法，是一套按照物的逻辑展开的方法，是一套适用于研究物与物关系的方法，用这样的方法去研究人的经济问题，明显存在的问题就是手段与对象的不协调性。所以西方主流经济学实证方法预测功能的根本缺陷，就是用研究物的工具来研究人的经济问题。这种预测不可能太准确。

经济学实证方法预测功能不足的问题，是一个前瞻性的问题，实质上就是一个对未来难以把握的问题。对于这种不足的克服，可以从马克思未来研究的方法中得到启示。

二 马克思未来研究方法论的基本命题

对未来社会进行研究是马克思学说的一项基本使命，"鲜明地预见未来和预见社会发展道路的能力，是马克思和恩格斯创立的社会学理论的特点"。① 马克思未来学方法论可以归纳为四个基本命题。

（一）依据客观历史事实对未来进行研究

研究未来总要有所依据，不同依据决定了研究方法的不同立足点。19世纪对未来社会研究的方法（以下简称"未来研究方法"），在不同研究依据的基础上形成不同的流派，黑格尔、空想社会主义者和马克思的未来研究方法是其中影响力较大的几个派别，他们各有所依据，研究方法也各有不同的立足点。马克思恩格斯是集大成者，正是在对前两者批判吸收的基础上，形成自己科学的未来研究方法论。

未来学方法的生成植根于人类发展史的研究，最早对人类社会发展史做出系统研究的是黑格尔。然而，黑格尔的历史哲学研究方法不是立足于人类社会发展的历史事实，而是立足于客观世界之外的一个"绝对精神"，把历史当作绝对精神的附庸，而历史的主体——人则成为历史的旁观者。"在黑格尔那里，历史的发展是历史本身而不是人，历史的发展是在人的背后进行的，说得恰当一点，是在人的旁边进行的"。② 抛开历史的创造者谈历史，其研究方法具有缺失真实主体性的先天缺陷。虽然黑格尔的历史哲学为研究人类社会的未来提供了可贵的启示，但其立足绝对精神，缺乏历史现实基础，运用这样的研究方法展望未来，其结果只能是忽视人类创造历史的客观性而走向唯心主义的宿命。

19世纪的空想社会主义者对未来社会的研究表现出巨大的热情，寄希望于理想的未来缘于对当时社会的强烈不满。以圣西门、傅立叶和欧文为代表的空想社会主义者，在对现实进行无情批判的同时，也为未来社会设

① 〔俄〕瓦西列耶夫：《列宁和社会预见》，商务印书馆，1982，第1页；转自张雄《经济哲学》，云南人民出版社，2002，第53~54页。
② 〔德〕M.布尔：《论黑格尔的历史哲学和马克思恩格斯列宁对它的扬弃》，转自《国外黑格尔哲学新论》，中国社会科学出版社，1982，第231页。

计出多种方案。然而，空想社会主义的未来研究方法同样具有严重的缺陷，根本的一点是不从历史事实出发，而是从所谓的"人的天性"出发。依据人的天性对未来社会进行美妙的设想，固然能够反衬出当下资本主义社会的罪恶，也能启发工人阶级反思社会的自觉，然而这种空想性的设计往往使设计者走向极端：对资本主义社会的一切现实持有否定态度，希冀建立一个与现实完全割裂的理想社会。

无论是黑格尔还是空想社会主义者，都没有把对人类发展历史的研究建立在客观历史事实的基础之上。马克思恩格斯对此进行了批判，指出"迄今为止的一切历史观不是完全忽视了历史的这一现实基础，就是把它仅仅看成是与历史过程没有任何联系的附带因素。根据这种观点，历史总是遵照在它之外的某种尺度来编写的；现实生活生产被看成是某种非历史的东西，而历史的东西则被说成是某种脱离日常生活的东西，某种处于世界之上和超乎世界之上的东西"。[1] 正是基于对黑格尔和空想社会主义的批判，马克思恩格斯建立起自己未来研究的方法论体系。

在马克思恩格斯那里，未来研究必须建立在客观历史事实的基础之上。马克思恩格斯对客观历史事实的概括，主要包括如下要点：①人的存在是人类历史的前提。历史不是精神的外化，而是人自身的历史，人是历史的主人，"全部人类历史的第一个前提无疑是有生命的个人的存在"。[2] ②人类历史是一部生产史，物质生产是整个历史的出发点。③人们在生产中结成的物质关系构成了整个社会历史的基础，它决定了整个社会的基本结构和基本矛盾的形成。马克思恩格斯认为，人与人之间的关系是多种多样的，而人们在生产过程中所产生的形式，即生产关系，则是一切社会关系的基础，它决定了其他的一切社会关系，决定了整个社会历史的发展，决定了历史发展各个不同阶段的性质。④决定于社会存在的社会意识，也是历史事实当中客观存在的组成部分，"意识一开始就是社会的产物，而且只要人们存在着，它就仍然是这种产物"。[3]

立足于以上客观事实，马克思使"历史破天荒地第一次被置于它的真正基础之上"。[4] 对未来的研究就要依据人——历史的主体展开，依据人类

① 马克思、恩格斯：《马克思恩格斯选集》（第 1 卷），人民出版社，1995，第 93 页。
② 马克思、恩格斯：《马克思恩格斯选集》（第 1 卷），人民出版社，1995，第 67 页。
③ 马克思、恩格斯：《马克思恩格斯选集》（第 1 卷），人民出版社，1995，第 81 页。
④ 马克思、恩格斯：《马克思恩格斯选集》（第 3 卷），人民出版社，1995，第 335 页。

的物质生产活动展开，依据生产关系展开。只有建立在这样的历史事实基础之上，而不是建立在"绝对精神"和"人的本性"基础之上，才能揭示出生产力和生产关系、经济基础和上层建筑之间的矛盾运动，才能把握人类社会发展的客观规律，对未来做出科学的研究。

（二）在社会历史发展规律中对未来做出展望

马克思恩格斯是在社会历史发展的规律中对未来做出研究的，社会历史的规律蕴涵在社会发展的过程中，而人类的未来又是社会发展过程中的一个阶段。在马克思恩格斯那里，未来就包含在历史过程中，"所谓'历史过程'，指有时间性的历史，它包括过去、现在和将来，每个环节都是不可分割的"。① 未来是历史过程中不可分割的一部分，历史过程中的客观规律，不仅对过去和现在具有解释力，同样对未来具有解释力。

马克思恩格斯致力于社会发展规律的研究，霍夫曼对此曾经予以总结："在马克思看来，只有一件事情是重要的，那就是发现他所研究的那些现象的规律……所以马克思竭力去做的只是一件事：通过准确的科学研究来证明一定的社会关系秩序的必然性，同时尽可能完善地指出那些作为他的出发点和根据的事实。为了这个目的，只要证明现有秩序的必然性，同时证明这种秩序不可避免地要过渡到另一种秩序的必然性就完全够了，而不管人们相信或不相信，意识到或没有意识到这种过渡……这种研究的科学价值在于阐明了支配着一定社会机体的产生、生存、发展和死亡以及为另一更高的机体所代替的特殊规律。"② 马克思恩格斯发现了人类历史的一般规律，恩格斯在马克思墓前讲话的草稿里曾这样说，"查理·达尔文发现了我们星球上有机界的发展规律。马克思则发现了决定人类历史运动和发展的基本规律，这是一个浅显易懂的规律，几乎只要略加证明就能保证它得到承认"。③

马克思认为，人类社会发展是呈阶段性的，有某个阶段或几个阶段的规律，也有包括未来社会在内的整个人类发展史的一般规律，这些一般规律决定了社会形态的更替和历史发展的基本趋势，归纳起来主要有：①社会存在与社会意识的辩证关系——社会存在决定社会意识，社会意识是对

---

① 张雄：《经济哲学》，云南人民出版社，2002，第55页。
② 马克思：《资本论》（第1卷），人民出版社，1975，第20~21页。
③ 马克思、恩格斯：《马克思恩格斯全集》（第19卷），人民出版社，1956，第372页。

社会存在的反映。社会意识具有相对独立性，有其特有的发展形式。②生产力与生产关系矛盾运动的规律——生产力决定生产关系，生产关系对生产力具有能动反作用，生产关系一定要适应生产力状况。③经济基础与上层建筑的矛盾运动的规律——经济基础决定上层建筑，上层建筑一定要适合经济基础状况。马克思认为，"人们在自己生活的社会生产中发生一定的、必要的、不以他们的意志为转移的关系，即同他们的物质生产力的一定发展阶段相适应的生产关系。这些生产关系的总和构成社会的经济结构，既有法律的和政治的上层建筑树立其上并有一定的社会意识形式与之相适应的现实基础。物质生活的生产方式制约着整个社会生活、政治生活和精神生活的过程。不是人们的意识决定人们的存在，相反，是人们的社会存在决定人们的意识"。①

从人类社会发展的一般规律中对未来做出展望，使马克思未来学方法论具备了科学的品质，这与黑格尔从某个先验的抽象逻辑中推演人类发展史有着本质的区别，也与空想社会主义者从想象中构建未来图景有着本质的区别。马克思恩格斯循着这些社会发展的基本规律，研究和描绘人类历史发展的总体趋势和未来社会的基本轮廓，推动了社会主义从空想到科学的发展。

（三）对未来社会的研究进行宏观趋势性把握

马克思恩格斯对未来的研究，一方面，不局限于某个领域进行具体设想而是总体把握；另一方面，不局限于某个阶段，而在人类历史的一般进程中关注发展的总趋势。马克思恩格斯"所要预见的总趋势意指历史过程的实质、主要动力及方向。换言之，未来社会发展最普遍意义上的定性特征。具体地说，它包括两个方面：其一，社会形态、社会结构发展的总趋势；其二，社会人群共同体发展的总趋势"。② 马克思恩格斯未来研究方法的宏观趋势性，源自其对社会过程研究的总体性。首先，他把人——作为历史过程的主体的人，作为总体性概念来看待。在马克思的理论中，人不是单个的人，而是总体的人，是以类而存在的。其次，马克思学说中的概念、范畴、原理，都是对一般意义上的人及其活动的抽象，而不是具体某

---

① 马克思、恩格斯：《马克思恩格斯选集》（第2卷），人民出版社，1995，第32页。
② 张雄：《经济哲学》，云南人民出版社，2002，第67页。

个人或人群的描述，具有总体性特征，"这里涉及的人，只是经济范畴的人格化，是一定的阶级关系和利益的承担者"，"社会经济形态的发展是一种自然历史过程。不管个人在主观上怎样超脱各种关系，他在社会意义上总是这些关系的产物"。① 再次，马克思恩格斯发现的社会发展规律，都是一般意义上整个人类发展的基本规律，具有总体性。正是这种人类历史过程研究对象与研究内容的总体性，决定了马克思未来研究方法的宏观趋势性特征。

马克思未来研究方法的宏观趋势性特征，不仅取决于对规律客观性的尊重，还取决于对人的主观能动性的尊重与期待。他认为，人类社会发展的一般规律是不以人的意志为转移的，在这些规律"为自己坚定不移地开辟道路"中展现出来的未来社会，其发展趋势也是不以人的意志为转移的。同时他还认为，人是有主观能动性的，从诞生那天开始就通过不断改造自然、改造自身而创造着自己的历史。人类未来社会的生动图景，只能由当时的人类创造出来，也只能由当时的人类具体描绘出来。马克思在回答荷兰民主党人纽文胡斯的问题时，阐明了这一观点，他说："在将来某个特定的时刻应该做些什么，应该马上做什么，这当然完全取决于人们将不得不在其中的那个特定的历史环境。但是，现在提出这个问题是虚无缥缈的，因而实际上是个幻想的问题，对这个问题的唯一答复应当是对问题本身的批判。"② 马克思对未来进行宏观趋势性把握，其方法符合科学研究的精神，与空想社会主义者沉湎于未来细节的幻想有着本质的区别。

（四）通过社会实践实现人类未来发展合规律与合目的的统一

作为历史过程的一个阶段，未来社会必定在人类发展的一般规律中展开，这种合乎规律的发展是不以人的意志为转移的。然而，人具有能动性，具有改造自然和自身的能力，这使得历史的发展又置于人类自身发展的主观目的之下，那么如何把二者结合在一起呢？马克思恩格斯的回答是，人类社会的发展是主观与客观、目的性与规律性的统一，这种统一就是社会实践。③ 马克思指出，"全部社会生活在本质上是实践的"。④

① 马克思：《资本论》（第 1 卷），人民出版社，1975，第 47 页。
② 马克思、恩格斯：《马克思恩格斯选集》（第 4 卷），人民出版社，1995，第 643 页。
③ 张宇、孟捷、芦荻：《高级政治经济学》，经济科学出版社，2002，第 46 页。
④ 马克思、恩格斯：《马克思恩格斯选集》（第 1 卷），人民出版社，1995，第 11 页。

在马克思恩格斯看来，人不是历史的旁观者，而是历史的主人；人在历史面前并不止步于认识和解释，而是历史的主导者和创造者。然而，人又不是随心所欲地改造历史的，相反，而是在认识规律、遵循规律、利用规律条件下创造历史，是在既定的历史条件下创造历史。社会实践本身不是盲动，而是在人意识到自身与环境的条件下，在可能性的空间进行活动的，正如恩格斯所说，"动物的正常生存，是和他们同时的环境给予的，他们在这个环境中生活并且适应于这个环境——人类的正常生存，在他们刚刚从狭义的动物中分化出来的时候，还是完全没有的；人类的正常生存只是经过以后的历史的发展创造出来的。人是能够由劳动从狭义的动物状态创造出自己的唯一的动物——和他的意识相称的。他的正常状态是要由他自己去创造的"。① 马克思认为，人们一旦认识了历史发展的规律，理解了它们的活动、方向和影响，要使它们愈来愈服从人的意志并利用它们来达到人的目的，使人的发展在实践中实现既符合规律又符合目的的统一。

在人类创造自身历史的过程中，自身的生存需要是始点。人的生存需要与动物的生存需要具有完全不同的意义，动物满足需要的方式是适应，而人在生存需要与满足需要之间产生了矛盾，解决的方式是劳动。人与自然等的矛盾便成为人类社会发展的原始动力，包括人与自然的矛盾以及为组织劳动而产生的人与人的关系的矛盾，而劳动就成为人满足自身需要且区别于其他类存在的唯一生存方式，由劳动结成的生产关系成为人生存发展的基本关系。人就是在矛盾的推动下，在生产的实践中创造着自身的历史。

人创造历史的实践活动，始终是有目的的活动，是由自身的意识控制着的活动，"我们要考察的是专属于人的劳动。蜘蛛的活动与织工的活动相似，蜜蜂建筑蜂房的本领使人间的许多建筑师感到惭愧。但是，最蹩脚的建筑师从一开始就比最灵巧的蜜蜂高明的地方是，他在用蜂蜡建筑蜂房以前，已经在自己的头脑中把它建成了。劳动过程结束时得到的结果，在这个过程开始时就已经在劳动者的表象中存在着，即已经观念地存在着"。②

整个历史进程都表现为人类发展合规律与合目的的统一，这不仅是马克思恩格斯对人类历史进程的科学总结，也是展望未来社会的基本方法。

---

① 恩格斯：《自然辩证法》，于光远等编译，人民出版社，1984，第26页。
② 马克思：《资本论》（第1卷），人民出版社，1975，第202页。

它意味着，未来学的研究意义不仅在于展望，还在于参与，积极参与到人类发展的历史进程中。

本章小结

拜物教性质是西方主流经济学实证方法的根本缺陷。对于这一缺陷的弥补，应当从马克思经济学方法论实践原则中得到启示。西方经济学实证方法的完善，应当突破这一方法既有的局限，把实证原则融入实践原则当中，从物的逻辑向人的逻辑转变，从止于现实、安于现实向改变现实转变；从研究"是什么"向研究"可以是什么"的方向转变。

西方主流经济学实证方法预测功能的不足问题，实质上是对未来把握不足的问题，对于这一问题的弥补，同样可以从马克思未来研究基本命题中得到启示。

第八章 诺斯的暗示和罗素的期待：
中国经济走向启示录

至此，本书已经接近尾声，对西方主流经济学实证方法的研究，最终还要回归于中国的经济现实。

中国经济学究竟走向何方，经济学界对此有着两种截然不同的观点。一种观点主张全盘西化，另一种观点主张走中国特色的道路。不同的道路必然导致不同的命运。前一种主张，正是西方主流经济学的主张，这种主张不仅从观念上正在影响中国，而且更在方法上影响着我们的思维方式。然而，这是一种拜物教的思想和思维方式，深刻认识它的内在缺陷，就不至于在经济学发展道路上迷失方向。更关键的是，方法是依附在观念之上的，从全盘西化的观念层面认识拜物教的性质，同样很有必要。这正是这一章意义之所在。

中国特色的经济学发展之路，就是既要尽力避免西方国家发展过程中的问题，又要尽力弥补自身的不足和缺陷的理想道路。这本身不仅是中国自身的一个现实问题，还是一个国际性的学术问题，中国人在探索，外国人也在研究，其中就包括美国新制度经济学家诺斯和英国哲学家罗素。两个人生活在不同的年代，却都关注着中国经济走向这个相同的问题，并给出了截然不同的两种答案，这两种答案恰好能够代表中国经济发展所面临的拜物教和中国特色两种方向。在本书即将结束之际，放眼历史与世界，从更加广阔的社会历史背景中来考察，或许对西方主流经济学实证方法所透露出来的拜物教倾向有一个更为全面的认识，可以坚定我们对经济发展的信心。

第一节 诺斯的暗示及其理论实质

一 诺斯的暗示

道格拉斯·诺斯是美国华盛顿大学经济系教授，新制度学派的代表人物，1993 年诺贝尔经济学奖获得者，在国际经济学界具有重大的影响力。诺斯一向关注中国经济发展问题，曾多次发表过相关的演讲。其中，1995 年 3 月 10 日在北京大学中国经济研究中心成立大会上的演说，对中国经济学界产生了很大影响。虽然诺斯这次演讲的主题是简要介绍他的制度变迁理论，却突出了一个重点，旨在说明制约一个落后的经济体走向现代经济的关键因素是什么的问题。

诺斯在这次演讲中突出强调的是，历史经验的启示对于一个相对落后的经济体走向现代经济而言具有重大意义。这些经验主要体现在五个方面：经济发展是间断的、不均衡的，经常出现例外；大多数国家从落后经济向现代经济转型的过程中经常会陷入困境；技术并不是导致困境的主要因素；从人格化交换到非人格化交换的转换已经成为经济发展中的关键性制约因素；路径依赖对变革起着制约作用。① 诺斯讲的五个方面，主要有三点：第一，多数国家在经济转型过程中会出现困难；第二，导致困难的关键性因素是没有完成从人格化交换到非人格化交换的转换；第三，要想避免困难，就必须实现上述转换，而实现上述转换就要从制度改变开始，因为历史因素会通过制度的路径依赖制约着经济的现代化转型。这三点其实还可以浓缩为一点：落后经济体要想发展成为现代经济体，就必须完成从人格化交换到非人格化交换的转换。

诺斯的这次演讲，对当时正处于改革进程中的中国经济道路的选择和走向发出了强烈的暗示：既然非人格化交换是每个国家从落后经济向现代经济转型的必然方向，中国作为一个相对落后的经济体，要想获得从传统经济向现代化经济转型的成功，也就一定要实现交换的非人格化，即从人格化交换到非人格化交换同样也是中国经济发展的必然方向。

二　非人格化交换的含义

诺斯一再强调的非人格化交换是相对于人格化交换而言的。人格化交换指的是在商品交换的过程中，总伴随着人的因素出现。由于不同的人生存在不同的历史环境中，每个人的观念和行为都不可避免地会受历史因素的影响，在历史中形成的各种制度规则也同样会受历史因素的影响。当这些人作为商品交换者出现时，其身上的历史因素就会对交换活动产生这样

---

① 〔美〕道格拉斯·诺斯：《制度变迁理论纲要》，《改革》1995 年第 3 期。

或那样的"干扰",带着各种历史痕迹的制度规则也会对交换活动产生同样的影响,这就是诺斯所讲的路径依赖。这种人格化交换的最大问题是,交换者以及制度规则的历史差异性会导致交换活动的复杂性,会给交换活动带来不确定性,最终会推动交易成本的提高。诺斯认为,这不是一个理想的经济形态,它是所有不发达国家以及发达国家早期不发达状态所具有的共同特征。

相对于人格化交换,被诺斯倍加推崇的非人格化交换,就是这样一种经济形态,它的交换已经排除了人为因素的"干扰",商品交换变成纯粹的经济活动,与此相关的制度规则也是与纯粹交换活动完全相适应的制度规则。人人都会服从商品交换自身的运行规则,人们也许在其他领域还有差异,但到了交换领域,都成为无差异的了,任何交换者自身的因素都不再影响商品交换活动,或者他们的影响可以忽略不计,这样的交换活动就达到"非人格化"状态。非人格化交换与人格化交换相比突出的优势在于,由于经济运行减少甚至排除了人为因素的干涉,商品世界运行规律的规范性就能发挥出来,交易活动变得简单明了、易于操作,商品世界的纯粹性大大降低了交易的复杂性和不确定性,最终降低了经济活动的交易成本。这是对所有的交易方都有利的事,能实现交易各方的共赢。诺斯认为,现代西方国家已经实现或者靠近非人格化交换状态,虽然他们还没有达到"尽善尽美的程度",[①] 而与人格化交换相比则要好得多。他们为正在转型中处于人格化交换状态的国家指明了方向,当然,也为中国指明了方向。

诺斯的观点是有事实根据的,这是他在考察了西方现代国家非人格化交换的经济制度之后得出的结论,认为这些国家的"根本性的制度框架鼓励了政治经济组织的发展,这些组织使世界上一些不安全不稳定的问题得到了解决,而且产生了一批灵活的经济组织,这些组织降低了交易成本"。[②] 不可否认,较低的交易成本的确是非人格化交换形态的一个明显优势,然而,诺斯对非人格化交换的认识是不全面的,他仅仅说出了这种交换状态的优势,却没有说明它的缺陷,或许他根本没有意识到它的缺陷。只有从这一交换形态的实质上才能把它的缺陷揭示出来。

---

① 〔美〕道格拉斯·诺斯:《制度变迁理论纲要》,《改革》1995 年第 3 期。
② 〔美〕道格拉斯·诺斯:《制度变迁理论纲要》,《改革》1995 年第 3 期。

三 非人格化交换经济形态的实质

诺斯倍加推崇的非人格化交换形态，实质上是一种商品拜物教形态。这种经济形态最显著的特征是：商品交换已经把人的因素排除在外，按照自己的运行规律展开经济活动，商品世界已经形成一种独立的运行规律。这种规律已经超越任何人的控制，成为不以人的意志为转移的规律，人的经济活动必须服从商品的运行规律，否则就要受到这一规律的惩罚。人对商品交换依然有影响，但这种影响不是直接的，而是间接的，不是对上述规律的改变，而是顺应。这恰恰是商品拜物教的典型特征，马克思深刻揭示了这一特征，认为在拜物教的资本主义社会里，交换者不再支配自己的商品，相反，则是受到商品的支配，"在交换者看来，他们本身的社会运动具有物的运动形式。不是他们控制这一运动，而是他们受这一运动控制"。① 在人类商品的交换发展史上，只有资本主义商品社会才完全符合非人格化交换的特征，才会产生商品拜物教意识。

拜物教是一种原始的宗教，是人们把某种物当作神来崇拜的一种宗教。资本主义商品拜物教指的是在这个社会中，商品具有了某种神秘性质，具有了某种支配人的力量，产生了让人崇拜的魔力。商品是用来交换的劳动产品，本来并不神秘，而到了资本主义社会，一切财富都以商品的面目出现，商品成为主要的财富形式，人与人之间的任何经济关系最终都要通过商品交换的形式来实现。从现象上看，商品就有了不受任何人控制的神一般的力量。马克思从商品交换形式本身分析了商品拜物教产生的根源，认为"商品形式在人们面前把人们本身劳动的社会性质反映成劳动产品本身的物的性质，反映成这些物的天然的社会属性，从而把生产者同总劳动的社会关系反映成存在于生产者之外的物与物之间的社会关系。由于这种转换，劳动产品成了商品，成了可感觉而又超感觉的物或社会的物"。② 随着资本主义生产方式的深入发展，商品拜物教也发展成为货币拜物教和资本拜物教。③

很显然，诺斯推崇的这种非人格化交换形态，就是典型的资本主义拜物教形态，这一形态的根本缺陷是，人被置于物的从属地位，受到物的控

---

① 马克思：《资本论》（第 1 卷），人民出版社，1975，第 91 页。
② 马克思：《资本论》（第 1 卷），人民出版社，1975，第 88~89 页。
③ 许涤新：《政治经济学词典》（上），人民出版社，1980，第 373 页。

制。一个经济体一旦达到非人格化交换的状态，社会的一切经济活动势必按照物的内在要求全面展开。在资本主义社会，商品是作为资本的一种形式出现的，而资本的本性是赚钱，"生产剩余价值或赚钱，是这个生产方式的绝对规律"。① 在这种非人格化交换的经济形态之下，无论是资本家还是工人，都变成资本的附庸，都要听从资本的指挥，"人们扮演的经济角色不过是经济关系的人格化，人们是作为这种关系的承担者而彼此对立着的"。② 资本家变成资本的"人格化"，"作为资本家，他只是人格化的资本"，③ 而工人也变成资本的附属物，他们"在工厂中，死机构独立于工人而存在，工人被当作活的附属物并入死机构"。④ 在一个叫尤尔的博士眼里，资本主义工厂就是"一个由无数机械的和有自我意识的器官组成的庞大的自动机，这些器官为了生产同一个物品而协调地不间断地活动，因此它们都受一个自行发动的动力的支配"。⑤ 在这种经济形态下，人丧失了经济主体地位，最终沦为资本的奴隶。

可见，非人格化交换经济形态虽然具有降低交易成本的优势，却存在着拜物教的缺陷。如果更为全面地考察非人格化交换，我们不得不得出这样的结论：诺斯的暗示对于包括中国在内的所有转型国家而言，并不是一种十分光明的前景。

首先，诺斯的非人格化交换仅仅是一种理想状态。迄今为止，即使是最发达的国家也没有实现完全意义上的非人格化交换经济形态。人们对经济活动的干预始终没有停止过，个人的、制度的和政府的干预在任何历史时期都对经济过程施加着影响，仅有程度的差别。就是在最典型的国家，也都具有干预经济活动的货币政策和财政政策两大经典工具。完全排除人为干预的经济活动是不存在的。

其次，从人格化交换到非人格化交换的转换，并没有给拉美等相对落后的经济体的转型带来实质性变化。"二战"后，拉美、亚洲、非洲许多新兴经济体在经济走向上纷纷以欧美发达国家为标杆，向着以非人格化交换为特征的所谓纯正市场经济过渡。盲目跟进的结果是，这些国家不但没

---

① 马克思：《资本论》（第1卷），人民出版社，1975，第679页。
② 马克思：《资本论》（第1卷），人民出版社，1975，第103页。
③ 马克思：《资本论》（第1卷），人民出版社，1975，第260页。
④ 马克思：《资本论》（第1卷），人民出版社，第463页。
⑤ 马克思：《资本论》（第1卷），人民出版社，第459～460页。

有完成从落后经济向现代经济的转型，反而陷入更大的困境。突出表现为各国原有的问题没有得到解决，又产生了非人格化交换经济形态的新问题。拉美国家进行了深刻的反省，其依附理论认为，发展中国家的困境是由发达国家"专家"的错误指导建议造成的。他们对发展中国家的情况知之甚少却又指手划脚，提出一些高深的理论、复杂的模型导致一些错误的政策，最终导致这些发展中国家陷入新的困境。①

再次，非人格化交换会弱化政府宏观经济调控的力量，挖空一个国家调控经济的根基。如前所述，非人格化交换经济形态就是一种拜物教形态，它最显著的特征是，经济活动商品、货币和资本等这些物化经济形态按照自己特有的内在规律运行，人服从于物的运行规律，并被置于物的统治之下，人对物的统治变成物对人的统治。这种经济形态的结果是，"实现财产的统治必然要首先反对国家，瓦解国家，或者，既然财产没有国家又不行，那么至少要挖空它的基础"。② 人一旦被置于物的统治之下，人在根本扭转物的缺陷方面，如在经济危机方面变得无能为力了，历来西方国家对于经济危机苍白无力的干预证明，非人格化交换具有弱化政府经济调控力量的缺陷。

最后，诺斯的观点与我们的科学发展观是根本不相容的。诺斯的暗示宣扬的是西方经济学的价值理念，而西方经济学是西方资产阶级经济意识的理论表现，本身就具有拜物教性质。资产阶级经济学一向从现象出发，不去揭示拜物教的真相，而是去迎合拜物教，按照拜物教的思维方式理解现象，认为"这种拜物教把物在社会生产过程中获得的社会的经济性质，变为一种自然的、由这种物的物质本性产生的性质"。③ 卢卡奇把这种与资本主义物化的经济形态相适应的经济意识，称为"物化意识"，④ 这是一种以物为本的拜物教意识，一种与以人为本的科学发展观完全对立的意识。从根本上讲，非人格化交换是一种典型的资本主义经济形态的标志，诺斯对中国经济走向的暗示，实质上就是暗示中国只有沿着西方资本主义国家的道路走下去才能由落后走向现代。这其实并不是什么新东西，是所谓华

① 于同申：《发展经济学》，中国财政经济出版社，2000，第47页。
② 《马克思恩格斯选集》（第1卷），人民出版社，1995，第35页。
③ 马克思：《资本论》（第2卷），人民出版社，1975，第252页。
④ 〔匈〕卢卡奇：《历史与阶级意识》，杜章智、任立、燕宏远译，商务印书馆，1995，第156页。

盛顿共识的翻版，与近代以来"全盘西化"的思想如出一辙。

总之，一旦商品交换达到非人格化交换的形态，人就变成物的附庸，要么是资本的代言人，要么变成资本攫取利益的工具。一向关心中国经济发展的诺斯，其暗示应该是善意的，然而他的暗示则是不足取的。

第二节　罗素的期待及其启示

一　罗素的期待

罗素是英国现代著名的哲学家，被称为人类 20 世纪的智者。虽然他生活的年代要比诺斯早，但和诺斯一样关心中国的经济走向问题，只是他们研究的方向有所不同。诺斯的研究方向是从内向外的，即以经济走向为中心，从这一中心出发扩展到经济制度规则和历史经验领域；而罗素则正好相反，是从外到内的，是从中国文化的总体着手，逐步缩小研究范围，最终落脚在中国经济走向这个中心上。罗素对中国从鸦片战争到 20 世纪二三十年代半个多世纪的历史，也就是被称为"西学东渐"的这段历史进行了研究，认为中国的历史进程不可避免地会受西方文化的影响，其中经济方面的影响力将越来越大，"迄今为止，中国文化业已发生的变化，最终可归因为西方列强的军事优势；但是，在将来，西方的经济优势很可能成为影响中国文化的强有力的因素"。[1] 在西方经济影响不可避免的条件下，罗素对中国经济走向寄予了真诚的期待。

罗素用了一大段话阐述对中国发展方向的期待，"我相信，假如中国人能自由地从我们西方文明中汲取他们所需要的东西，抵制西方文明中某些坏因素对他们的影响，那么中国人完全能够从他们自己的文化传统中获得一种有机的发展，并能结出一种将西方文明和中华文明珠联璧合的灿烂成果。假如这种情况能够实现，那么中国文明的发展就能避免走向两种极端的危害。一种危害是，中国人可能变得完全西化，根本抛弃中华民族的高尚美德，成为世界上那些动荡不安、聪明理智、工业发达、穷兵黩武的民族中的一个新成员，而这些民族现在正在给这个不幸的世界造成灾难。

---

[1] 〔英〕罗素：《东西方文明比较》，转自王正平主编《罗素文集》，改革出版社，1996，第 24 页。

另一种危害是，中国人在抵抗国外列强入侵的斗争中，陷入强烈排外的保守主义，除了相信武力的作用外，什么都不信"。①

罗素对中国的期待有着深刻的历史背景。作为哲学家，罗素超越了具体文明的局限而具有整体人类意识。罗素对西方文明，尤其是西方资本主义的经济形态进行了深刻反思，意识到在这一经济形态下物的扩张以及人的地位的旁落，在资本扩张本性的支配下，"西方的生活方式要求竞争、开拓、不断变化、不满和破坏。直接造成破坏的效率最终只能归于湮灭"。② 他是在对西方文明失望的情况下，为了寻找人类的最终出路而来到中国的，他说："在我心中引起一种难解的、深感西方文化希望变得苍白渺茫的痛苦。我正是在这种心境下前往中国，去探寻一种新的希望的。"③与西方那种弥漫着攫取物质利益冲动的社会完全不同，罗素在中国看到的是人与自然的和谐统一，看到的是在经济发展面前中国人没有丧失自身的主体地位，依然保持着"冷静的内向的自尊"。中国之行让罗素看到了中国的希望，也看到了人类的希望，走出一条兼具东西方文明优秀成果的"珠联璧合"之路，是罗素对中国发展的真诚期待。

罗素发现，西方文明的缺陷与经济形态密切相关，任何国家只要按照西方的经济形态进行改造，都不可避免地会产生这种缺陷，典型的就是日本。罗素通过对日本近代史的研究发现，一旦一个东方国家全面效仿西方社会，在经济上完全变成如诺斯所鼓吹的那种非人格化交换的经济形态，就会染上拜物教的痼疾，就会"专横独占，以邻为壑"，④ 依据资本扩张的本性，走向一条资本主义扩张侵略的道路。这是一个令人担忧的方向。罗素期待着，中国的发展一定要避免这个方向。

二　诺斯的暗示与罗素期待的启示

对于我们正在进行的社会主义市场经济建设而言，无论是诺斯的暗示

---

① 〔英〕罗素：《东西方文明比较》，转自王正平主编《罗素文集》，改革出版社，1996，第24页。

② 〔英〕罗素：《东西方文明比较》，转自王正平主编《罗素文集》，改革出版社，1996，第27页。

③ 〔英〕罗素：《东西方文明比较》，转自王正平主编《罗素文集》，改革出版社，1996，第29页。

④ 〔英〕罗素：《东西方文明比较》，转自王正平主编《罗素文集》，改革出版社，1996，第25页。

还是罗素的期待，都具有重要的现实意义。对二者的观点加以综合和比较，从中至少可以得到三点启示。

第一，近代以来，中国的经济走向始终面临着两个方向和两种前途。一种是全盘西化的方向，像诺斯暗示的那样，逐步走向经济的非人格化交换状态。这是一种黯淡的前途，一旦步入这种道路，拉美国家的今天就有可能是我们的明天。另一种是东西合璧的方向，在当代集中体现在中国特色的社会主义道路上。正如罗素所期待的那样，在保持我们自身优点的前提下广泛借鉴和吸收西方以及世界其他各国发展的长处，这是一条兼顾东西方优势的"珠联璧合"的特色之路。这是一个光明的方向，也是我们正在努力探索的方向。

第二，诺斯的暗示具有两方面的启示。一方面，我们对诺斯暗示之类的观点应当具备一定的鉴别力。近代以来，主张中国全盘西化的观点始终都存在着，当年罗素就意识到了这一点，他曾不无忧虑地说："1920 年，我在伏尔加河上旅游时，第一次认识到我们西方人在思想上有多么深的痼疾，而日本和我们西方国家正在把这种思想痼疾强加给中国。"① 从强加给中国到暗示和诱导中国，希望中国全盘西化的声音始终存在，只是表现为不同的形态或者从不同的角度进行表述罢了，对此我们应当具有一定的鉴别力和免疫力。另一方面，诺斯暗示的方向虽然不可取，而它依然有着重要的现实价值。对于我们这个正在发展进程中的社会主义市场经济国家而言，如何降低交易成本日益成为我们必须面对的重大课题。

第三，罗素的期待，能够坚定我们对中国特色社会主义道路的信念。中国道路，历来不乏质疑者，同样也有像罗素这样的坚定的支持者。事实证明了罗素的期待具有光明的前景，30 多年建设中国特色社会主义所取得的辉煌成就，就证明了这一点。罗素的期待，可以给予我们方向的自信。

---

① 〔英〕罗素：《东西方文明比较》，转自王正平主编《罗素文集》，改革出版社，1996，第27 页。

参考文献

[1] 阿马蒂亚·森:《伦理学与经济学》,王宇、王文玉译,商务印书馆,2000。

[2] 奥古斯丹·古诺:《财富理论的数学原理研究》,陈尚霖译,商务印书馆,1994。

[3] 奥古斯特·孔德:《论实证精神》,黄建华译,商务印书馆,2001。

[4] 保罗·斯威齐:《资本主义发展论》,陈观烈、秦亚男译,商务印书馆,2000。

[5] 曹均伟、李凌:《经济学方法论的三大哲学论战》,《上海财经大学学报》2007年第3期。

[6] 程恩富、胡乐明:《经济学方法论》,上海财经大学出版社,2002。

[7] 黛尔德拉·迈克洛斯基:《经济学的花言巧语》,石磊译,经济科学出版社,2000。

[8] 丹尼尔·豪斯曼:《经济学的哲学》,丁建峰译,世纪出版集团、上海人民出版社,2007。

[9] 道格拉斯·C.诺斯:《制度、制度变迁与经济绩效》,刘守英译,上海三联书店,1994。

[10] 道格拉斯·C.诺斯:《制度变迁理论纲要》,《改革》1995年第3期。

[11] 段培君:《方法论个体主义与分析传统》,《自然辩证法通讯》2006年第6期。

[12] 恩格斯:《自然辩证法》,于光远等编译,人民出版社,1984。

[13] 弗里德里希·A.哈耶克:《个人主义与经济秩序》,邓正来译,三联书店,2003。

[14] 弗里德里希·A.哈耶克:《科学的反革命》,冯克利译,译林出版社,2003。

[15] 弗·冯·维赛尔:《自然价值》,陈国庆译,商务印书馆,1982。

[16] 弗里德里希·李斯特:《政治经济学的国民体系》,陈万煦译,商务印书馆,1983。

[17] 凡勃伦:《有闲阶级论》,蔡受百译,商务印书馆,1964。

[18] 樊纲:《现代三大经济理论体系的比较研究与综合》,上海三联书店、上海人民出版社,1994。

[19] 葛扬、李晓蓉:《西方经济学说史》,南京大学出版社,2003。

[20] 官敬才:《西方主流经济学中的价值立场观》,《河北学刊》2007年第4期。

[21] 古诺:《财富理论的数学原理的研究》,商务印书馆,1994。

[22] 黑格尔:《自然哲学》,商务印书馆,1980。

[23] 黑格尔:《精神现象学》(上卷),商务印书馆,1979。

[24] 黑格尔:《精神现象学》(下卷),商务印书馆,1979。

[25] 赫尔曼·海因里希·戈森:《人类交换规律与人类行为准则的发展》,陈秀山译,商务印书馆,1997。

[26] 黑格尔:《自然哲学》,商务印书馆,1980。

[27] 洪远鹏:《经济理论比较研究》,复旦大学出版社,2002。

[28] 《胡适作品集》(第一集),台北:远流出版公司,1986。

[29] 靳辉明、罗文东:《当代资本主义新论》,四川人民出版社,2005。

[30] 卡尔·波兰尼:《大转型:我们时代的政治与经济起源》,冯钢、刘阳译,浙江人民出版社,2007。

[31] 卡尔·门格尔:《国民经济学原理》,刘絜敖译,上海人民出版社,2005。

[32] 卡尔·门格尔:《经济学方法论探究》,姚中秋译,新星出版社,2007。

[33] 康芒斯:《制度经济学》(上册),于树生译,商务印书馆,1997。

[34] 莱昂内尔·罗宾斯:《经济科学的性质和意义》,朱泱译,商务印书馆,2000。

[35] 莱昂·瓦尔拉斯:《纯粹经济学要义》,蔡受百译,商务印书馆,1997。

[36] 劳伦斯·博兰德:《经济学方法论基础》,马春文、肖前进、张秋红译,长春出版社,2008。

[37] 列宁:《列宁选集》(第2卷),人民出版社,1995。

[38] 李和平：《弗里德曼论点及其争论研究》，中国经济出版社，2005。

[39] 林金忠：《实证经济学似是而非的方法论》，《学术研究》2008 年第 2 期。

[40] 刘方健：《论政治经济学的发展方向：见物更要见人》，《经济学动态》2011 年第 8 期。

[41] 刘景华、张功耀：《欧洲文艺复兴史》（科学技术卷），人民出版社，2008。

[42] 刘永佶：《政治经济学方法史大纲》，河北教育出版社，2006。

[43] 刘永佶：《政治经济学方法论纲要》，河北人民出版社，2000。

[44] 刘永佶：《资本论逻辑论纲》，河北大学出版社，1999。

[45] 刘召峰：《马克思的拜物教概念考辨》，《南京大学学报》（哲学·人文科学·社会科学版）2012 年第 1 期。

[46] 路·维特根斯坦：《名理论》（逻辑哲学论），北京大学出版社，1988。

[47] 路德维希·冯·米塞斯：《经济学的认识论问题》，梁小民译，经济科学出版社，2001。

[48] 卢卡奇：《历史与阶级意识》，杜章智、任立、燕宏远译，商务印书馆，1995。

[49] 洛克：《人类理解论》，谭善明、徐文秀编译，陕西人民出版社，2007。

[50] 罗素：《西方哲学史》（下），马元德译，商务印书馆，1996。

[51] 罗雪尔：《历史方法的国民经济学讲义大纲》，朱绍文译，商务印书馆，1981。

[52] M. 布尔：《论黑格尔的历史哲学和马克思恩格斯列宁对它的扬弃》，转自《国外黑格尔哲学新论》，中国社会科学出版社，1982。

[53] 《马克思恩格斯全集》（第 1 卷），人民出版社，1965。

[54] 《马克思恩格斯全集》（第 12 卷），人民出版社，1965。

[55] 《马克思恩格斯全集》（第 13 卷），人民出版社，1965。

[56] 《马克思恩格斯全集》（第 19 卷），人民出版社，1965。

[57] 《马克思恩格斯全集》（第 23 卷），人民出版社，1965。

[58] 《马克思恩格斯全集》（第 24 卷），人民出版社，1965。

[59] 《马克思恩格斯全集》（第 25 卷），人民出版社，1965。

[60] 《马克思恩格斯全集》（第 26 卷），人民出版社，1962。

[61] 《马克思恩格斯选集》（第 1 卷），人民出版社，1995。

[62]《马克思恩格斯选集》（第 2 卷），人民出版社，1995。

[63]《马克思恩格斯选集》（第 3 卷），人民出版社，1995。

[64]《马克思恩格斯选集》（第 4 卷），人民出版社，1995。

[65] 马克思：《剩余价值学说史》（第 1 卷），郭大力译，北京理工大学出版社，2011。

[66] 马克思：《剩余价值学说史》（第 2 卷），郭大力译，北京理工大学出版社，2011。

[67] 马克思：《剩余价值学说史》（第 3 卷），郭大力译，北京理工大学出版社，2011。

[68] 马克思：《资本论》（第 1 卷），人民出版社，1975。

[69] 马克思：《资本论》（第 2 卷），人民出版社，1975。

[70] 马克思：《资本论》（第 3 卷），人民出版社，1975。

[71] 马克斯·韦伯：《新教伦理与资本主义精神》，于晓、陈维刚等译，陕西师范大学出版社，2006。

[72] 马克斯·韦伯：《经济与社会》（上卷），林荣远译，商务印书馆，2004。

[73] 马克斯·韦伯：《社会科学方法论》，中央编译出版社，2002。

[73] 马克·布劳格：《经济学方法论》，马清槐译，商务印书馆，1992。

[75] 马克·格兰诺维特：《镶嵌：社会网络与经济行动》，罗家德译，社会科学文献出版社，2007。

[76] 马歇尔：《经济学原理》，廉运杰译，华夏出版社，2005。

[77] 米尔顿·弗里德曼：《价格理论》，蔡继明、苏俊霞译，华夏出版社，2011。

[78] 拿索·威廉·西尼尔：《政治经济学大纲》，彭逸林、商金艳、王威辉编译，人民日报出版社，2010。

[79] 普列南诺夫：《论空想社会主义》（上卷），博古译，商务印书馆，1980。

[80] 庞巴维克：《资本实证论》，陈端译，商务印书馆，1997。

[81] 琼·罗宾逊、约翰·伊特维尔：《现代经济学导论》，陈彪译，商务印书馆，1982。

[82] 斯坦利·杰文斯：《政治经济学理论》，郭大力译，商务印书馆，1984。

[83] 萨缪尔森：《经济学》（上册），高鸿业译，商务印书馆，1991。

[84] 萨缪尔森：《经济学》（下册），高鸿业译，商务印书馆，1991。

[85] 斯拉法：《用商品生产商品》，巫宝三译，商务印书馆，1991。

[86] 萨伊：《政治经济学概论》，陈福生、陈振骅译，商务印书馆，1997。

[87] 斯坦利·杰文斯：《政治经济学理论》，郭大力译，商务印书馆，1984。

[88] 斯宾诺莎：《笛卡尔哲学原理》（译续），王荫庭、洪汉鼎译，商务印书馆，1980。

[89] 苏振华、邹方斌：《实证经济学方法论的意义与限度》，《经济学家》2007 年第 4 期。

[90] 唐纳德·萨松：《欧洲社会主义百年史》（下），姜辉、于海青译，社会科学文献出版社，2008。

[91] 陶大镛：《十九世纪末二十世纪初庸俗经济学在方法论上的破产》，《北京师范大学学报》1962 年第 4 期。

[92] 唐正东：《马克思对历史经验论的超越及其当代意义》，《哲学研究》2009 年第 2 期。

[93] 托尔斯坦·凡勃伦：《科学在现代文明中的地位》，张林、张天龙译，商务印书馆，2008。

[94] 托马斯·库恩：《科学革命的结构》，金吾伦、胡新和译，北京大学出版社，2003。

[95] 特伦斯·W. 哈奇森：《经济学的革命与发展》，李小弥、姜洪章等译，北京大学出版社，1992。

[96] 王晓升：《物化批判——马克思历史观中一个不应被忽视的方法论原则》，《苏州大学学报》2011 年第 1 期。

[97] 王伟光：《简论社会科学方法论及其基本原则》，《北京社会科学》1995 年第 2 期。

[98] 威廉·罗雪尔：《历史方法的国民经济学讲义大纲》，朱少文译，商务印书馆，1986。

[99] 威廉·汤普逊：《最能促进人类幸福的财富分配原理的研究》，何慕李译，商务印书馆，1986。

[100] 吴易风：《马克思主义经济学和新自由主义经济学》，中国经济出版社，2006。

[101] 韦森:《经济学与哲学》,上海人民出版社,2005。

[102] 瓦西列耶夫:《列宁和社会预见》,商务印书馆,1982;转自张雄《经济哲学》,云南人民出版社,2002。

[103] 王晓升:《从异化劳动到实践:马克思对于现代性问题的解答》,《哲学研究》2004 年第 2 期。

[104] 威廉·配第:《政治算术》,陈冬野译,商务印书馆,1978。

[105] 维特根斯坦:《哲学研究》,上海人民出版社,2001。

[106] 维特根斯坦:《哲学研究》,商务印书馆,1996。

[107] 西斯蒙第:《政治经济学新原理》,何钦译,商务印书馆,1983。

[108] 休谟:《人性论》,关文运译,商务印书馆,1996。

[109] 休谟:《休谟经济论文选》,陈玮译,商务印书馆,1984。

[110] 西美尔:《桥与门——齐美尔随笔集》,涯鸿、宇声译,上海三联书店,1991。

[111] 徐尚:《西方主流经济学的基本分析框架及其主要缺陷》,《西方经济学评论》2009 年第 1 辑。

[112] 许涤新:《政治经济学词典》(上),人民出版社,1980。

[113] 叶险明:《马克思超越规范经济学与实证经济学对立的逻辑及其启示》,《哲学研究》2010 年第 9 期。

[114] 约翰·伊特维尔、莫里·米盖尔特、彼得·纽曼:《新帕尔格雷夫经济学大辞典》(第 3 卷),经济科学出版社,1996。

[115] 道格拉斯·C. 诺斯:《经济史中的结构与变迁》,沉郁、罗华平等译,上海三联书店,1994。

[116] 杨瑞龙、陈秀山、张宇:《社会主义市场经济理论》,中国人民大学出版社,1999。

[117] 约翰·穆勒:《政治经济学原理》(上卷),赵荣潜、桑炳彦、朱泱、胡启林译,商务印书馆,1991。

[118] 亚当·斯密:《国民财富性质和原因的研究》(上卷),郭大力、王亚南译,商务印书馆,2002。

[119] 余章宝:《西方经济学理论的经验论哲学基础》,《哲学研究》2007 年第 4 期。

[120] 约瑟夫·熊彼特:《经济分析史》(第 1 卷),朱泱等译,商务印书馆,2010。

［121］约瑟夫·熊彼特：《经济分析史》（第 2 卷），朱泱等译，商务印书馆，2010。

［122］约瑟夫·熊彼特：《经济分析史》（第 3 卷），朱泱等译，商务印书馆，2010。

［123］约翰·梅内姆·凯恩斯：《货币论》（上、下卷），何瑞英译，商务印书馆，1986。

［124］约翰·内维尔·凯恩斯：《政治经济学的范围与方法》，党国英、刘惠译，华夏出版社，2001。

［125］亚历山大洛夫：《数学：它的内容、方法和意义》（第一卷），孙小礼等译，利学出版社，2001。

［126］约翰·梅内姆·凯恩斯：《就业利息和货币通论》，徐毓玥译，商务印书馆，1996。

［127］杨建飞：《科学哲学对西方经济学的影响》，商务印书馆，2004。

［128］张雄：《经济哲学》，云南人民出版社，2002。

［129］张宇、孟捷、芦荻：《高级政治经济学》，经济科学出版社，2002。

［130］郑毓信：《数学哲学新论》，江苏教育出版社，1990。

［131］张志庆：《论韦伯的"价值无涉"》，《文史哲》2005 年第 5 期。

［132］张世欢、王宏斌：《究竟是赫胥黎还是斯宾塞——论斯宾塞竞争进化论在中国的影响》，《河北师范大学学报》（哲学社会科学版）2007 年第 1 期。

［133］张雄：《经济哲学》，云南人民出版社，2002。

［134］张维迎：《博弈论与信息经济学》，上海人民出版社，2004。

［135］张一兵：《回到马克思》，江苏人民出版社，2003。

［136］赵亮、朱宪辰：《哈耶克方法论个人主义的基本内涵及其认知经验基础探究》，《贵州社会科学》2007 年第 12 期。

［137］周维刚：《论还原方法与还原论》，《系统辩证学学报》2005 年第 1 期。

［138］朱成全：《经济学方法论》，东北财经大学出版社，2011。

［139］邹东涛：《实践是马克思主义的惟一来源》，《中国社会科学院研究生院学报》2002 年第 4 期。

［140］朱富强：《经济数量化的两大初始动因及其现实落差》，《江西社会科学》2009 年第 3 期。

［141］朱富强：《实证经济学　致命的自负——实证分析的合理性、可信

性及有用性质疑》,《社会科学战线》2008 年第 7 期。

[142] Agassi J. The Mystery of the Ravens: Discussion. *Philosophy of Science*, 1966b. 33 (4): 395 –402.

[143] Agassi J. Unity and Diversity in Science in R. S. Cohen and M. W. Wartofsky (eds.) *Boston Studies in the Philosophy of Science 4*. New York: Humanities Press, 1969b. 463 –522.

[144] Albert H. The Economic Tradition' in K. Brunner (ed.) *Economics and Social Institutions*. Boston: Martinus Nijhoff, 1979: 1 –27.

[145] BarroR H. Grossman A General Disequilibrium Model of Incomeand Employment. *American Economic Review*, 1971 (61): 82 –93.

[146] Bartley W. Theories of Demarcation between Science and Metaphysics in I. Lakatos and A. Musgrave (eds.) *Problems in the Philosophy of Science* (Amsterdam: North Holland), 1968: 40 –64.

[147] Baumol W. *Economic Theory and Operations Analysis*, 4th ed. Englewood Cliffs: Prentice-Hall, 1977.

[148] Becker G. A Theory of the Allocation of Time, *Economic Journal*, 1965 (75): 493 –517.

[149] Blaug M. The *Methodology of Economics*. Cambridge: Cambridge University Press, 1980.

[150] Boland L. Uninformative Economic Models. *Atlantic Economic Journal*, 1975 (3): 27 –32.

[151] Boland L. Conventionalism and Economic Theory. *Philosophy of Science*, 1970b (37): 239 –48.

[152] Boland L. A Critique of Friedman's Critics. *Journal of Economic Literature*, 1979a (17): 503 –22.

[153] Boland L. Economic Understanding and Understanding Economics. *South African Journal of Economics*, 1969 (37): 144 –60.

[154] C. G. A. Cley. *Economic Expansion and Social Change: Egland 1500 – 1700*. Cambridge. 1984. p. 200.

[155] Caldwell B. Positivist Philosophy of Science and the Methodology of Economics. *Journal of Economic Issues*, 1980 (14): 53 –76.

[156] Coddington A. Friedman's Contribution to Methodological Controversy.

British Review of Economic Issues, 1979: 1 - 13.

[157] Friedman B. Optimal Expectations and the Extreme Information Assumptions of "Rational Expectations" Macromodels. *Journal of Monetary Economics*, 1979 (5): 3 - 41.

[158] Friedman M. Methodology of Positive Economics, in *Essays in Positive Economics*. Chicago: University of Chicago Press, 1953: 3 - 43.

[159] Hirshleifer J. JRiley. The Analytics of Uncertainty and Information: An Expositional Survey. *Journal of Economic Literature*, 1979 (17): 375 - 421.

[160] Hrry A. Miskimin. *The Economy of Early Renaissance Europe. 1300 - 1460*. Englewood Cliffs. NJ: Prentice - Hall, 1969: 20.

[161] John Stuart Mill. *Principles of Political Economy*. New York: Augustus M. Kelley, 1965: 21.

[162] Koopmans T. Economics among the Sciences. *American Economic Review*, 1979 (69): 1 - 13.

[163] Lakatos I. History of Science and Its Rational Reconstructions, in R. Buck and R. Cohen (eds.) *Boston Studies in the Philosophy of Science 8*. Dordrecht. Netherlands: Reidel, 1971: 91 - 136.

[164] Leo Rogin. *The Meaning and Validity of Economic Theory*. New York: Harper and Row, 1957: 209.

[165] Lucas, R. Methods and Problems in Business Cycle Theory. *Journal of Money*, Credit and Banking, 1980 (12): 696 - 715.

[166] Maurice Dobb. *Theories of Value and Distribution since Adam Smith*. Cambridge. UK: Cambrige University Press, 1973: 46.

[167] Mises. Ludwigvon. *Epistemological Problems of Economics*. translated by George Reisman. Auburn. Ala. : Ludwigvon Mises Institute. 3rd edition, 2003: 24 - 25.

[168] Mises. Ludwigvon. *The Ultimate Foundation of Economic Science: An Essay on Method*. D. Van Nostrand Co. . Inc. . Princeton. New Jersey, 1962: 45 - 50.

[169] Modigliani F. The Monetarist Controversy or should We Forsake Stabilization Policies? *American Economic Review*, 1977 (67): 1 - 19.

[170] Nassau Senior. *Conversations and Essays Relating to Ireland. 2* vols. London: Longmans. Green, 1868: 128.

[171] Popper K. *Objective Knowledge*, Oxford: Oxford University Press, 1972.

[172] Robbins L. Economics and Political Economy. *American Economic Review*, Proceedings, 1981 (71): 1 – 10.

[173] Ronald L. Meek. *Studies in the Labour Theory of Value.* New York: Monthly Review Press, 1973: 65 – 66.

[174] Samuelson P. Economic Theory and Mathematics: An Appraisal, *American Economic Review*, 1952 (42): 56 – 66.

[175] Simon H. Problems of Methodology: Discussion. *American Economic Review*. Proceedings, 1963 (53): 229 – 31.

[176] Tarascio V. and B. Caldwell. Theory Choice in Economics: Philosophy and Practice. *Journal of Economic Issues*, 1979 (13): 983 – 1006.

[177] Thomas Hodgskin. *Labour Defended against the Claims of Capital.* London: Labour, 1922: 75 – 76.

[178] Thomas Hodgskin. *Popular Political Economy.* New York: Augustus M. Kelley, 1966: 219 – 35.

[179] Wald A. On Some Systems of Equations of Mathematical Economics. *Econometrica*, 1936 (19): 368 – 403.

[180] Weintraub E. The Microfoundations of Macroeconomics: A Critical Survey. *Journal of Economic Literature*, 1977 (15): 1 – 23.

[181] Weintraub E. *Microfoundations.* Cambridge: Cambridge Univ. Press, 1979.

[182] Wisdom. J. [1963] The Refutability of "Irrefutable" Laws, *British Journal for the Philosophy of Science 13*: 303 – 6.

[183] Weisskopf W. The Method is the Idealogy: from a Newtonian to a Heisenbergian Paradigm in Economics. *Journal of Economic Issues*, 1979 (13).

[184] Wong, S. The "F-twist" and the Methodology of Paul Samuelson, *American Economic Review*, 1973 (63).

图书在版编目（CIP）数据

西方主流经济学实证方法批判/梁建洪著.—北京：
社会科学文献出版社，2015.9
（天津社会科学院学者文库）
ISBN 978 - 7 - 5097 - 6823 - 5

Ⅰ.①西…　Ⅱ.①梁…　Ⅲ.①西方经济学 - 研究
Ⅳ.①F091.3

中国版本图书馆 CIP 数据核字（2014）第 280060 号

·天津社会科学院学者文库·
西方主流经济学实证方法批判

著　　者/梁建洪

出 版 人/谢寿光
项目统筹/邓泳红　桂　芳
责任编辑/桂　芳

出　　版/社会科学文献出版社·皮书出版分社（010）59367127
　　　　　地址：北京市北三环中路甲 29 号院华龙大厦　邮编：100029
　　　　　网址：www.ssap.com.cn
发　　行/市场营销中心（010）59367081　59367090
　　　　　读者服务中心（010）59367028
印　　装/三河市东方印刷有限公司

规　　格/开 本：787mm×1092mm　1/16
　　　　　印 张：14　字 数：277 千字
版　　次/2015 年 9 月第 1 版　2015 年 9 月第 1 次印刷
书　　号/ISBN 978 - 7 - 5097 - 6823 - 5
定　　价/69.00 元